네트워크 마케팅의
NUTS & BOLTS

젠 루 지음 | 김영석 옮김

MLM Nuts & Bolts

Copyright ⓒ 1997 by Jan Ruhe

All rights reserved under International Pan-american Copyright Convention. Written permission must be secured form the publisher to use or reproduce any part of this book, except for brief quotations in review and articles.

판권본사
독점계약

네트워크 마케팅의 너트 앤 볼트

지은이 • 젠 루
옮긴이 • 김영석
인쇄일 • 2020년 03월 03일
발행일 • 2020년 03월 03일

펴낸곳 • 용안미디어
주소 • 서울시 마포구 망원동 472-19
전화 • 010-6363-1110
팩스 • 6442-7442
등록 • 제16-837호
가격 • 12,000원

* ISBN 1-890344-04-4
* 잘못된 책은 바꿔 드립니다.

이 책의 한국어판 번역권은 젠 루의 저작권 관리를 위임받은 업라인 출판사와의 독점 계약으로 용안미디어에 있습니다. 저작권법에 의해 한국 내에서 보호받는 저작물이므로 법에서 정한 이외의 무단 전재나 복제, 광전자 매체의 수록을 금합니다.

MLM
NUTS & BOLTS

네트워크 마케팅의
너트 앤 볼트

젠 루와 네트워크 마케팅의 너트 앤 볼트에 대한 찬사

"가난을 떨치고 일어나 부자로 거듭난 젠 루의 이야기를 읽으면 우리는 지식과 영감을 얻게 된다. 이 책은 단순히 성공자에 대한 족적이 아니다. 이 책은 설득력 있고 실용적이며 단계적인 지침을 제시하고 있다. 또한 우리가 소유할 수 있는 것과 실천할 수 있는 것을 보여주고 우리를 성공자로 만들어준다!"

밀튼 포그 (『세상에서 위대한 네트워커』의 저자)

"젠 루에게는 강한 '열망'이 있다. 그녀는 당신에게 그러한 열망을 갖도록 해줄 것이다. 그녀가 당신을 위해 해줄 수 있는 모든 것을 당신이 얻을 수 있기를 바란다."

랜디 게이지 (게이지 연구 개발원)

"당신은 무기력한 정체상태에서 동기부여를 받아, 놀라운 변화를 경험했던 적이 있는가? 그러한 경험을 필요로 할 때 해보고 싶은 마음은 없는가? 당신은 그렇게 할 수 있다. 네트워크마케팅의 너트 앤 볼트를 읽어 보라. 그리고 경험을 통해 정체 상태를 극복하고 성공을 거둔 사람으로부터 동기부여를 받으라."

래리 마이클 (시네탑 프로덕션 사장)

"젠 루는 당신이 대하는 모든 사람들을 영감과 진정한 연정을 가지고 고무시키는 방법을 가르치고 있다. 당신이 매일 아침 목적의식과 생동감을 가지고 맞이하고자 한다면 또한 자신의 변화를 뚜렷이 느끼고자 한다면 이 책을 읽어야 한다. 왜냐하면 이 책은 그 방법을 제시하고 있기 때문이다."

브라이언 바이로 (『성공의 이면: 성공적인 삶의 15가지 비밀』의 저자)

"네트워크마케팅에는 많은 여성들이 참여하고 있다. 특히 젠 루처럼 이 분야의 정상에 있는 성공자가 쓴 것이라면 꼭 읽을 필요가 있다. 그녀는 자신의 일에 정통한 사람이며 누구에게나 필요한 도움을 주고 있다."

비너스 안드레트 (『네트워크마케팅의 매직과 여성』 저자)

"네트워크마케팅의 너트 앤 볼트는 최상의 라이프스타일을 성취하도록 구성되어 있다. 젠 루가 쓴 이 책은 성공자가 될 수 있는 제안과 힌트로 가득 차 있다."

데이브 에드워드 (달라스 카우보이 슈퍼볼 챔피언 라인 백커)

"이 책은 당신의 행복과 복리를 희생하지 않고 재정적 성공을 이루기 위한 공식을 세세한 부분까지 정확히 제시하고 있다. 나는 사업적인면과 인간적인면에서 그녀를 존경하고 있는 친구이다. 무엇보다 나는 그녀가 이 책에서 말하는 철학과 방법대로 살아온 것을 알고 있다. 당신의 인생에 커다란 밑거름이 되기 바란다!"

다니엘 케네디 (『일곱 자리 수 판매』의 저자)

"젠 루와 대화를 한 후에는 모든 사람들이 자신감을 얻게 된다. 젠의 이야기, 가르침, 식견 그리고 철학은 바람직한 네트워크마케팅 사업자 이상의 사람으로 만들어 줄 것이다. 그녀를 통해 당신은 더욱더 훌륭한 사람으로 거듭나기 바란다."

피터 L. 허쉬 (『열정적인 삶』의 저자)

"네트워크마케팅의 전문가가 되도록 준비하라! 더 나은 생활을 원하고 더 나은 세상을 희망한다면 새로운 사업을 찾고 야망을 가져라. 자신의 발전가능성에 흥분되어 있는 사람들에게는 이 책이 신선한 충격을 줄 것이다. 이 책은 네트워크마케팅을 하는 모든 사람들에게 적절한 제안과 방법들을 제시하고 가르쳐준다. 그녀의 경험이 우리에게 인생에서 원하는 것을 얻도록 해준다는 점을 믿어라."

데일 말로니 (Mr. MLM)

"젠 루는 네트워크마케팅에서 내가 아는 가장 다이내믹하고 실천적인 사람이다. 그녀는 가르치는 것을 실천하고 말하는 대로 행하고 그녀가 꿈꾸었던 삶을 즐기며 살고 있다. 당신도 그녀의 가르침을 실천에 옮기면 꿈이 이루어지는 기쁨을 맛볼 것이다. 그녀의 말에 귀 기울이며 내용을 충실히 익히고 지침에 따른다면 당신은 자신의 세계가 발전하고 커져 가는 것을 지켜볼 수 있을 것이다!"

에드 포어맨 (저자이자 연설가, 전 상원의원, 백만장자)

"당신이 네트워크 마케팅에 전념하려 한다면, 젠 루는 당신이 원하는 이상적인 고객이고 회원이고 파트너이고 지도자이며 친구일 것이다. 그녀는 전광석화 같은 행동가이다. 그녀의 열정은 진실 됨과 감동을 주는 능력에 버금가는 것이며 당신에게 변함이 없다는 것을 보여 줄 것이다."

라스 드반 (『디자인에 의한 성공』의 저자)

CONTENTS

소 개
어떤 사람이 이 책을 읽어야 하는가?/준비가 되었는가?/저자를 만나보자　　11

PART 1
오늘부터 당신의 성공스토리를 써라　　29

PART 2
네트워크마케팅은 어떻게 시작하나?　　57

PART 3
당신을 부자로 만들어 줄 목표를 세우는 법　　81

PART 4
네트워크마케팅에서 많은 돈을 벌 수 있는 35가지 습관　　129

PART 5
다른 사람들의 개성을 이해할 때, 놀라운 결과를 얻게 된다　　171

PART 6
네트워크마케팅에서 뛰어난 리더가 되는 법　　189

PART 7
네트워크마케팅의 업 라인이 되는 것은 매우 중요한 일이다　　213

PART 8
네트워크마케팅에서 후원의 전문가가 되는 법　　223

PART 9
네트워크마케팅에서 최고의 트레이닝 전문가가 되는 법　　265

PART 10
모임이 끝나기 전에 다운라인이 사업하겠다는
열의를 갖고 뛰어 나가게 할 수 있는가?　　279

PART 11
실망감과 갈등을 해소하여 성공하는 방법　　291

PART 12
당신의 열정에 불을 붙일 이야기, 시, 책, 음악　　307

PART 13
칭찬과 감사와 인정하는 데 뛰어난 사람이 될 수 있는가?　　319

PART 14
평범한 사람이 네트워크마케팅에서 성공 자가 되는 법　　331

PART 15
네트워크마케팅에서 판매 전문가가 되는 법　　343

PART 16
이제는 행동을 취할 시간이다　　350
네트워크마케팅을 하지 않으면 21세기에 어떻게 살아갈 것인가?

소개

21세기를 향해 새로운 도약을 준비하는 모든 네트워크 마케팅 사업자들에게 고함

네트워크마케팅의 너트 앤 볼트

이 책은 네트워크마케팅 사업의 마스터가 되는데 필요한 모든 도구들을 제공한다. 즉, 너트와 볼트, 렌치, 드라이버, 망치 등등…. 젠은 이렇게 말한다. "내가 할 수 있었다면 당신 역시 할 수 있습니다. 나는 당신이 성공할 수 있는 길을 보여드리겠습니다. 물론 나의 길이 유일한 길은 아닙니다. 하지만 반드시 성공에 일조할 것입니다.

어떤 사람이 이 책을 읽어야 할까?

- 선입관을 과감히 버리고 마음을 열어 새로운 개념을 배울 준비가 되어 있고 그것을 학습하여 행동에 옮길 수 있는 당신!
- 네트워크마케팅의 가능성과 영향력을 이해하는 당신!
- 이미 자신의 사업에 도움이 된다는 것을 알고 현장실습을 끝낸 후, 보다 생생한 노하우와 효율적인 원리를 찾는 당신!
- 현재 받고 있는 보너스보다 두 배, 세 배 또는 네 배의 보너스를 받고 싶어 하는 당신!(만약 당신이 이 책에서 보여주는 방법들을 실천한다면 당신은 그렇게 될 것이다.)
- 거대한 네트워크마케팅 그룹을 형성하는데 필요한 입증과, 현실에 맞는 방법론적 정보를 강력히 요구하는 당신!
- 자신의 네트워크마케팅 사업을 빠른 시일 내에 정상에 올려놓고자 하는 당신!
- 그 어느 그룹보다 거대하고 훌륭한 네트워크마케팅 사업을 빠른 속도로 진행해 나가기 위해 다이내믹하고 즉시 실천 가능한 방법을 원하는 당신!
- 즐겁고 신나게 일하고 싶은 당신!

이 책은 17년 동안 사업경험을 바탕으로 습득한 실천요령으로 가득 차 있다. 젠은 실제 경험을 바탕으로 한, 내용만을 전해주고 있으며 그것이 어떤 것인지 또한 어떻게 하면 될 수 있는지를 말해준다.

주목하라! 젠은 무엇이 가능하고 무엇을 해야 하는지를 명확히 제시하고 또한 단계적으로 모든 경험과 방법을 알려 준다. 하지만 실천에 옮기는 것은 당신이다. 바로 당신의 몫인 것이다.

이 책을 반복해서 읽어라! 하지만 문제는 완전한 진실을 원치 않는 사람이 많다는 데 있다. 상황대처에 실패한 사람들, 과거의 경험을 거울삼는데 실패한 사람은 미래에 성공할 수 없다는 것을 명심하라.

사실, 성공적인 네트워크마케팅을 위해 충고 해주는 사람들은 많이 있다. 하지만 그들에게 "네트워크마케팅에서 성공하셨습니까?"라고 물어보라. 진정으로 살아있는 요령을 터득하려면 정상에 도달해 본 사람, 성공적으로 사업을 이룩한 사업가에게 그 진실을 들어야 한다. 그리고 성공한 사람들을 단계적으로 따르는 사람들에게서 배워야 한다.

어떤 일을 하던 처음 시작할 때는 그 일에 대한 요령을 가르쳐주는 상사나 지침서가 있기 마련이다. 그러한 의미에서 볼 때, 이 책은 네트워크마케팅에 대한 업무지침서라고 할 수 있다. 네트워크사업에서 어떻게 성공하는가를 단계적으로 정확하게 보여주고 있는 이 책은 당신을 위해 만들어진 트레이닝 지침서이다.

네트워크마케팅에서 성공한다는 것은 자신의 내면 세계에 변화를 가져온다는 것을 의미한다. 따라서 교육을 통해 정신적인 발전을 가져오고 궁극적으로는 성취의욕을 고취시켜야 한다. 왜냐하면 생각은 삶과 일 속에서 어떠한 결실을 얻게 되는가를 결정하기 때문이다.

성공의 크기는 당신이 실천해 온 것을 다른 사람들이 할 수 있도록 어떻게 훈련시키는가에 비례한다. 우리는 그것을 '복제'라고 부른다.

이 책의 각 장을 실천해 가면서 기억해야 할 것은 이 모든 것이 젠

루의 아이디어와 경험이라는 것이다. 당신이 시작해야 할 시점을 찾아보라.

▶ 성공의 방법을 제시하는 이 책은 무엇을 해야 하는지 알려준다.
- 네트워크마케팅을 시작하라.
- 열심히 탐구하는 초보자가 되어라.
- 성공할 수 있는 습관을 키워라.
- 당신의 능력에 자신감을 가져라.
- 강한 신념을 가져라.
- 인간관계를 증진시켜라.
- 판매를 즐겨라.
- 전화와 메일을 효율적으로 사용하라.
- 힘을 얻을 수 있는 훌륭한 책을 읽어라
- 동기를 부여해 주는 음악을 들어라.
- 후원의 전문가가 되어라.
- 전문가가 되기 위해 도움이 되는 행동과 삶을 더 나은 방향으로 바 꿀수 있는 행동을 하라.
- 판매하는 사람들을 후원하라.
- 리더십을 발전시켜라.
- 철학이 있는 사람이 되어라.
- 도약을 가져올 수 있는 세미나에 참석하라.
- 앞길을 걸어간 사람들로부터 조언을 구하라.
- 효율적인 전략과 아이디어를 얻어라.
- 사업이 주는 혜택에 대해 잘 설명할 수 있도록 하라.
- 더 빠른 결과를 얻기 위해 효율적으로 일하라.
- 파트너들이 자신감을 갖도록 격려하라.

- 할 수 있다는 자신감으로 가득 차게 하라.
- 다른 개성을 가진 사람들과 잘 지낼 수 있도록 하라.
- 적용할 수 있는 실질적인 아이디어를 가져라.
- 당신의 프로그램에 사람들을 지속적으로 참석하게 하라.
- 당신의 네트워크마케팅이 폭발하게 하라.
- 새롭게 후원하는 효과적인 아이디어를 배워라.
- 삶의 혼란기에 적극적으로 대처하라.
- 좋은 결과를 얻을 수 있는 적절한 말을 사용하라.
- 업 라인과 함께 일하라.

준비가 되었는가?

이제 젠루의 경험을 기초로 하여 출발하도록 하자. 당신은 사업의 대가가 되기 위해 필요한 자질을 이미 갖추고 있다. "어떤 일을 할 준비가 되었을 때, 그 일은 자신의 모습을 나타낸다."

이 책은 당신에게 '성공은 행운이 아니며 리더는 태어나는 것이 아니라는 것'을 알게 해준다. 젠이 오늘의 위치에 오르기까지 인내했던 세월을 읽으며, 그녀가 당신의 스승이 되는 것을 영광으로 생각하라. 그리고 그녀를 당신의 사업과 인생에 있어서 안내자로 삼도록 하라. 어디까지나 "학생이 배울 준비가 되어야만 스승이 나타나는 법"이다.

▶ 제안

이 책이 제시하는 몇 가지 아이디어를 시험해 보라. 그 중에 단 한 가지가 성공한다 해도 충분한 가치가 있는 것 아닌가!

아이디어를 사용하라. 그것은 당신의 것이다.

하나의 아이디어가 성공하지 못했다 하더라도 계속해서 책을 읽도록 하라. 그리고 최고의 것을 취하고 나머지는 그대로 두어라.

물론 여기에서 제안하는 내용에 동의하지 않을 수도 있다. 그리고 젠은 당신을 기쁘게 하기 위해 이 책을 쓴 것이 아니다. 그 어떤 것도 강요하지 않는다. 다만, 그녀는 전화를 통해서 커피숍에서 무대에서 거실에서 그리고 네트워크마케팅 회사 사무실에서 17년 동안 배운 사실들을 다루고 있을 뿐이다. 만약 당신이 이 책의 내용 중에 동의하지 않는 부분이 있다면, 특별히 그 부분에 주의를 기울일 필요가 있다. 왜냐하면 그것이 바로 당신의 삶을 바꿔줄 유익한 부분일 수도 있기 때문이다.

어쨌든 이 사업에서 정상을 달리고 있고, 미국 여성의 수입 상위 1%에 속하는 젠에게 이야기할 수 있는 기회를 주도록 하자. 그녀는 지금까지 모든 일을 정석으로 처리해왔다.

성공을 위한 가장 빠른 방법 중의 하나는 이미 정상에 오른 사람의 발자취를 따라 가는 것이다. 정상에 가까이 간사람, 정상으로 가려 하는 사람, 정상에 있는 성공자를 안다고 하는 사람의 발자취가 아니라, 정상까지 도달한 사람의 발자취를 따라 가는 것이다. 즉, 최고 리더를 따라 가는 것이다!

당신은 부를 축적한 사람들의 말에 귀를 기울이는 사람이 이 세상에 5%도 안 된다는 사실을 알고 있는가?

"인생의 어느 시점에 이르면 미루는 습관을 극복해야 합니다."

나폴레옹 힐.

당신이 지금 무엇을 하든, 젠의 경험을 통해 리더로서의 자질을 키우고 사업의 방법을 배워 성공하도록 하라.

성공은 당신에게 달려 있고 그것을 거머쥐려면 지금 당장 시작해야 한다. 물론 과거의 습관에 젖어 구태의연하게 살고 싶은 사람도 많을 것이다. 하지만 시간은 뒤로만 흘러가고 결코 당신을 기다리지 않는다는 사실을 명심하라.

그리고 이 한 가지 사실을 상기하라!

오늘 시작하지 않으려면 이 책을 다시 찾을 수 있는 곳에 두어라. 그리고 조만간 준비가 된다면, 네트워크마케팅의 성공자 젠의 방법을 시도해 보라.

과거의 실수를 잊고, 남은 생애를 매일매일 최상의 날로 만들어라.

스스로를 용서하고 오늘과 미래의 위대한 성취를 위해 전진하라.

성공가도를 달리기 위해 오늘 결정하라. 당신은 이 책으로 상승기류를 탈 수 있을 것이다.

이 책의 메시지는 대단한 것이다!

젠 루가 네트워크마케팅으로 백만장자가 되었다면, 당신 역시 백만장자가 될 수 있다.

이 책은 당신의 사업에서 각각 다른 수준에 도달할 때마다 참고자료가 되어줄 것이다. 즉, 이 책은 당신을 성공의 다음 단계로 이끌어줄 무한한 아이디어를 제공하는 것이다. 특히 이 책은 당신의 새로운 회원, 판매원, 새로운 리더, 함께 하는 모든 사람들 그리고 성공을 나누는 사람들에게 있어 필독서가 되어야 한다.

이제 준비하자.

모든 것이 여기에 있다.

젠은 앞서 길을 걸었고 우리에게 많은 것을 알려줄 것이다.

"그것이 당신의 이성 그리고 상식과 조화를 이루지 않는다면,
비록 내가 이야기했을 지라도 그 외에 누가 이야기했을 지라도
어디에서 읽었을 지라도 어떤 것도 믿지 말라."

- 부 -

이 책은 당신을 위해 존재한다.
커다란 꿈을 가져라!
당신의 꿈은 이제 현실로 다가올 것이다. 왜냐하면 네트워크마케팅에서 프로가 되는 것이 곧 당신의 꿈으로 이어지기 때문이다. 더 높은 삶에 발을 들여놓고 그 세상을 알기 위해 계획할 때, 당신은 그 모든 것을 얻게 된다.
당신의 밝고 성공적인 미래가 여기에 있다. 삶은 자연 발생적인 것이 아니고 바로 이 순간 당신이 만들어내는 것이다.

이 책은 현실의 문을 활짝 열고 당신의 삶을 이끌어가도록 도와줄 것이다. 다른 사람이 그러한 것을 해주기 원하거나 기다리지 말라.
단 한 가지 아이디어일지라도 성공적으로 적용되는 것이, 천 개의 아이디어가 실행되지 않는 것보다 가치가 있다.

책을 읽다보면 반복되는 내용이 있을 것이다. 이는 가장 기본적이면서도 가장 중요한 내용이 된다. 당신의 머리속 깊이 새겨놓고 필요할 때 언제라도 활용할 수 있도록 하라.

젠 루

밝은 미래가 당신을 기다리고 있다.
네트워크마케팅 사업에서!

저자를 만나 보자

1980년, 젠 루는 디스커버리 토이 사업에 투신하여 다이아몬드 세일 디렉터로서 회사의 정상에 우뚝 서게 되었다. 그 과정 속에서 그녀는 수많은 사람들을 훈련해 왔으며 500명이 넘는 사람들을 후원하였다. 그리고 {프리젠테이션, GO다이아몬드, 열정을 가져라, 성공스타} 등 5권의 책을 저술하기도 하였다.

이러한 활약으로 그녀는 [워킹 홈]지와 여러 간행물에 소개되었으며, [업 라인]지에 편집조언과 잡지 주최 세미나에서 많은 사람들에게 동기를 부여해주기도 하였다. 그리고 지금은 세계적인 연사이자 트레이너로서 성공적인 자리 매김을 하고 있으며, 남편 빌과 함께 콜로라도 아스 펜에서 살고 있다.

"네트워크마케팅에 시간을 투자하고 기꺼이 변화하고 성장하려 노력하라.
우리는 많은 공통점을 갖고 있다!
성공을 해야겠다는 각오를 더욱더 다져라.
당신이 알고 있는 그 어떤 사람보다 더!"

이제 당신은 젠의 이야기를 듣고 훈련을 받는 사람들 중 하나가 되었다. 그녀는 세계적인 네트워크마케팅, 세일, 훈련의 전문가로서 그녀의 강한 믿음과 지식은 당신이 성공적인 사업을 이루고 꿈의 라이프스타일을 갖기 위해 필요한 지식은 물론이고 사업에 대한 확신을 갖게 해줄 것이다. 또한 젠은 당신에게 네트워크마케팅에 있어서 가장 중요한 자원을 활용하는 법을 보여줄 것이다.

이 사업에서 성공한 사람들의 이야기를 듣고자 한다면, 젠의 이야기에 관심을 기울여라. 간혹 성공 자가 아니면서도 자신이 성공한 것처럼 조언을 해주려는 사람도 있긴 하지만 젠은 절대로 그런 사람이 아니다. 그녀는 자신의 시간을 투자하여 풍성한 수확을 거두고 있는 네트워크마케팅 성공자이다. 그리고 젠의 삶은 그 자체로써 성공의 살아있는 증거이다. 중요한 것은 그녀가 이 사업에 성공했다면, 당신 역시 성공할 수 있다는 점이다.

네트워크마케팅의 트레이너로서 젠이 알려주는 것은 인생의 심오하고 위대한 최고의 그 무엇이 아니다. 단지 그녀의 경험이며 당신도 그녀처럼 성공할 수 있다는 방법을 알려주는 것이다. 어찌 되었든 젠은 당신도 역시 원하는 모든 것을 소유할 수 있다는 진솔한 믿음을 갖고 있다.

또한 커다란 성공을 위해 시작이 거창해야 하는 것은 아니라고 말하는 그녀는 동기를 부여하고 가르치고 영감을 주고 모든 사람을 변화시킨다. 그와 더불어 그녀의 수입과 성취는 다른 사람들이 능력을 키우도록 도와준 것에 비례한다. 그렇기 때문에 젠은 오늘도 여러분의 성공을 위해 전심전력을 다하고 있다.

다른 사람들을 도와 그들의 삶에 변화를 가져다주고 굉장한 수입을 올리면서 거대한 네트워크마케팅 그룹을 형성하는 것이 당신이 원하는 것이라면, 지금 당장 행동하도록 하라. 그리고 오늘 이 책을 당신의 것으로 만들어라!

짐 론은 젠에 대해 이렇게 말한다.
"그녀는 미국의 성공 스토리이다."
그리고 [업 라인]지는 젠을 이렇게 소개하고 있다.
"위대한 네트워크마케팅 성공자"

네트워크마케팅을 하는 사람들은 끊임없이 더 나은 방법을 찾기 위해 고심한다. 어떻게 하면 더 많은 사람들을 후원할 수 있는지, 어떻게 하면 더 높은 판매고를 올릴 수 있는지, 어떻게 하면 더 많은 돈을 벌 수 있는지, 어떻게 하면 거대한 그룹을 형성할 수 있는지, 어떤 책을 읽어야 도움을 얻을 수 있는지, 성공과 가정의 조화를 이루는 방법은 무엇인지….

젠은 이 모든 의문을 극복하고 성공한 사람이다. 그렇기 때문에 그러한 의문을 지니고 있는 모든 사람들을 가르칠 수 있다.

그녀의 가르침을 예로 들자면, 모든 사람들이 똑같이 반복해서 할 수 있는 방법(이제부터 이것을 '복제'라고 부르자), 기술적인 면, 배울 수 있는 자세, 이혼한 후의 생활전략, 아홉 자리 수의 부채를 지닌 경험, 열정을 유지하는 일, 이혼모로서의 역할, 재혼, 꿈꾸던 집을 짓고 백만장자가 되는 방법 등을 포함하고 있는 것이다.

젠은 변화를 가져오게 한다. 그녀는 사람들에게 무엇을 말해야 하는지, 무엇을 해야 하는지, 네트워크마케팅을 어떻게 할 것인지를 정확하게 말해주고 있다. 그녀는 프로 중의 프로이다. 그리고 그녀가 제안하는 이 책은 '성공을 위해 지금 시작해야 한다'고 결심하는 사람들 즉, 네트워크마케팅을 하는 모든 사람들이 지녀야 하는 책이다. 이론과 경험 중 어느 것이 더 나은 스승인가?

▶ 젠이 강하게 갈망하는 것
- 자녀들을 위해 최상의 라이프스타일을 제공하는 것
- 선망의 대상이 되는 것
- 재택근무를 하면서 큰 성공을 거두는 것
- 자녀로부터 칭찬과 존경을 받는 것

- 재정적으로 독립하는 것
- 노년기에 당연히 지녀야 할 라이프스타일을 갖지 못하는 두려움에서 벗어나는 것

  90년대 후반, 네트워크마케팅을 지칭하는 용어들은 복제, 변환기, 전환, 새로운 물결, 성공, 코쿤의 다음 단계 등으로 매우 다양했다. 하지만 나는 용어에 대한 아무런 지식 없이 네트워크마케팅에 대한 커다란 기대와 희망과 열정만을 지니고 있었다.
  사실, 용어가 어떠하든 그것은 나에게 문제가 되지 않았다. 나는 집에서 아이들과 함께 하면서 일할 수 있는 사업을 선택했고 내게 맞는 제품을 취급했다. 나는 네트워크마케팅을 시작한 첫 날부터 이 사업이 마음에 들었고, 17년이 지난 오늘날에도 여전히 좋아한다! 그리고 나는 이 기간 동안 '할 수 없다'고 푸념을 하거나 한탄할 시간 없이 열심히 사업에 전념하였다.

왜냐고?

  그것은 내가 원했던 삶을 살 수 있었기 때문이다.
  수년전, 나는 눈으로 뒤덮인 아름다운 아스펜산의 포스터를 구입하였다. 그리고 그것을 내가 늘 볼 수 있는 책상 위에 걸어놓고 오랜 세월동안 바라보며 꿈꾸어왔다. 지금은 내가 꿈꾸어왔던 아스펜에 네트워크 사업을 통해 번 돈으로 지은 아름다운 집에 살고 있다!

지금 이 순간 당신의 갈망이 사업의 성공으로 이어지도록 하자!

▶ 내가 열심히 노력하여 갖고 싶었던 것.

- 경탄할 만한 좋은 전망을 가진 내 집
- 고급스러운 사우나와 욕조
- 손님을 위한 아름답고 편안한 방
- 최신식 가구와 최고의 가재도구로 꾸며진 집
- 최신의 가전제품들
- 헬스장과 수영장
- 아늑한 서재
- 내가 원할 때 가질 수 있는 휴가 및 휴식 시간
- 별 다섯 개의 호텔에 있는 것보다 더 좋은 환경
- 나를 위한 투자전략가
- 평화로운 주위 환경
- 성능이 뛰어난 최첨단 컴퓨터
- 섹시한 마스터 침실
- 벽난로를 가진 안락하고 커다란 산기슭의 집
- 내 자식들에게 자동차를 선물해 주는 것
- 자식들 학자금 완전 해결
- 개성이 풍기는 수제 여행용 가방
- 매 행사마다 사용할 수 있는 새롭고 아름다운 그릇
- 절대로 남 밑에서 일하는 일이 없을 것
- 절대로 빚을 지는 일이 없을 것
- 내적인 평안
- 여성 클럽을 위한 자금
- 성공한 친구들
- 명상의 시간

- 다른 사람에게 공헌하는 것
- 인정받는 자식들로 키우는 것
- 존경 받는 연사와 저자가 되는 것
- 다른 사람의 생활에 긍정적인 변화를 가져오게 하는 것
- 내가 원할 때 원하는 장소에서 원하는 방법으로 일을 하는 것
- 완전한 재정적 독립

만약 당신이 이러한 것들을 오늘 그리고 매일 갈망한다면, 어떤 결과가 나타날까? 그 모든 것을 얻을 수 있다!

당신은 무엇을 위해 열심히, 그리고 기꺼이 일을 하는가? 그것은 바로 당신의 가족과 자신를 위해서다!

열정을 갖고 당신의 꿈을 추구하라

무엇보다 나는 나와 가족을 위해 멋진 생활을 원했다. 왜냐하면 이혼을 한 후 나는 1985년에서 1989년까지 거의 숨 쉴 틈도 없이 보내야만 했기 때문이다.

내가 만약 그 시절로 다시 돌아간다면 단 하루라도 휴가를 떠날 것이다. 물론 그 시절로 다시 돌아갈 수는 없지만. 당신도 나처럼 후회하지 말고 당신 자신을 위한 일을 하도록 하라. 가끔이라도 당신을 위해 하루를 비워두도록 하라. 아니면 반나절이라도 좋다!

오래 전에 나는 10,000달러 정도의 신용카드 빚이 있었는데 그것을 갚는 것이 꿈처럼 느껴졌었다. 그리고 그 이후로도 오랫동안 그것보다 훨씬 더 많은 빚을 진적도 많았다. 하지만 지금은 어떠한 청구서도 부담 없이 처리하고 있다.

▶ 꿈의 목록이 가져올 결과

- 재정적 자유 ➡ 3년에서 5년 안에 재정적인 자유를 얻게 된다. 따라서 선택의 자유를 지닌 생활과 사회에 기여할 수 있는 생활, 그리고 창조적인 생활이 가능해진다.
- 자율적인 권한은 성공의 기초 ➡ 당신은 스스로를 존중하고 동기부여, 믿음, 의사소통, 인간관계, 가치관, 그리고 진정한 전문가로서의 삶의 목적을 갖게 된다.
- 리더십은 가장 수익성 좋은 사업 분야 ➡ 다른 사람을 도와 그들이 스스로의 목표를 이루도록 돕는 것도 서로의 유익을 가져온다. 자신의 사업에 겸손, 경청, 봉사, 비전, 명예, 용기, 성실함을 활용하라.
- 비전은 당신의 습관 ➡ 늘 당신의 비전을 명확히 하라. 스스로 동기부여 할 수 있도록 온 힘을 다하라.
- 네트워크마케팅은 재정적 자유를 얻는 가장 효율적인 방법 ➡ 네트워크는 마케팅과 유통의 가장 강력한 수단이다.
- 당신의 회사는 네트워크마케팅 분야에서 훌륭한 회사로 인정받는다. ➡ 최상의 제품이며 그것을 구입하는 사람들은 커다란 혜택을 받을 수 있다.

노력하여 얻고 싶은 것의 목록은 어떻게 만드는가?

우선 시작하라. 그리고 지금 당장 당신의 꿈의 목록을 만들어라.
만약 돈에 구애 받지 않는다면 당신의 생활은 어떠할까? 그 느낌은 어떠할까?
그리고 어떤 사람이 될까?

커다란 꿈을 갖고 오늘 당장 시작하라. 당신의 꿈을 위해 열심히 노력하라. 그리고 그 꿈이 하나씩 실현될 때마다 그것을 목록에서 지우도록 하라.

네트워크마케팅은 나의 유일한 희망이다.
나는 이 사업으로 성공해야만 한다.
다른 길은 없다!

▶ **내 인생에 있어서 가장 소중한 것은?**

나의 건강, 나의 아이들, 남편 그리고 부모로부터 얻는 존경과 조건 없는 사랑, 세계 여러 나라의 친구들, 내 할머니의 도자기와 매일 끼는 반지, 나의 결혼반지, 나의 사진앨범과 내 아이들의 사진, 아름답고 안전한 집.

이것은 그 누구도 나에게서 돈을 주고 살 수 없는 것들이다.

아무리 많은 돈을 준다 해도 나는 그것을 팔 수 없다. 나는 그것을 위해 일했으며 그것을 향유하고 있다. 그리고 무엇보다 나는 그 모든 것을 사랑한다.

당신의 일생에서 가장 소중한 것은 무엇인가?

그것은 분명히 돈을 주고 살 수 없는 것들이다.

아이들을 떠나보내고

사라와 클레이튼을 떠나보내는 것은 상당히 가슴 아픈 일이었다. 하지만 사라는 볼더에 있는 콜로라도 대학에서 한 달에 두 번씩 집에 올 수 있고 나는 그 아이가 원할 때 두 번이라도 돌아올 수 있는 것에 만족하고 있다.

두 아이들이 고교를 졸업할 때, 나는 커다란 기쁨을 느꼈었고 뭔가 커다란 짐을 내려놓는 기분이었다. 이제는 그 아이들에게 자립심을 키워주어야 한다. 아직 그들이 청년기에 있을 때, 보다 많은 것을 가르쳐야 하는 것이다.

그러나 사라가 세계일주 항해 여행을 떠나던 날, 나는 딸을 위해 만반의 준비를 갖춰 주었지만 아이가 떠나는 것을 보며 결국 눈물을 쏟고 말았다.

그리고 클레이튼이 군에 가기 위해 서명을 했던 날은 나에게 몹시도 고통스러운 날이었다. 또한 애쉴리가 처음으로 운전을 하던 날도 나는 하루 종일 걱정으로 시간을 보내야 했다.

어떻게 부모가 어린 자녀들을 남겨 두고 온종일 일하러 갈 수 있을까? 참으로 가슴 아픈 일이 아닐 수 없다.

아이들은 내 행복의 근원이다. 그들은 내 인생의 전부인 것이다. 하지만 그 어떤 조건과 돈으로도 내가 지난 20여 년 동안 어머니로서의 역할을 제대로 하지 못한 것을 보상해 줄 수는 없을 것이다. 만약 내가 이러한 어려움을 감수하지 않았다면, 오늘날 나와 아이들은 어느 위치에 있을까?

오늘 시작하지 않는다면, 20년 후에 당신은 어디에 있을 것인가?
일생의 목표를 달성했을 때, 당신은 무엇을 할 것인가?
그것은 바로, 새로운 목표를 세우는 것이다!
절대로 나 같은 사람을 후원할 기회를 놓치지 말라!

……

내가 백만장자가 되었다는 것을 어떻게 알았을까?

1991년 8월, 미네소타 미네아폴리스의 내셔날컨벤션에서 내가 백만 달러를 벌었다는 사실이 발표되었다. 그리고 11년 동안 네트워크 마케팅에 몸담은 경험자로서 그 곳에 참석한 2,000명의 사람들에게 해주고 싶은 말이 무엇이냐는 질문을 받았을 때, 나는 이렇게 대답했다.

"글쎄요. 집에서 아이들을 키우며 개인적인 성장을 달성하는 호사스러움을 누렸다는 점을 말해두고 싶군요."

나는 아스 펜 산의 정상에 위치한 집에서 나의 변호사, 회계사 그리고 투자 자문가가 모인 자리에서 일백만 달러의 자산을 소유하게 되었다고 말해 주었다.

나는 이 사업을 통해 훌륭한 사람들을 많이 만날 수 있었다. 물론 그 중에는 비판적인 사람들도 있었다. 하지만 무엇보다 중요한 것은 이 사업을 통해 많은 사람들로부터 지지와 조건 없는 사랑을 받았다는 사실이다.

나는 이 사업을 하면서 자만심에 가득한 사람들과 일하기도 했었고 온갖 종류의 엉뚱한 아이디어들을 시도해 보기도 했었다. 또한 많은 어려움속에서 중요한 결정을 내리기도 했다.

그 결과는?

재정적인 안정으로 보답을 받았다.

'바로 백만장자!'

그리고 나는 4백만 달러를 벌기 위해 노력하고 있다!

PART 01

오늘부터 당신의 성공스토리를 써라

나의 이야기를 소개하며

젠의 이야기를 읽고 싶지 않다면,
제1장을 건너뛰고 제2장으로 들어가십시오.

"인생에 있어서 흥미로운 것은
최상의 것을 제외한 그 어떤 것도 받기를 거부한다면,
최상의 것을 얻을 수 있다는 점이다.
-서머셋 모음-

많은 사람들이 나에게 이런 질문을 퍼붓는다.

"이혼을 하고 양육권을 얻기 위해 힘겨운 투쟁을 벌이느라 엄청난 부채를 지게 되었는데, 어떻게 그러한 고통을 이겨냈습니까?"

"백만장자가 된 비결은 무엇입니까?"

나는 나의 이야기를 내 마음속에만 담아둘 수 없었다. 어려운 상황, 실패한 결혼, 그리고 또 다른 삶의 고통 속에서 벗어날 엄두를 내지 못하는 사람들을 보면 마음이 아프기 때문이다. 하지만 이 글을 쓰는데 필요한 용기를 얻기 위해 수년이 걸렸고 이제 나의 이야기와 메시지를 전달하고자 한다.

1976년 3월 7일 나의 딸 사라가 태어났고, 그것은 나의 삶을 영원히 바꿔 놓았다. 사라를 처음 보았을 때, 나는 뭔가를 해야겠다는 결심을 하게 되었던 것이다. 사라와 나의 일생을 훌륭한 작품으로 가꾸고 싶은 욕망이 일어난 그 순간, 내 팔에 안겨 있는 내 딸이 내가 성공해야만 하는 이유의 전부라는 생각이 들었다. 사라가 태어난 날부터 나는 나를 돌보고 있는 천사가 있음을 깨닫게 되었다. 지금도 나는 천사가 있다는 것을 굳게 믿고 있는데, 바로 그 천사들이 나를 여기까지 인도해 주었다. 그로부터 22년 후, 나는 아스펜 계곡에서 백만장자가 되었던 것이다.

나는 한때 '남편에게 돈을 달라고 하는 것과 남에게 돈을 빌리는 것을 몹시 싫어했으며 혹시나 어떤 일로 망하게 되어 미래에 무일푼이 되는 것에 대한 두려움으로 가득 차 있었다. 그리고 늘 '내가 인생에서 바라는 것은 무엇인가? 다른 사람들은 부유함을 누리는데 나는 왜?' 라는 의문을 안고 있었다.

성공은 나의 것이다. 나는 그것을 부정하지 않는다.

불행하게도 나는 내 남편이 내가 원하는 생활을 제공해 줄 것이라고 기대하고 있었다. 하지만 점점 세월이 흘러가면서 남편에게 그러한 삶을 기대할 수 없다는 것을 깨닫게 되었다. 그리하여 나는 내가 원하는 라이프스타일을 만들어나가기 시작했다.

당신도 그렇게 할 수 있다. 당신이 정상에 서는 것은 결코 우연이 아니다. 그것은 행운이나 요행이 가져다주는 것이 절대 아니다.

내가 믿을 수 있는 제품을 선택한 것, 판매와 마케팅 교육을 받은 것, 판매원이 된 것은 나에게 있어서 성공의 한 열쇠가 되었다. 성공에 있어서 꿈, 결단력, 목표, 열정, 실행 등의 요소들은 매우 중요하다. 그리고 당신이 성공한 사람을 연구할 때에는 자신의 수준을 한 단계 올려놓는 것이 무엇보다 중요하다. 내가 선택한 제품은 장난감이었다. 그리고 마케팅은 네트워크 사업이었다.

나의 유년기

그 때는 지금처럼 심플하고 작은 컴퓨터가 아니라 거대한 컴퓨터가 사무실을 가득 채우던 시절이었다. 신용카드, 레이저 빔, 팬티호스, 자동차 에어컨, 중앙냉방장치가 없던 시절….
인스턴트식품이 없고 차를 타고 음식을 주문할 수 있는 레스토랑이 없던 시절, 동성연애주의, 두가지 직업, 어린이 보호센터, 종합건강진단, 간병인 이라는 단어가 없던 그 시절….
테이프 데크, 전동 타이프라이터, 인공 심장, 워드프로세서가 없고, 남자 귀걸이는 상상도 못하고 하드웨어 소프트웨어라는 말조차 없던 시절….

무선 전화기, CD, 카세트테이프, 카 폰, 호출기, 전화 자동응답기, 팩스, e-메일, 음성 메시지, 마트, 휴대폰, 노트북 컴퓨터, 모뎀, 경보기, 등이 없던 시절.

첫 결혼

결혼한 지 3년이 흐르자 남편은 정통파 종교집단에 가입, 성경에 몰입하면서 그는 점점 변해갔고 급격히 변해가는 그의 성격을 감당할 수가 없었다. 나는 더 이상 그를 좋아할 수가 없었고 더구나 존경할 수는 더더욱 없었다. 나는 너무나 불안했다. 그 후, 나는 9년 동안이나 괴롭고 힘든 생활을 해야만 했다. 남편은 이제 나에게 낯선 사람이 되어 있었던 것이다.

나의 두 아이들

1976년, 예쁘고 건강한 사라가 태어났다. 그 누구보다 사라를 사랑한 나는 그 아이가 행복한 삶을 살아가도록 키워야겠다고 결심했다. 그 때 나는 처음으로 사랑과 찬미의 감정을 느꼈고 그 감정은 지금도 마찬가지다.

남편이 종교에 심취할수록 우리는 점점 더 멀어져 갔다. 부동산 회사를 갖고 있던 나의 할머니 나나는 매일 사라와 나를 찾아왔고 우리는 함께 즐거운 시간을 보냈다. 그리고 사라가 태어난 지 2년 후에 아들 클레이튼이 태어났다. 그 아이는 나의 자랑이자 기쁨으로 나는 그 아이를 오래도록 안아주며 보살폈다.

아이들이 어린시절, 더운 여름에는 더위를 식혀주기 위해, 추운 겨울에는 따뜻하게 해주기 위해 쇼핑몰에 자주 데리고 갔었다. 왜냐하면 에어컨과 난방비를 감당할 수 없었기 때문이었다. 오직 한 벌의 드레스만을 갖고 있던 나는 아이들의 옷을 손수 만들어 입혔고 우리 셋은 대부분의 시간을 독서와 놀이 게임을 하면서 보냈다.

처음 네트워크마케팅에 소개되었을 때

1976년 사라가 아직 아기였을 때, 이웃집에서 나를 피부 관리 홈파티에 초청하였다. 처음 참가한 나는 그 사업이 마음에 들어 그 다음에는 나의 집에서 모임을 계획하였다. 그 모임을 갖고 난 후, 판매원은 나에게 "당신은 매우 인정이 많은 사람이군요."라고 말해주었다.

그는 나의 어머니와 할머니를 제외하고, 지난 수 년 동안 나에게 칭찬을 해준 유일한 사람이었다. 나를 인정해 주는 그 짧은 말 한 마디가 내 삶에 에너지를 주었다. 나는 곧 사업을 시작했고 네트워크마케팅 트레이닝을 계획하였다.

하지만 트레이닝은 엉망이었다. 모임에 참석한 사람들은 대부분 나이가 많은 사람들이었으며, 모두들 나보다 많이 알고 있는 것 같았다. 나는 어디서부터 시작해야 할지 몰라 허둥대고 말았다. 그래도 나는 용기를 잃지 않고 더 열심히 일했다. 제품을 가지고 주위 사람들에게 제품의 좋은 점에 대해 열성적으로 설명하였다. 물론 가까운 친구 몇 사람은 제품을 사주었지만, 결국 나는 6개월 만에 그 사업을 포기하고 말았다.

돈이 더 필요했다

나는 저축해 두었던 약간의 돈으로 사라를 램플 리터라는 사립유치원에 보낼 수 있었다. 사라를 그 곳에 입학시키기 위해 사라가 태어났을 때, 이미 입학원서를 제출해 놓았다. 하지만 문제는 그 유치원이 좋기는 하지만 비용이 많이 든다는 점이었다.
나는 생활비를 절약하는 것만으로는 유치원 비용을 감당할 수 없다는 것을 깨달았고 또 다시 일할 결심을 한 나는 제품을 집에서 팔 수 있는 기회를 찾기 시작했다.

두 번째로 네트워크마케팅 사업에…

1979년 사라가 유치원에 다닐 때, 내 친구가 댈러스에서 열리는 장난감 홈파티에 초대하였다. 그녀의 이야기에 흥미를 느껴, 그 모임에 참석했을 때에는 사라가 네 살, 클레이튼이 두 살 그리고 셋째 아이가 뱃속에 있는 상태였다.
내 친구는 장난감 판매에 흥미를 갖고 있는 사람이 없어서 이제 그만둘 생각이라고 말했다. 하지만 2년밖에 안 된 그 회사에 나는 강한 호기심을 갖게 되었다. 내가 많은 것을 질문하자 그녀는 자세한 답변과 함께 푸른색 명함을 건네주었다. 그것을 받아 든 순간, 나는 속으로 많이 놀랐다.

"와! 명함을 가진 주부…!"

1980년 3월, 셋째 아이 애쉴리를 임신한 상태에서 나는 지금도 일하고 있는 장난감 회사의 네트워크마케팅을 시작하기로 결심하였다.
'어떻게 든 될 거야.'
'난 세 아이의 엄마이고 아이들이 필요로 하는 장난감을 잘 알고 있어. 생일파티나 공휴일을 이용하여 장난감을 팔 수 있을 거야.'
나는 정말로 할 수 있다고 생각했다.
그 때, 나의 결혼생활은 행복하지 못했다. 하지만 나는 결혼서약에 충실하고자 노력했으며 동등한 위치에서 서로 존중하는 생활을 원했다. 하지만 남편에게서는 그러한 것을 기대할 수가 없었다.

나는 전에 받았던 푸른색 명함에 적힌 회사로 전화를 걸었고, 회사에서는 그 친구가 오래 전에 그만두었다고 말하면서 다른 판매원을 소개 시켜 주었다. 나는 곧바로 회원에 가입하게 되었고 할머니가 내 대신 키트 값 300달러를 지불해주셨다. 그리고 이 사업에 전념해서 크게 성공하라고 격려해 주셨다.

▶ 당신을 위한 효과적인 아이디어
- 혼란기가 올 때를 대비하여 준비하라. 그것을 통해서 성공한다. 그리고 그것은 하나의 과정이다.
- 변화를 준비하라. 변화는 꼭 온다.
- 운명이 방향을 바꾸는 때를 알아라.
- 네트워크마케팅을 가능한 한 일찍 시작하라. 그것은 가치 있는

사업이다.
- 당신의 생활은 불행할지라도, 네트워크마케팅에서는 행복할 수 있다.

나도 이 사업을 감당할 수 없다고 생각했던 때가 있었다. 그래서 사업을 그만두고 싶었던 때가 한 두 번이 아니었다. 그 때는 완전히 좌절감에 빠져 어찌할 수 없는 상태였다. 하지만 전화는 계속해서 걸려왔고 다른 선택의 여지가 없었다. 많은 사람들이 나와 함께 사업하기를 원했던 것이다.

▶ 내가 죄의식을 느낄 때는…
- 많은 경우에 그렇게 느꼈다.
- 나의 아이들과 함께하지 못했을 때
- 사업을 열심히 하지 않았을 때

▶ 내가 분개했을 때는…
- 나는 불행한 결혼생활을 하고 있었으며 돈도 없었다. 깨끗하고 좋은 집을 소유하고는 있었지만, 생활은 거지나 다름없었다. 가재도구를 장만할 만 한 돈도 없고 여행이나 취미, 오락은 꿈도 꾸지 못했을 때.
- 나는 요리하고 청소하고 엄마이자 아내, 딸, 누나, 이웃, 친구의 역할과 더불어 사업도 해야만 했다. 조금도 나 자신을 위한 시간이 없었을 때.
- 친구를 만날 여유도 없을 때.
- 나는 내가 할 수 있는 것과 해야 하는 것에 대해 부정적이거나 혹은 긍정적인 반응을 생각해 본다. 사람들은 나에게 어떤 것을

기대할까? 나는 무엇을 계획해야 하는가? 그 때마다 사람들은 나에게 이런저런 충고를 해주었지만 그다지 효과가 없을 때.
- 너무 많은 서류작성, 너무 많은 의견, 너무 많은 우두머리들, 개성이 다른 사람들이 너무 많을 때.

▶ 당신을 위한 효과적인 아이디어
- 자세를 바꾼다.
- 현대 감각에 맞는 스타일로 머리를 손질한다.
- 죄책감을 버린다.
- 양보다는 질적인 시간이 더 중요하다는 것을 생각한다.
- 나중에 하겠다는 생각은 결코 하지 않는다.
- 스스로에게 많은 질문을 던진다.
- 나의 시간계획이 다른 사람에 의해 방해 받지 않도록 한다.
- 가족에 대해 죄의식을 느낄 필요는 없다. 대신, 자신이 가족에게 제공해 줄 수 있는 것들에 대해 기뻐한다.
- 비록 짧은 시간일지라도 매일 휴식 시간을 가진다.
- 자기만을 위한 시간을 만든다.
- 휴가를 간다.
- 결코 포기하지 않는다고 약속한다.

첫 대출

사업을 시작하기 위해 대출을 받아본 경험이 있는가? 사람들을 만나고 몇 가지 제품을 구입하고 싶기는 한데, 세미나에 참석하고 싶은데, 그것마저 해결할 돈이 없는가?

  나도 전혀 돈이 없었다. 그래서 나는 사업에 대한 나의 열정을 보여주고 은행에서 500달러를 대출 받았다. 나는 네트워크마케팅을 꼭 하고 싶었다. 내가 정말 원하는 사업을 찾았는데, 그것을 포기하고 후회하고 싶지 않았던 것이다. 그리하여 결국, 나는 내 아이들과 나 자신의 더 좋은 미래를 위해 시간과 노력을 투자하게 되었다.

▶ **당신을 위한 효과적인 아이디어**
- 중압감이 느껴질 때는 잠시 쉬어라. 정신적 육체적으로 완전히 휴식을 취하는 것이다.
- 스스로를 믿어라.
- 과거를 돌아보는 백미러를 없애라.
- 앞으로 전진하라.
- 지식을 쌓아라.
- 우선순위를 정하라.
- 다시 시도하는 것에는 제한이 없다는 것을 기억하라.
- 큰 꿈을 키울 결심을 하라. 그 꿈이 당신을 이끌어 줄 것이다.
- "빚은 반드시 청산할 수 있다"고 자신에게 말하라.
- 사업을 열심히 하지 않는 것보다 위험을 감수하지 않으려는 것을 더 두려워하라.
- 자기 인생의 선장이 되어라.

셋째 아이가 태어남

1980년, 나의 소중한 딸 애쉴리가 태어났다. 그 때 나의 네트워크마케팅은 순조롭게 발전하고 있었으며 내 그룹에는 16명의 회원이 있었다. 그렇게 나는 집에서 아이들을 키우며 부업으로 사업을 하고 있었다.

집안, 내 사무실에는 휴대용 아기침대가 있어 애쉴리를 곁에서 돌보며 일할 수 있었다. 그리고 바로 이 시기에 중요한 전환점이 찾아왔다. 그것은 내가 단순히 사업에 참여하는 단계에서 전념하는 단계로 들어섰다는 것이다.

▶당신을 위한 효과적인 아이디어
- 박스 단위로 구입하면 많은 시간을 쇼핑센터에서 보내지 않아도 된다.
- 손질이 쉬운 머리 스타일을 한다.
- 일찍 일어난다.
- 소풍가는 날을 정한다. 아이들에게 "엄마의 일에 협조하면 더 자주 소풍을 갈 수 있다"고 말한다.
- 참여하는 단계에서 전념하는 단계로 들어간다.
- 일주일의 식단표를 주말에 짠다.
- 시간 관리에 대한 책을 읽는다.
- 아이들과 시간을 정하여 그 시간 동안 스스로 잘 논다면 상을 주겠다고 말한다.
- 매일 아이들과 함께 하는 시간을 갖는다.
- 피곤할 때는 휴식을 취한다.
- 집에서 아이들을 돌보며 네트워크마케팅에서 성공할 수 있다.

……

……

아이들의 기념일에 일해야 할 때

나는 아이들의 기념일에 일을 해야만 할 때, 미리 성대한 파티를 열어준다. 그러면 아이들의 기념일을 놓쳐버린다 해도 아이들은 그리 서운해 하지 않는다. 기념일이 항상 그 날짜를 지켜야 한다는 고정관념은 버리는 것이 좋다. 아이들도 그 정도는 충분히 이해한다. 즉, 아이들이 좋아하는 날짜를 잡아서 기념파티를 열어주면 되는 것이다.

▶ 당신을 위한 효과적인 아이디어
- 아이들의 기념일을 챙겨준다. 반드시 그 날짜가 아니라도 상관없다.
- 죄의식을 버린다.
- 파티를 계획하는데 아이들을 참여 시킨다.
- 아이들에게 파티는 바쁠때를 피해서 한다고 말해 둔다.

당신의 생활에 혼란이 왔을 때

자녀가 있는 사람들은 보통 자신의 사랑과 에너지를 아이들과 사업에 초점을 맞추게 된다. 왜냐하면 어느 한 쪽이라도 기울어지면 마음 한쪽이 편안하지 않기 때문이다. 나는 그 중에서 어느 하나를 선택해야 한다는 고통은 전혀 상상도 해보지 않았다. 그러한 상황은 곧 혼란이다.

나는 정서적으로 학대 받고 지배 받는 것을 싫어한다. 그렇기 때문에 나를 조종하려 하지 않는 사람들과 가까이 지내고 싶고, 그러한 사람들의 삶에 기여하고 싶다. 조금이라도 나를 조종하려는 것은 용납할 수 없다. 만일 사람들이 어떤 방법으로라도 내 위에 위치하려 한다면, 나는 그들과 가까이 지내지 않겠다. 나는 동등한 관계를 원한다.

▶ 당신을 위한 효과적인 아이디어
- 네트워크마케팅을 배우는 학생이 되자.
- 판매와 인간관계 네트워크마케팅 전문가가 되도록 공부하자.
- 인간관계에서 허용할 수 있는 범위를 분명히 해놓자.

불행한 결혼을 했을 때

내 남편은 내가 따를 수 없는 종교적 규칙들로 가족들을 지배하려 했으며 나는 아이들이 그러한 환경에서 자라도록 방치할 수 없었다. 결국 나는 중대한 결정을 내릴 수밖에 없었고 내가 옳다고 생각했던 최상의 순간에 결단을 내렸다.

▶ 당신을 위한 효과적인 아이디어
- 명상의 시간을 갖는다.
- 처한 상황에 불평하지 않고 개선하도록 행동을 취한다.
- 어느 누구도 자신의 가치를 무시하지 않도록 한다.
- 도움을 구한다.
- 나를 지지하고 사랑하는 사람들과 함께 한다.
- 자신이 가치 있는 사람이라는 것을 생각한다.
- 자립에 대한 책을 읽는다.

학대에 대처하는 방법

내가 자신감을 갖고 나의 환경에 대처하기까지 그리고 아이들과 나에 대한 폭언과 정서적인 학대에서 벗어나는 데는 수년이 걸렸다.

▶ 당신을 위한 효과적인 아이디어
- 배우자의 잘못된 행동이 가족들이 원하는 생활양식과 인생을 방해하고 있다는 것을 말해 준다.
- 배우자에게 자신의 믿음을 강요하지 말고, 가족 개개인의 선택을 존중해 줄 것을 부탁한다.
- 배우자의 믿음이 강압적이고 피해를 줄 때는 곧 바로 이야기한다.
- 종속적이 아니고 평등하게 생활하겠다고 결심한다.
- 화를 내지 않고 울지도 않으며 뾰로통해 있지도 않는다.
- 배우자의 믿음이 방해가 된다고 생각될 때에는 더 이상 참지 않겠다는 것을 명확히 한다.
- 모든 면에서 사람들이 자신에게 종속될 것을 요구하지 않는다.
- 후원과 훈련을 계속하고 모임에 참석한다.

이혼에 직면했을 때

1985년 3월, 할머니가 돌아가시자 나는 이혼절차를 밟겠다는 결심을 했다. 오로지 내가 바란 것은 결혼으로부터 해방되는 것이었다. 나는 결단을 내렸고 그것은 결국 옳았다.

이혼신청을 위한 변호사 비용으로 15,000달러가 들었다. 아이들의 양육권을 얻기 위해 법정에 서야 했기 때문이다. 그 때만큼 내가 재정적으로 자유롭고 싶었을 때는 없었다. 유능한 변호사를 선임한 남편은 필사적으로 아이들의 양육권을 얻으려 했다. 내가 그의 믿음에 따르지 않자, 그는 아이들만이라도 그를 따르도록 하고 싶어 했던 것이다.

▶ **당신을 위한 효과적인 아이디어**
- 배우자에게 질문을 하라. 의견 차이를 좁힐 수 있을 것이다.
- 개인적인 성장과 발전을 위해 노력한다.
- 다투고 난 후의 감정으로 이혼을 결정하지 않는다.
- 너무 호의적으로 대하는 친구의 조언을 구하지 않는다.
- 아이들 때문이라는 생각만으로 결혼생활을 계속하지 않는다. 그것이 아이들을 위한 최선의 선택이 아니다.
- 마음속 조용한 음성에 귀를 기울인다.
- 원하는 개선점을 정해 놓고 매주, 매달마다 변화를 지켜본다.
- 배우자에게 우선순위를 두고 그의 입장에서 이해하며 어떤 변화가 있는가를 본다.
- 상담과 전문가의 조언을 들어본다.
- 나를 이해시킬 방법을 찾는다.
- 화해를 한다.

양육권 재판

나는 이혼소송을 냈고 남편도 세 자녀 모두의 양육권을 요구하는 배심원 청구를 하여 소송을 제기했다. 나는 첫 번째 변호사를 해고하고 좀 더 적극적이고 강력한 변호사를 선정해야겠다고 생각했다. 결국 남편은 떠났고 나는 안도의 한숨을 내쉬었다. 그 와중에도 나는 네트워크마케팅을 계속하였고 사업은 발전해 나갔다.

▶ **당신을 위한 효과적인 아이디어**
- 사업에 전념하고 아이들을 위해 헌신한다.
- 서둘러서 다른 사람과 데이트를 한다거나 깊은 관계를 갖지 않는다.
- 자신이 경험하는 마음의 상처와 집안의 다툼에 대해 절친한 친구들에게도 거의 말하지 않는다.
- 혼자임을 즐기고 아이들과 함께 하는 즐거움을 갖는다.
- 스트레스가 없어지고 마찰이 없어진 편안함을 느껴 본다.
- 배우고 변화하여 자신의 삶을 영위한다.
- 새로운 생활을 시작하기 위해, 아이들과 자신을 위한 시간을 만든다.
- 네트워크마케팅을 계속하여 자신을 고립시키지 않는다.
- 가정을 행복하게 만든다.

네트워크마케팅에서 돈을 벌 수 있을까?

열심히 사업에 매달렸지만 사업의 속도는 매우 느린 것 같았다. 점점 많은 돈을 벌 수 있을지를 의심하게 되었는데, 어느 날 갑자기 5,000달러를 입금 받고 춤을 추고 싶을 정도로 기뻤다.

당신도 돈을 벌 수 있다. 지금 행동을 취하라. 네트워크마케팅에서 돈을 벌 수 있는 방법은 제품을 움직이는 것이다. 당신이 제품을 움직이고 파트너들도 그렇게 한다면 당신은 돈을 벌게 된다.

▶ 당신을 위한 효과적인 아이디어
- 성공할 수 있는 사업을 하기 위해 배우자의 허락이 필요한가?
- 성공한 사람을 부러워하거나 시기하지 않는다.
- 실패에 대해 이야기하지 않는다.
- 더 많은 세미나에 참석한다.
- 부정적인 모임이 될 때는, 그 모임에서 즉시 떠난다.
- 더 많은 책을 읽는다.
- 테이프를 더 많이 듣는다.
- 제품을 더 많이 움직인다.
- 사업의 성공에 기여하는 사람들에 대해 관심을 기울인다.
- 자신을 위해 노력한다.

고통을 이기고 야망을 갖는다.

빚을 진다는 것은 나를 극도로 긴장하게 만들었다. 당신은 어떠한가? 돈에 너무 많은 비중을 두지 말라. 빚은 청산할 수 있다. 그리고 나는 그렇게 했다. 나는 필사적으로 양육권을 얻으려는 남편을 포기시키기 위해 그러한 문제에 대해 명성을 떨치고 있는 변호사를 고용하였다. 그의 의뢰비용은 5,000달러였는데, 그 후 그만큼의 비용을 몇 번 더 내고서야 승리할 수 있었다. 그것은 고스란히 나에게 빚으로 남았지만 내가 원한 것은 오직 아이들의 양육권 이었다.

사실, 이러한 어려움은 삶의 한 부분이다. 인생은 끝없는 도전의

연속인 것이다. 그것은 운명이 아니라, 삶 그 자체이다.

세월이 흐르면 흐를수록 매순간 순간을 기쁘게 살아야 한다는 생각이 더욱더 강해진다. 물론 극복해야 할 많은 일들이 우리를 기다리고 있다. 하지만 우리는 그것을 맞이할 준비를 해야 한다.

빚을 진다는 것은 고통스러운 일이지만, 생명을 위협하는 것은 아니다. 물론 당신도 빚으로 고생하고 있을지도 모른다. 하지만 당신은 그것을 청산할 수 있다. 나 역시 빚을 갚아야 한다는 것에 대해 두려움을 느끼고 있었다. 나는 돈이 없었고 네트워크마케팅이 나의 유일한 희망이었다.

배수진을 치고 누가 승리하는지 보라!

나는 돈의 노예가 되는 것이 싫다. 나는 빚에서 벗어나고 멋진 생활을 하고 싶기 때문에 돈을 원하는 것이다.

나는 성공했다!

▶당신을 위한 효과적인 아이디어

- 어려운 시기를 지혜롭게 이겨나간다. 사업이 잘 되기를 기도하라. 그러면 사업에 도움이 될 것이다.
- 매달 빚을 조금씩 갚아 나간다.
- 자기계발에 대한 책을 읽고 정리한다.
- 개인적으로 성장하고 정서를 함양한다.
- 후원을 계속하고 회보를 쓴다.
- 네트워크마케팅을 열심히 한다.
- 자신만을 위한 시간을 만든다.
- 끊임없이 노력하면 일이 성취될 것임을 확신한다.
- 여유 있는 시간을 활용해서 전화를 건다.
- 번창하는 모습을 생각한다.

변화를 준비하는 사람들에게

아이들은 스스로 일을 잘 처리해 나갔다. 그리고 나의 네트워크마케팅은 전국적으로 커져 갔고 굉장한 사람들이 참여하면서 그룹의 성장도 폭발적으로 일어났다. 나는 아이들을 키우고 변호사 비용을 지불하고 생활하기 위한 돈이 필요했다. 그리하여 후원과 트레이닝 그리고 학습을 게을리 하지 않았다. 사업은 정말 잘 되어갔고 돈이 들어오기 시작했다.

▶ **내가 싫어하는 것**
- 아홉 시에 출근하여 여섯 시에 퇴근하는 직업을 갖는 것.
- 아이들을 탁아소에 보내는 것.
- 언제 휴가를 가고 무엇을 해야 한다는 지시를 하는 상사.
- 쉬어도 되는지 허락을 받는 것.

나도 한때는 일반적인 사업체에서 근무한 적이 있었다. 일단 출근을 하고 나면 점심시간을 제외하고는 전혀 바깥구경을 할 수 없는 그 생활은 정말 곤혹스러웠다. 그리하여 나는 더 나은 삶의 방식을 찾았고 그것이 번영된 미래를 위해 유일한 길임을 깨달았다.
'그것은 바로 네트워크마케팅이다.'
이제는 변화의 시간이다. 모든 것이 변하고 있다. 우리는 변화해야 하는 책임을 가지고 있다.

▶ **자신을 위한 아이디어**
- 새로운 생활을 갖는 데에는 적응기간이 필요하다.
- 차분히 마음을 가라앉힌다.

- 홀로 있는 시간을 기뻐한다.
- 자기계발에 관한 책을 읽고 성공자로부터 배운다.
- 실망감을 극복한다.
- 상황을 변화시킬 수 없을 때에는 다른 상황을 선택한다.
- 변해야 하는 것은 오직 당신 자신이다.

운명이 준 새로운 전기

1988년 어느 날 오후, 나는 우편물 하나를 받았다. 그 안에는 카세트테이프가 들어 있었는데, 그것을 틀어보니 낯선 사람이 나에게 이야기를 하고 있었다.

여기에 그 일부분을 소개한다.

"안녕하십니까, 젠? 나는 조지입니다.

당신의 회사에서 누가 최고의 실적을 올리고 있는지를 물었더니 판매 안내원이 당신의 이름과 주소를 알려주더군요. 내가 이상한 방법으로 접근하는 것에 대해 두려워하지 않기를 바라며 당신에게 값진 이야기를 해주고 싶습니다. 나는 오래 전에 네트워크마케팅으로 성공했습니다. 그래서 당신에게 앞으로 중요한 지식이 될 몇 가지 방법을 알려드리고자 합니다. 여기에 나의 전화번호가 있습니다. 전화를 걸어주신다면 이야기를 나눌 수 있을 것입니다. 물론 비용이 들어가는 것은 아닙니다. 어떠한 요구 조건도 없습니다. 나는 당신에 대한 이야기를 많이 들었으며 당신의 삶에 일조를 하고 싶습니다."

나는 묘한 느낌으로 조지에게 전화를 걸었다. 그는 나보다 30년이나 손위였고 네트워크마케팅에 대해 해박한 지식을 갖고 있었으며 은퇴 후 조용하게 여생을 지내고 있었다. 그 날 나는 조지와 함께 밤늦도록 대화를 나눴다. 그 후, 몇 달 동안 나는 네트워크마케팅과 판매요령에 대해 그로부터 개인적인 편지와 카세트테이프를 받았다. 우리는 곧바로 전화 친구가 되었고 그는 나를 이 사업에서 최정상에 올려놓는 것 이외에 다른 목적은 없다고 말했다.

시간이 지나면서 그는 나에게 돈으로 살 수 없는 충고와 조언을 더 많이 해주었고 이 책의 많은 부분이 조지의 아이디어를 중심으로 해서 나온 것이다.

우리가 좀 더 가까워졌을 때, 그는 전화로 이렇게 말했다.
"젠, 당신은 프린스턴 대학을 나온 사람과 결혼해야 할 겁니다."
"프린스턴 대학 요? 나는 텍사스 사람이고 프린스턴 대학을 나온 사람을 만날 일이 없는데요."
그는 더 이상 말하지 않았다.

많은 사람들이 나를 지배하려 했지만, 조지는 훌륭한 조언과 충고를 해주면서도 절대로 강요하지 않았다. 그는 진심으로 나에게 관심을 보여주었고 드디어 덴버 로에서 그와 저녁을 함께 하며 주인공을 만나게 되었다.

▶ **당신을 위한 효과적인 아이디어**
- 스스로에게 동기를 부여한다.
- 위험이나 실수를 두려워하지 않는다.
- 듣고 배우는 모든 것을 잘 기록한다.
- 항상 최고가 되는 길을 선택한다.
- 개척자가 된다.

- 실패에 대한 책임을 다른 사람에게 전가하지 않는다.
- 사실을 인정하고 다른 사람의 감정에 구애 받지 않는다.
- 인생에서 원하는 것을 쟁취한다.
- 자신을 변모 시킨다.
- 다른 사람이 나의 목표달성에 방해가 되지 않게 한다.
- 변화는 하루아침에 이루어지는 것이 아님을 인식한다.
- 성공이 당신을 자극하게 한다.
- 인생은 스스로 만들어가는 프로그램이다.
- 항상 경청하고 연구하고 조사하고 평가한다.
- 어떤 경우에도 최상이 되겠다고 결심한다.
- 실패한 사람에 대한 책임을 지는 것을 그만둔다.
- 적당한 거리를 유지해야 할 사람도 있다는 것을 안다.
- 인간관계에 어려움이 생기면 해결하든지 아니면 손을 뗀다.
- 매달 수입에서 10%이상을 저축한다. 그리고 어떠한 일이 있어도 그것을 찾아 쓰지 않는다. 3년 정도가 흐른 후에는 유용한 목돈이 되어 있을 것이다.
- 자기 자신과 가족, 그리고 자신의 그룹에 책임을 진다.
- 사업과 인생에 대한 최종 결정권자는 바로 당신이다.
- 동기유발이 안 된 사람, 부정적인 사람은 멀리 한다.

변화가 어떻게 당신을 정상으로 이끌어 가는가?

사업을 하면서 우리는 모두 어려운 과정을 겪는다. 중요한 것은 어려운 상황에 놓였을 때, 균형을 잃어서는 안 된다는 점이다. 대부분의 사람들이 돈이나 재정적인 문제들을 그들 목록의 최상에 둔다. 하지만 돈이 최우선 가까이에 있긴 하지만 최우선은 아니다. 나는 내 아이들의 복리와 행복을 우선순위에 두고 있다.

살아오면서 나는 많은 혼란과 문제를 겪었다. 그리고 그것을 통해 번영을 이루었다. 나는 그러한 과정을 이겨낼 수 있다고 믿었고 그것이 나를 정상의 위치에 올려놓았다.

▶ 당신을 위한 효과적인 아이디어
- 포옹은 많이 할수록 좋다.
- 제약과 기대는 실제가 아니다. 자기 자신이 그렇게 만든 것이다.
- 자녀들의 감정 표현을 잘 듣도록 한다.
- 자녀들이 올바른 선택을 하도록 돕는다.
- 선택을 하고 배우는데 가정이 제일 편한 장소가 되도록 한다.
- 자녀들도 인간이며 의사 표현의 자유가 있음을 기억한다.
- 자녀들이 최선을 다할 것을 기대한다. 높은 기대치를 세워라.

고통의 시기에 행복해지는 방법

그 힘든 세월동안 나의 아이들은 학교생활 이외의 활동에도 적극적으로 참여했고, 나는 매일 밤마다 아이들에게 뽀뽀를 해주었다. 그리고 자장가를 불러주고 책도 읽어주었다. 해외로 여행할 때에는 매일 전화를 했고 내가 밤새워 일한다는 것을 눈치 채지 못하도록 했다. 물론 그렇게 하기 위해 지불한 대가는 적지 않았다. 하지만 그만한 가치가 있었다. 그만큼 나는 행복했던 것이다.

▶ 당신을 위한 효과적인 아이디어
- 커다란 꿈을 갖는다.

- 충분한 휴식을 취하고 물을 섭취하고 일광욕을 즐긴다.
- 기분전환을 위해 영화를 보러 간다.
- 정서를 함양한다.
- 나를 격하시키는 사람, 낙심하게 하는 사람들에게 작별을 고한다.
- 항상 미소를 짓는다.
- 자신을 돌본다.
- 세미나에 참석하고 투자한다.

프린스턴 대학을 나온 남자

나는 다시 전남편과의 미해결된 문제를 처리하기 위해 변호사를 찾아야 했다. 그는 강한 남자였고 공교롭게도 프린스턴 대를 나왔으며 품위 있는 신사였다. 그를 처음 만나던 날, 나는 네트워크마케팅에 대해 소개를 했고 상당한 부채로부터 벗어난 경험도 들려주었다.

빌과 나는 자주 만났고 점점 가까워졌다. 그는 누구보다 나의 상황을 잘 알고 있었고 나의 아이들을 사랑했으며 나의 절친한 친구였다. 그러던 어느 날 그가 나의 변호사 역할을 할 수 없다고 통보해 왔다. 나는 너무나 슬펐다.

그런데 나를 만난 빌은 엉뚱하게도 나와 아이들을 사랑하고 있으니 결혼해 줄 수 있느냐고 물어왔다. 그 순간은 아마도 영원히 잊지 못할 것이다.

그리고 우리는 몇 달 후에 라스베가스에서 결혼식을 올렸다.

1990년, 회사의 전 부사장이 새로운 네트워크마케팅을 시작하기 위해 나의 톱 리더를 데리고 떠났다. 그러면서 그는 더 이상 사람들을 데려가지 않겠다고 말했지만, 두 달 동안 톱 리더 다섯 명이 떠나버리고 말았다.

그것은 매우 서글픈 일이었다. 하지만 그들이 갔던 회사는 두 달 만에 문을 닫고 말았다. 결국 그들은 모든 것을 잃어버렸고, 나는 훌륭한 리더들을 더 많이 얻는 수확을 거두었다.

모든 사람들이 당신을 좋아하거나 당신의 의견을 존중하는 것은 아니다. 그리고 대부분의 실패자들은 좁은 안목으로 자신이 원하는 것만 듣고자 한다. 무엇이 문제인가? 걱정을 버리고 기쁜 마음을 갖자. 모든 것이 잘 될 것이다.

▶ **당신을 위한 효과적인 아이디어**
- 곤경을 미래 성공담의 한 부분이 되도록 만든다.
- 위협에서 벗어난다.
- 그룹의 모든 사람에게 리더십을 보여준다.
- 당신의 리더십을 필요로 하는 사람들을 도와준다.
- 리더로서 좋은 지도력을 보여준다.
- 아무도 당신의 다운라인에 영향력을 행사하지 못하게 한다.
- 당신의 파트너들은 당신의 리더십을 반드시 필요로 하는 사람들이다.

▶ **내가 네트워크마케팅을 포기하지 않았던 이유**
- 나는 중도 포기 자가 아니다.
- 나는 결단코 정상에 오르겠다고 결심했다.
- 나는 두려움에 대응하겠다고 결심했다.
- 나는 아이들을 키우고 빚에서 벗어나야 하는 목적이 있었다.
- 나는 모든 것이 이루어진다는 것을 알고 있었다.

- 나는 꼭 성공을 하고야 말겠다고 마음먹었다.
- 나는 좋은 라이프스타일을 원했다.

일, 인내, 정보, 교육, 준비, 영감, 동기부여, 결심 그리고 노력…

꿈은 이러한 것이 있어야 이루어진다. 더더욱 반가운 소식은 꿈이 이루어졌다는 것이다. 진실로 꿈은 이루어진다!

나는 꿈이 이루어진다는 것을 증명하였고 그 꿈속에서 살고 있다. 하지만 인생의 목표를 성취했다고 말하는 사람은 매우 드물다. 이 책을 쓰면서 빌과 나는 새로운 미래 목표를 설정하고 있다.

▶ 1996년에 나의 모든 꿈과 목표가 이루어졌다

- 빚이 없다.
- 빌, 젠루와 결혼했다.
- 우리는 14개의 방이 있는 콜로라도 아스 펜의 맨션에서 산다.
- 첫 딸 사라는 대학을 졸업했고 대학에 다니는 클레이튼의 비용을 부담 없이 지불하고 있다.
- 애쉴리는 고교 축구팀의 대표선수 이다.
- 세 아이들은 모범적이고 열정적이며 운동을 잘 하고 재능이 있다. 그리고 행복해 한다.
- 나의 성공적인 그룹과 선배, 조언자, 친구, 비판자, 나의 건강에 매우 감사한다. 나는 해냈다.
- 많은 그룹과 회사에서 강의를 부탁 받고 있다.
- 사람들이 내 세미나를 듣고 일생의 목표를 설정하고 태도를 바꾼다.

- 나는 여전히 집에서 일하고 있다.
- 나의 비즈니스가 회사에 매년 수백만 달러의 매출을 올려 준다.
- 나는 네트워크마케팅 분야에서 명성을 얻고 있다.
- 나는 성공조련사로 시간 당 2,500달러를 받고 있다.
- 나의 성공담은 많은 책에서 이야기되고 있다.

당신은 짧은 시간에 괄목할만한 성장을 할 것이다. 왜냐하면 이 책 속에서 다른 어느 곳에서도 찾기 힘든 아이디어와 격려를 받을 것이기 때문이다. 이제 당신의 성공담을 이야기할 차례이다. 나는 그 이야기가 몹시도 듣고 싶다.

PART 02

네트워크마케팅은 어떻게 시작하나?

네트워크마케팅을 시작하는 방법에 대해
시원한 대답을 얻는 것은 쉬운 일이 아니다.
하지만 이제 당신의 의문은 해결될 것이다.
왜냐하면 제2장이 그러한 욕구를
충족시켜 줄 것이기 때문이다.
여기에는 경험자의 살아있는 목소리가 그대로 들어 있다.

나는 제2장을 통해 다른 사람들이 지금까지 말하지 않았고
또한 말할 수 없는 모든 부분들을 망라하여 당신에게 들려줄 것이다.

당신의 사업에 많은 변화가 있을 것이다.
당신은 그룹을 형성하는 요령과 수 십 년 동안 안정적
수입을 얻게 해줄 풍부한 정보를 얻고자 한다.
그렇다면, 당신은 기대를 해도 좋다.
이 책은 당신의 그러한 욕구를 충분히 충족시켜 줄 것이다.

네트워크마케팅이란?

네트워크마케팅은 제품이나 서비스를 직접 고객에게 전달하는 형식으로 마케팅의 한 시스템이다. 즉, 상품이나 서비스가 독립적인 계약자들의 '네트워크'를 통해 움직여지는 것이다. 이 놀라운 시스템은 중간 업자들이 필요 없는 개념으로 수많은 사람들에게 부를 안겨주었다.

네트워크마케팅은 재미있다. 그리고 충분한 금전적 보상이 뒤따른다.

서둘러 참여하자. 그리고 결심하고 행동하자.

지금 바로 시작하라!

▶ **네트워크마케팅이 당신을 위한 사업인 이유는?**
- 성공스토리가 많고 이 책은 그 한 예이다.
- 네트워크마케팅은 누구나 참여할 수 있다.
- 일주일에 7~24시간으로 수백에서 수천 달러의 수입을 올릴 수 있다.
- 대부분의 네트워크마케팅 회사는 사업을 시작하는데 적은 비용으로 시작한다.
- 현대사회는 직업의 안정성을 보장 받을 수 없다.
- 대부분의 사람들이 현재의 수입에 만족하지 못하고 있다.
- 충분치 못한 수입을 위해 평생을 투자하고 싶어 하는 사람은 없다.
- 그 어느 때보다 네트워크마케팅을 하기에 좋다.
- 당신이 원하는 만큼의 돈을 벌려면 네트워크마케팅을 하라.
  ……

▶ 쉽지는 않지만 가능성이 있는 사업!
- 이 사업으로 많은 수입을 올리기 위해서는 시간이 필요하다. 1~3년, 3~5년의 계획을 세워라.
- 돈을 벌면서 배운다. 그리고 빨리 배울수록 빨리 번다.
- 시간 관리에 있어서 훌륭한 능력을 발휘할 수 있다.
- 네트워크마케팅에서 레벨이 높아지면 좀 더 쉽게 사업을 전개할 수 있다.
- 네트워크마케팅 플랜은 최상의 결과를 기준으로 한 것이다.
- 네트워크마케팅 회사의 제품 중에 당신이 좋아하는 제품을 찾아 오늘 당장 사업을 시작하라. 절대 시기를 놓치지 말라!
- 슬픈 일은 대부분의 사람들이 네트워크마케팅 사업이 쉬울 거라는 기대를 하기 때문에 도중에 그만두고 만다는 사실이다.

네트워크마케팅 사업은…

- 어떻게 사업을 하고 얼마만큼 효과적으로 일을 하며 봉사하느냐에 따라 수입이 발생한다.
- 불법적인 피라미드 구조가 아니다.
- 당신이 집중하여 사업을 전개하고 절대 포기하지 않는다면 원하는 것은 무엇이든 얻을 수 있다.
- 네트워크마케팅은 쉽지 않다. 이것은 복권에 당첨되는 것처럼 일시에 부를 소유할 수 있는 것이 아니다. 그 대신 노력한 만큼의 대가를 얻게 해준다.
- 적은 돈을 투자하지만 시간이 걸리는 사업이며 노력, 갈망, 결심, 행동이 요구된다.

당신은 게임에서 어떤 역할을 하는가? 게임에 임하는 사람들을 잘 살펴보라. 그러면 주된 역할을 하는 사람, 평범한 사람, 뒷전에 있는 사람들이 있음을 알 수 있다. 뒷전에 있는 사람들은 주된 역할을 하는 사람들에 의해 영향을 받게 되고 이들은 관망하는 자세로 게임을 구경하게 된다.

이러한 사람들을 당신의 네트워크마케팅에 연결하여 비교해 보자.

당신이 게임에서 주된 역할을 하는 사람일 때, 당신은 사업을 성공적으로 이끌 수 있다. 따라서 리더가 해주기만을 기다리지 말고 스스로 일을 찾아 배우고 훈련한다. 물론 리더의 사업방법에 대해서도 철저히 학습해야 된다.

"잘 훈련 받은 사람이 더 빨리 성공하기 마련이다."

지금은 당신이 인생의 게임에 뛰어들 시간이다. 그리고 그 게임에서 당신은 주된 역할을 담당해야 한다.

▶ 네트워크마케팅을 어떻게 배울까?

- 모든 모임에 참석한다.
- 사업을 배우는 학생이 된다.
- 내셔널 컨벤션이나 리더십 세미나에 반드시 참석한다.
- 당신의 업 라인과 함께 상위 스폰서가 주관하는 모임에 나간다.
- 회사에서 제공하는 모든 정보를 잘 검토한다.
- 업 라인은 당신에게 도움을 주는 위치에 있지만, 당신의 모든 궁금증을 풀어줄 수 없을 수도 있다. 그럴때는 당신의 의문을 해소해 줄 리더를 찾도록 한다.
- 책을 읽고 테이프를 듣고 세미나에 참석한다.
- 업 라인의 뉴스레터를 읽는다.

……

▶ 네트워크마케팅이 당신에게 제공하는 이익
- 당신의 리더십 능력을 발전시킨다.
- 부수입을 올린다.
- 지속되는 개인의 발전과 성장을 이끌어 준다.
- 네트워크마케팅은 모든 사람들에게 동등한 기회를 제공한다.
- 정년퇴임 후를 위해 노후대책을 세울 수 있다.
- 일류 교육을 받는다.
- 할인된 가격으로 좋은 제품을 산다.
- 파트타임의 경력을 쌓는다.
- 당신에게 길을 제시해 줄 성공적인 사람들을 만난다.
- 경비가 적게 든다.
- 자유로운 일과 시간을 갖는다.
- 새로운 친구를 많이 만난다.
- 아이들의 고등교육을 위한 교육비 부담을 덜 수 있다.
- 아이들과 좋은 시간을 함께 할 수 있다.
- 자유롭게 여행을 다닐 수 있다.

▶ 네트워크마케팅에서는 이렇게 일한다.
- 내가 선택한 시간에 일할 수 있다.
- 재택근무가 가능하다.
- 긍정적이고 의욕적이며 추진력 있고, 열의와 야망이 있는 사람들과 함께 일 한다.
- 내가 선택한 사람들과 함께 일한다.

......

......

당신에게 필요한 성공의 12가지 원리들

① 회사의 제품들을 사용하라
당신 회사의 제품들이 얼마나 좋은지를 알기 위해서는 자기 자신이 가장 훌륭한 고객이 되어야 한다. 만약 당신이 확신을 갖지 못한다면 키트를 반환하고 다른 사업을 시도하라. 기억할 것은 할인된 가격으로 우수한 제품을 구입할 수 있다는 사실이다.
- 제품 지식을 위한 키 포인트
  - 매주 3~4개의 새로운 제품을 구입하여 사용하고 학습한다. 그러면 3개월 후에 당신은 제품 전문가가 되어 있을 것이다. 더 이상의 시간을 낭비하지 말라.

② 인정하고 수용하는 태도를 길러라
제품의 좋은 면과 마케팅 플랜의 유익한 점을 찾아라. 매주 각 제품들을 구입할 때마다 지금까지 집에서 사용하던 같은 용도의 제품들은 과감히 버리도록 한다. 당신의 사업을 위해서는 결단력이 필요하다.

회사의 정책이나 마케팅 플랜은 개인적인 아이디어에 맞춰 변경시킬 수 있는 것이 아니다. 아이디어가 있다면 서면으로 제출하도록 하라. 회사에서는 그것을 충분히 검토하겠지만, '회사의 정책에 대항'하여 에너지를 낭비하는 것은 바람직하지 못하다.

그리고 당신의 스폰서와 리더를 인정하라. 그들은 당신에게 유일한 사람들이며 그들보다 더 도움을 줄 수 있는 사람은 없다.

③ 90%를 복제하라
이것은 상식적인 원리로 초기에는 다른 사람들에게 효과가 입증된 길을 따라 당신의 사업을 발전시켜라. 이러한 방법으로 당신이 지니고 있는 시간과 에너지를 90% 투자하면, 당신의 성공은 확실해진다. 그리고 나머지 10%는 새로운 아이디어를 찾고 사업 환경 개선과 적응력을 기르는데 투자하라.

④ 목표를 성취하기 위한 목표를 세워라

목적지가 없는 배는 출항할 수 없는 것처럼, 목표를 세우지 않고서는 네트워크마케팅의 탐험을 시작할 수 없다.

매일 당신의 목표에 초점을 맞춰 목표를 쓰고 또 쓰도록 하라. 그것은 곧 현실이 될 것이다.

이 방법은 마치 요술처럼 느껴질지도 모른다. 그 요술은 나에게도 일어났다.

만약 당신이 명확한 목표를 세워놓지 않았다면, 5개년 계획을 이용하여 당신의 목표를 세우도록 하라.

⑤ 모임에 참석하고 자신의 모임을 주관하라

모임이야말로 사업의 중추적인 역할을 담당한다. 그러므로 가능한, 많은 모임에 참석하여 마케팅 플랜을 터득하도록 하고 자신의 모임을 주관하도록 한다. 그리고 당신의 아이디어를 새롭게 하기 위해, 각각 다른 프레젠테이션의 기술을 알아보기 위해, 정기적으로 다른 모임에 참석하도록 한다.

당신이 가장 많이 배울 수 있는 곳은 바로 모임임을 기억하라. 세상에서 가장 훌륭한 스승은 자신의 경험이다.

- 미리 계획된 모임
  - 모임의 장소는 당신의 집이라도 상관없다. 만약 아무도 오지 않더라도 모임을 진행하도록 하라. 가족들을 상대로 하거나

녹음기에 녹음하며 진행하는 것도 좋다. 나의 친구는 여섯 개의 베개를 세워놓고 설명을 한 적도 있다.

⑥ 마케팅 플랜을 가르쳐라

모임에서는 회사의 마케팅 플랜이 주는 여러 가지 특별한 장점과 혜택을 충분히 설명해야 한다. 물론 개념 설명은 간단할 수 있지만, 자신이 사업을 배우는 학생이라 생각하고 여러 가지 수치들과 삶의 철학이 있음을 깨닫는다면, 많은 것을 정리하여 설명할 수 있을 것이다.

네트워크마케팅은 모든 사람의 필요를 충족시킬 수 있다. 그러므로 사업설명회는 젊은이나 나이든 사람, 가난한 사람이나 부유한 사람, 당신이 생각할 수 있는 모든 부류의 사람들에게 호기심을 갖게 할 것이다. 또한 많은 사람들은 당신이 알려주는 내용들을 충분히 이해할 것이며 확신과 긍지를 갖고 계속해서 사업설명을 해야 한다. 커다란 성공을 꿈꾸는 당신은 강한 열정을 갖고 준비된 사람의 마음만 움직이면 되는 것이다.

결코 포기하지 말라. 그러면 당신은 성공한다.

⑦ 당신이 경험을 통해 확신하는 제품을 강조하라

이런 제품들은 사업설명회에 많은 도움이 된다. 왜냐하면 당신 스스로 확신하는 제품이기 때문에 자연스러운 열정으로 사람들의 가슴에 와 닿는 설명을 할 수 있는 것이다. 보통 그러한 제품은 재구매가 크게 일어나며 소비 비율이 빠르게 증가하는 특징을 지닌다.

⑧ 긍정적으로 생각하라

긍정적인 생각은 당신의 가능성을 최대한 발휘하게 한다.
대부분의 사람들이 자신의 능력 중에서 극히 일부만을 사용하고 있다. 따라서 긍정적인 자세는 우리가 지나칠 수 있는 많은 아이디어를 얻게 하고 행동을 취하게 만드는 것이다.

반대로 부정적 생각은 의욕을 저하시키므로 당신의 성격에서 모든 부정적 성향들을 제거해야 한다. 당신이 불평이나 변명을 하고 싶더라도 그것을 결코 말로 나타내지 말라!

부정적 생각이 마음에 스며들면 즉시 긍정적 생각으로 그것을 눌러야 한다. '나는 팔 수 없어'라는 생각을 '나는 계속해서 고객들을 만나 설명을 할 거야. 그러면 확률적으로 반드시 제품을 팔 수 있거든'이라고 바꾸어야 하는 것이다.

- 기억하라!
  - 당신이 생각하는 대로 행동에 옮겨라. 그러면 당신이 생각하는 것을 찾게 되고 당신이 생각하는 대로 당신이 만들어진다.
    성공을 계획할 때, 당신은 그렇게 행동하게 될 것이다.
    행복한 미래를 생각하라. 그러면 당신은 행복하게 될 것이다.
    리더처럼 생각하라. 그러면 당신도 곧 리더가 될 것이다.

⑨ 매일 당신의 사업을 전개하라

바쁘게 일하는 사람은 네트워크마케팅에서 성공할 가능성이 높다.

네트워크마케팅의 좋은 점은 짬짬이 시간을 내어 동료나 친구들에게 사업에 대한 이야기를 할 수 있다는 것이다. 물론 차를 운전하는 중에도 생각을 정리하여 그것을 비즈니스로 만들 수 있다.

당신은 매일 자신이 취급하는 제품들을 사용하면서 그 때마다 제품의 우수성에 감탄하고 모든 사람들이 그 제품을 사용해야 한다는 생각을 할 수 있다. 당신이 매일 이 사업에 대한 생각을 할 때, 놀라운 성장이 이루어질 것이다.

이 사업을 부업으로 하는 경우에도 일주일에 하루 정도는 집중적으로 사업을 전개할 수 있으며, 주중에도 기회가 있을 때마다 사업 기회를 활용할 수 있다. 당신이 가능성이 엿보이는 사람에게 사업 기회에 대해 말할 기회를 지나쳐 버린다면, 미래에 커다란 성공을 거둘 사람이 다른 그룹에 가입할 지도 모른다.

⑩ 개인적으로 훌륭한 모범을 보인다.

이 사업에서 자기 자신이 하지 않는 어떠한 것도 다른 사람에게 요구하거나 기대할 수 없다. 당신 그룹에 어려움이 발생할 때에는 우선 자기 자신으로부터 문제의 해결점을 찾아내야 한다. 훌륭한 모범을 보여라. 그러면 어려움은 사라질 것이다.

⑪ 다른 사람이 복제할 수 없는 것을 절대 하지 않는다.

네트워크마케팅에 있어서 당신의 성공은 일을 얼마나 단순하고 간단하게 처리하느냐에 비례한다. 즉, 많은 사람들이 당신의 발자취를 따를 수 있어야 하는 것이다. 복잡하거나 까다로운 사업 태도를 보여주면 당신은 사업을 해가면서 많은 사람들을 잃을 것이다. 사업을 단순하게 만들어라.

그렇다고 열심히 일하지 말라는 것은 아니다. 단지, 파트너들이 당신을 따르는데 있어서 복잡한 일로 인해 흥미를 잃지 않도록 하라는 것이다. 사업을 오래 지속하다 보면, 당신 자신의 판매로부터 얻는 돈의 비율이 상대적으로 작아진다는 것을 알게 될 것이다. 그리고 많은 사람들을 자신처럼 복제한 리더들이 많은 돈을 벌게 된다.

⑫ 결코 포기하지 말라

제3장에서 말하는 5년 계획은 1년에 의욕적이고 열정을 지닌 단 한 사람을 찾는데 기준을 두고 있다.

이러한 가정은 어떠할까? 만약 그런 사람이 6개월째에 나타난다면? 10개월이 지난 후에 나타난다면? 그것을 기다리지 못하고 당신은 포기하고 말겠는가!

네트워크마케팅에서 연간 백만 달러 이상을 버는 사람들은 많이 있다. 만약 그들이 몇 개월 하다가 그만두었다면 지금쯤 어떻게 되었을까? 나는 사업초기에 고전을 면치 못하던 사람들을 알고 있다.

포기하지 말라! 그러면 당신은 그만한 대가를 받게 될 것이다.

나는 개인적으로 5년 이상의 계획을 세우지 않고는 여기에서 제시하는 원리들을 지속적으로 이행할 수 없을 것이라고 생각한다. 비록 파트타임으로 사업을 전개하고 있더라도. 계획 없이 당신은 얼마나 견딜 수 있겠는가? 중단하려 하지 않는 사람은 어떠한 상황도 그를 그만두게 할 수 없다.

좋은 계획을 갖고 꾸준히 지속하라. 그러면 5년 후에는 1년에 최소한 50,000달러 정도의 수입을 올릴 수 있을 것이다. 이러한 기회를 그냥 지나치면서 도대체 무엇을 얻고자 하는 건가!

실제로 네트워크마케팅에서 많은 사람들이 매월 10,000달러에서 100,000달러 정도의 수입을 올리고 있다. 나 역시 그렇다.

만약 당신의 사업이 성장하지 않는다면 앞서 제시한 '성공의 12가지 원리'를 소홀히 하고 있음을 빨리 깨달아야 한다.

▶ **당신은 다음과 같은 실수를 하고 있는가?**
- 광고에 많은 돈을 쓰고 있는가?
- 남의 말을 듣고 돈을 낭비하고 있는가?
- 네트워크마케팅에 투자하여 몇 사람만을 등록해 놓고 좋은 결과를 기대하고 있는가?
- 6개월 이내에 재정적으로 독립하기를 기대하는가? 네트워크마

케팅은 그렇게 빨리 원하는 것을 얻을 수 있는 사업이 아니다.

▶ 좋은 결과를 얻는 방법

성공을 거두는 방법을 복제하라. 다른 사람들을 훈련하여 그들이 좋은 결과를 얻도록 하라. 파트너들이 내가 하는 일을 함께 하도록 하라. 이러한 모든 것은 시간이 걸리는 일이지만 대가 또한 엄청나다.

▶ 네트워크마케팅에서 돈 버는 방법

- 언제나 자기 자신을 발전시키고 변화하겠다고 결심한다.
- 사업 초기부터 리더십을 발휘하고 파트너십을 갖도록 한다.
- 수익과 보너스에 대해 충분히 설명을 듣도록 한다.
- 무엇을 팔아야 하는지, 가장 많은 포인트를 얻어야 하는 시점에서는 몇 명을 후원해야 하는지를 정확하게 배워라. 분명히 네트워크마케팅에서는 많은 돈을 벌 수 있다. 하지만 수익과 보너스에 관해 모르는 사람들이 많기 때문에 받을 수 있는 돈이 매달 그대로 잠자고 있는 것이다.
- 오늘이 좋은 기회라면 내일도 좋은 기회가 될 것이다. 당신에게 주어진 기회에 대해 오늘 당장 시작하여 지속적인 노력을 하라.
- 제품이 움직이지 않을 때는. 돈을 벌 수 없다!
- 사업을 해 나갈 수 있는 사람을 후원하라.
- 만일 어떤 사람이 짧은 시간에 많은 돈을 벌 수 있다고 말한다면 다른 길을 선택하라.
- 만약 당신이 성공한 사람을 연구하여 그대로 따라 하기만 한다면, 당신은 네트워크마케팅에서 정말로 많은 돈을 벌 수 있다.
- 기회가 찾아왔을 때, '네' 라고 말하라. 그것은 당신을 위해 값진 일이 될 것이다.

- 돈을 버는 사람들은 더 지속적이고, 더 의욕적이고, 더 야망이 있고, 포기하지 않는다.
- 네트워크마케팅에서 순식간에 돈을 벌었다는 성공스토리가 극히 일부 있기도 하지만, 그리 흔한 일은 아니다.
"쉽게 이룬 것은 쉽게 무너지기 마련이다."
- 긍정적이고 의욕에 찬 사람들이 돈을 벌려는 노력은 아무도 막을 수 없다.

격려의 말과 주의를 주는 말

당신이 네트워크마케팅에서 성공한다는 것은 의심의 여지가 없다. 하지만 누구로 하여금 당신을 지도하고 인도하도록 할 것인가는 매우 조심해서 결정해야 한다. 이 사업을 성공적으로 하는 사람만이 당신의 스폰서가 될 수 있다. 네트워크마케팅을 전혀 해보지 않은 사람, 혹은 그들이 속해 있는 네트워크마케팅 회사를 말하지 않는 사람의 조언은 주의해야 한다.

▶1단계 : 제품을 세트 단위로 구입하라
- 세트 단위의 제품 안에는 사업을 시작하기 위해 필요한 모든 보조 자료들이 포함되어 있다.
- 제품들을 낱개로 사는 것보다 훨씬 절약이 된다.
- 세트 제품에 투자할 때, 당신은 그것을 활용함으로써 얻게 되는 유익한 점을 다른 사람에게 설명할 수 있다.
- 제품에 대한 지식을 얻을 수 있는 자료, 다른 사람을 등록시키기 위해 작성해야 하는 서류 등을 준비한다.

- 네트워크마케팅에서는 배우면서 돈을 벌 수 있다. 가장 자신 있는 몇 가지 제품을 가지고 시작하라.

▶ **2단계 : 제품에 대한 지식을 가져라**
- 당신이 사용할 수 있는 모든 제품을 구입하라.
- 선물용과 집에서 사용하는 모든 제품은 자신이 취급하는 제품을 이용한다.
- 다른 사람들이 제품을 사용하고 나서 들려주는 좋은 점을 모두 정리한다.
- 배우면서 돈을 벌어라. 처음부터 모든 제품에 대한 지식을 가지고 출발해야 하는 것은 아니다.
- 어떤 제품으로부터 좋은 결과를 얻은 사람들에게 그것에 대한 지식과 정보를 얻으면 입증된 경험을 바탕으로 제품을 추천할 수 있다.
- 사업을 시작한 후 2주 이내에 제품에 대한 훈련을 받는다. 제품에 대한 지식이 없으면 제품을 권할 수 없는 것이다.
- 당신이 특정한 제품을 사용할 일이 거의 없을 때에는 그 제품을 사용하고 결과를 말해줄 친구나 친척들을 물색한다. 그들로부터 제품에 대한 개인적인 경험을 들을 수 있는 것이다.
- 제품이 갖는 유용한 점을 모두 배운다. 제품에 대해 읽고 사용하고 제품 세미나에 참석한다.
- 당신이 취급하는 제품과 같은 용도의 제품이 집에 있으면, 그것을 버리거나 다른 사람에게 준다.
- 반드시 모든 제품을 사용해야 하는 것은 아니지만, 당신이 모든 제품을 사용해 보는 것은 매우 좋은 경험이며 그렇게 함으로써 자신이 좋아하는 제품을 선택할 수 있다. 또한 당신은 그 제품이

얼마나 유용하게 쓰이는지, 그 제품이 왜, 당신의 사업에 많은 도움이 되는지 알게 된다.

배워야 할 것들
- 제품이 어떻게 사용되는지를 설명할 수 있어야 한다.
- 제품의 유익함과 특별한 점을 설명할 수 있어야 한다.
- 제품에 대한 개인적인 경험과 다른 제품들의 사용법에 대한 아이디어를 설명할 수 있어야 한다.
- 모든 제품을 사용해야 하는 필요성을 강조함으로써 당신이 좋아하는 점들을 확인할 수 있다.
- 비록 당신이 샘플을 갖고 있지 않더라도 그 제품에 대한 특성들을 잘 전달하여 구매의욕을 북돋워야 한다.
- 제품에 대해 설득력 있고 자신있게 말할 수 있어야 한다.

▶ **3단계 : 다른 사람에게 제품을 권한다.**
- 제품을 권하는 것만으로도 네트워크마케팅을 시작하는 좋은 방법이 된다.
- 처음 만나는 사람이 제품을 소개할 사람인지 아니면 회원이 되는 이점에 대해 이야기할 사람인지 구분하라.
- 처음의 설명에서 후원을 할 수 있도록 자신감을 키워라.
- 소비자를 확보하라.
- 모든 고객을 관리하고 상대방이 고객으로 남지 않더라도 다른 고객을 소개 받도록 하라.
- 세심하고 정확한 기록을 유지하라.
- 당신이 제품을 사용하고 그것으로부터 얻는 이익이나 좋은 점을 알게 될 때, 다른 사람에게 자신감을 갖고 권할 수 있다.

- 당신의 제품을 가족이나 친구들에게 권하라. 이 방법은 당신의 사업을 키우는데 결정적인 영향을 미친다.
- 처음에 편하게 제품을 소개할 수 있는 세 사람을 선정하라.
- 제품에 대해 확신을 갖고 소개할 때, 자신감을 갖게 된다.

▶ **4단계 : 당신이 알고 있는 100명 이상의 명단을 만들어라**

처음부터 100명의 명단을 만들어 시작하는 것은 좋은 방법이다. 그리고 그러한 명단이 사업을 시작하는데 도움이 되도록 하려면 작성요령이 필요하다. 우선 도움이 된다고 생각하는 사람의 명단을 만든다. 명단이 작성된 후에는 처음부터 당신을 지지해 줄 사람의 이름 옆에 별 표시를 해둔다. 그리고 그러한 사람으로부터 사업을 전개하도록 하라.

만약 당신이 취급하는 제품이 마음에 든다면 당신을 지지하는 친한 사람들에게 자연스럽게 소개할 수 있을 것이다. 오랫동안 만나지 못한 사람들에 대해서는 천천히 연락해도 상관없으므로 부담을 느낄 필요는 없다.

- 연락하고 싶지 않은 사람에게 연락해야 하는 것은 아니다.
- 전화할 사람의 명단을 작성한다.
- 노트나 컴퓨터를 이용하여 명단을 정리한다.

명단작성을 위한 길라잡이

누구에게 제품을 소개하여 판매할 수 있을까?
우선 가족과 가까운 친구로부터 시작하라.
만약 명단에 100명이 채워지지 않았다면 전화번호부를 들춰가며 당신이 단골로 다니는 상점이나 병원, 미용실 등에 종사하는 사람들의 명단을 적어라. 그래도 100명이 안 된다면 당신이 갖고 있는 모임의 회원 명부를 보라. 동창생 명부, 결혼 방명록, 친구의 가족 등 아는 사람은 모두 적는다.

▶ 네트워크마케팅에서 실패하는 주요 이유
- 부정적인 자세
- 실패를 기대하기 때문에
- 자기 존중과 자부심의 부족
- 가족 화합의 부족
- 남들에게 바라기만 하기 때문에
- 좋은 모임을 운영하지 못함
- 후원의 실패

이런 점을 다른 사람들이 극복하도록 도와주고 또한 어떠한 이유나 변명도 받아들이지 않도록 하라!

친구나 가족이 무관심할 때

친구나 가족들로부터 사업을 시작하라는 말을 듣고 그렇게 하고자 하는데, 도무지 그들이 관심을 보이지 않는다면? 전혀 예상치 못했던 일이라면?

그렇다 하더라도 결코 좌절할 필요는 없다.

나 역시 처음에는 내 친구들과 가족들의 지지를 받지 못했다. 당신은 가족과 친구들이 관심을 보이지 않을 때의 심정을 이해하는가!

나는 사업을 잘해 나가고 싶었다. 그리하여 스폰서로부터 15분

동안 훈련을 받은 다음 곧바로 사업현장으로 나갔다. 하지만 내가 친구와 가족들에게 도움을 부탁했을 때, 그들의 무관심에 무척 놀랐다. 결국 나는 그저 안면만 있는 사람들을 집으로 초대하여 제품을 소개할 수 밖에 없었다.

그러나 내가 그토록 열심히 부탁을 했는데도 초청에 응한 사람은 그리 많지 않았다. 나는 처음에 여섯 번의 홈파티를 열겠다는 목표를 세웠다. 그리고 어떠한 거절에도 굴하지 않고 여섯 번을 채울 때까지 계속해서 초청을 했다. 그렇게 의욕적이었다.

"의욕을 가져라"

1980년 3월의 첫 번째 홈파티

나의 첫 번째 홈파티에는 20명이 왔다. 그 때 나는 셋째 아이를 임신한 상태였고 비가 몹시 내리던 날이었다. 나는 몇 가지 제품에 대해서만 알고 있었기 때문에 긴장한 상태였지만, 열의를 갖고 임했다. 그 날 나는 75달러어치를 팔았고 너무도 기뻐서 잠을 이룰 수가 없었다. 물론 아무도 가입하지는 않았지만 적어도 몇 사람이 제품을 구입한 것이다!

나는 다음 파티의 날짜를 잡았다.

그 후로 나는 계속해서 홈파티를 열었고 가끔 많은 사람들이 참석하기도 하였다. 사업이 지속되면서 나는 500회 이상의 홈파티와 설명회를 가졌고 5,000달러가 넘는 주문을 받았으며, 개인적으로 12만 5천 달러 이상의 제품을 팔았다.

그리고 10년 전에 나의 첫 번째 홈 파티에 온 사람을 후원하게 되었다. '인내'에 대해 다시 한 번 생각하며….

……

거절을 극복하는 법

이 점이 네트워크마케팅을 하는 사람에게 있어 가장 어려운 부분이라고 말하지만, 나는 그렇지 않았다. 나는 처음부터 네트워크마케팅이 숫자게임이라는 것을 알았고, 내가 후원을 하게 될 때까지 결코 포기하지 않았다. 즉, '거절'이라는 단어를 내 사전에서 지워버린 것이다.

당신도 그렇게 하라.

네트워크 사업을 전개하면서 거절당하는 경우가 많다는 것은 사실이다. 당신 주위의 사람들은 보통 "난 하고 싶지 않아요.", "나는 당신과 당신의 사업에 대해 관심이 없습니다"라고 말한다.

거절을 당신 개인의 문제로 생각하면 상처를 받게 된다. 사람들에게 사업기회를 말하는데 있어서 주저한 적이 있는가? 거절에 대한 상처로 인해 그만둔 적이 있는가?

여기에 그 해결방법이 있다. 일단 사람들을 만나면 이렇게 물어보라.

"○○회사를 알고 있습니까? 그 회사에서는 집에서 할 수 있는 사업기회를 제공합니다. 사무실 없이 하는 파트타임 사업을 생각해 본 적이 있습니까?"

그에 대한 일반적인 반응은 다음과 같다.

① 나는 그러한 기회를 찾고 있었습니다.
② 아직은 생각해 본 적이 없습니다.
③ 나는 전혀 관심이 없습니다.

① 번 응답자는 사업을 해 나갈 사람이다.
② 번에게는 이러한 사업기회가 있다는 것을 설명하고 사업설명회

에 초대한다.

③번에게는 "당신을 기다리겠습니다. 마음이 결정되면 나의 성공적인 그룹에서 당신과 함께 사업을 하고 싶습니다"라고 말한다. 여기에서 '거절'이라는 것은 없다. 바로 이것이 당신의 그룹을 더욱더 강하게 만드는 기술이다. 이 방법은 처음부터 불안감을 없애주고 말하는 요령을 생각하게 한다.

▶ **아무도 지지하지 않을 때, 실망을 극복하는 방법**
- 친구나 가족에게 왜 당신의 결정을 이해하지 못하는지 물어 보라.
- 친구나 가족에게 당신의 새로운 사업기회에 대해 다른 사람들을 소개해달라고 요청한다.
- 새로운 친구를 사귀어라.
- 가족이나 친구가 농담을 하면 함께 웃어라. 그들에게 뭔가를 보여줄 때가 올 것이다.
- 당신의 변화는 친구나 가족들처럼 가까운 사람들에게 불안감을 안겨주기도 한다.
- 때론 당신의 가족이나 친구들이 내심 당신이 사업을 하지 않기를 바라는 경우가 있다. 당신이 실패했을 경우, 당신을 돕고 보호해야 하며 필요사항을 채워줘야 한다고 생각하기 때문이다.
- 가족을 위해 시간을 투자한다는 것을 확신 시켜 주어라.
- 당신이 성공했을 때, 그들은 관심을 보일 것이다.

실망을 버리고 다시 시작하라. 당신이 돈을 버는 것이 빠를수록 그만큼 빨리 사람들의 지지를 얻을 수 있을 것이다. 믿고 싶지 않지만 그것은 사실이다.

……

클레이튼이 네트워크마케팅을 시작했을 때

1966년 7월, 나의 아들 클레이튼이 네트워크마케팅 회사를 추천해 달라고 요구했다. 비록 18살이긴 하지만 파트타임으로 충분히 그 일을 할 수 있을 거라는 생각에서 건강보조식품 분야를 소개 시켜 주었다. 그리고 회원으로 가입을 한 후에 첫 번째 리더십 세미나에 참석한 후 커다란 꿈과 희망을 안고 집으로 돌아왔다.
열정을 가져라!
17년 전, 나는 가족들이 내 사업을 지지해 주기를 얼마나 간절히 원했던가! 나는 달려가 첫 번째로 가장 좋은 고객이 되어 주었다!
만약 당신의 가족이나 친구가 네트워크마케팅을 하고 있다면 지금 전화를 하여 카탈로그나 안내 책자를 보내달라고 요청하라. 그것만으로도 그 사람의 성공의지를 다져줄 수 있다.
당신은 네트워크마케팅을 하는 친구나 가족들을 진정으로 사랑하는가? 만약 당신이 그의 새로운 사업을 지지하고 도와주지 않으면 사랑의 마음을 전할 수 없을 것이다.

▶ 5단계 : 집에 사무실을 차려라

현재 거대한 네트워크마케팅 회사로 탈바꿈한 기업들도 처음에는 지하 차고, 방의 한 쪽 구석, 혹은 사용하지 않는 방에서부터 출발하였다. 어디에서 시작하든 서류를 둘 수 있는 공간, 전화, 글을 쓸 수 있는 공간, 제품을 전시해 놓을 조그만 공간이나 선반이 있으면 사업을 할 수 있다.

- 사무실 크기에 신경 쓰지 말라. 비싼 사무실이 아니어도 좋다.
- 제품을 놓을 수 있는 장소가 필요하다.

- 스프링 노트, 캘린더 그리고 펜을 준비한다.
- 자신의 전화를 설치하라.
- 사무실에 있을 때는 가족들에게 방해하지 말라고 하라.
- 당신이 일하고 싶은 장소로 만들어라.
- 여건이 된다면 회사 또는 그룹 사무실을 이용해도 좋다.

▶ 6단계 : 당신의 사업을 시작하면서
- 자기 발전과 개발을 위한 세미나에 참석한다.
- 사업을 위해 기본적인 투자를 한다.
- 예상고객에게 전화 한다.
- 사업을 위해 훌륭한 가치관을 갖도록 자신을 훈련시킨다.
- 사업의 시작은 성공의 시작이다.
- 자신을 바쁘게 만들어라
- 의욕을 가져라
- 제품 교육과 모임에 참석하라.
- 당신 사업에서 좋은 결과를 얻은 사람들을 복제하라.
- 업 라인에게 너무 의지하지 말라. 업 라인의 사업이 커갈수록, 당신을 도와주는 시간은 점점 줄어들 수밖에 없다. 그리고 당신 역시 사업이 커갈수록 업 라인의 도움을 그다지 필요로 하지 않게 된다.
- 당신의 첫 목표는 업 라인이 되는 것이다.
- 네트워크마케팅에서 당신의 능력을 최대한 발휘할 수 있도록 많은 지식을 얻기 위해 노력하라.
- 할 수 있는 목표를 세워 달성할 수 있도록 하라.
- 리더십에 대한 공부를 하라.
- 절대로 변명하지도 포기하지도 말라.

- 만나는 사람 모두에게 당신의 사업에 대해 이야기하라. 그러면 어느 새 당신은 후원의 전문가가 되어 있을 것이다. 다른 사람의 이름과 전화번호를 알게 될 때마다 기록해라.
- 제품을 사용하라.

▶ 이렇게 하라
- 인간관계를 배우는 학생이라 생각하고 열심히 노력하라.
- 자신의 발전을 위해 노력하겠다고 결심하라.
- 성공을 선택하겠다는 결정을 하라.

▶ 거대한 그룹을 만들기 전에 자신에게 해야 할 질문들
- 기꺼이 자신을 훈련하고 자제할 수 있는가?
- 자신이 한 일에 대해 기꺼이 책임질 수 있는가?
- 열정을 가지고 있는가?
- 사람을 대하는 태도는 어떠한가?
- 리더십은 어느 정도인가?
- 당신을 변화시키기 위해 무엇을 해야 하는가?
- 당신에게 필요한 지식은 무엇인가?
- 당신을 어떤 수준까지 끌어올리기를 원하는가?

항상 기억하라,
당신의 그룹에서 가장 중요한 핵심 인물은
바로 당신이라는 것을!

PART 03

당신을 부자로 만들어 줄 목표를 세우는 법

"커다란 꿈을 갖고 내면의 소리에 귀를 기울여라.
당신의 꿈에 초점을 맞추고 열정에 불을 붙여라.
그 무엇에도 좌절하지 않고
끝까지 해내겠다는 자세를 가져라.
더 나은 더 높은 내일을 향해 지금 당장 시작하라.
그 길에 있어서 목표는 반드시 필요하다.
목표는 당신의 꿈이다.
목표는 성취기간을 가진 꿈이다."

당신의 목표를 설정하라.
그것을 향해 돌진하라.
다른 사람이 할 수 있다면, 당신도 할 수 있다.
마음에 품어라.
믿어라.
성취하라.
당신 수입의 한도 이내로 꿈을 줄이지 말라.
꿈에 맞춰 당신의 수입을 늘려라.

네트워크마케팅을 통해 자신의 꿈을 추구하는 모든 사람들을 위해 이번 장을 마련하였다. 하지만 '소수의 사람들만 성공하는 것이 아닌가' 하고 의심의 눈길을 보내는 사람들도 있다. 왜 그럴까? 이제 당신을 성공하도록 만들어줄 강력한 제안을 하고자 한다.

'오늘'은 단 한 번밖에 오지 않는다.
당신이 다시 찾을 수 없는 날이다.

오늘은 새로 시작하는 날이다. 그리고 오늘은 당신의 뜻에 따라 사용할 수 있다. 당신은 오늘을 유용하게 혹은 무가치하게 사용할 수도 있다.

당신은 오늘을 실패한 날이 아닌 보람된 날, 선한 날, 성공의 날로 만들어야 한다. 왜냐하면 노력에 대해 후회하고 싶지 않을 것이기 때문이다.

▶ 당신의 목표를 명확히 하는 법
- 당신의 생각과 신념을 구체화하라.
- 수입에만 초점을 맞추지 말라.
- 목표를 세워 실천하라
- 일생의 목표에 초점을 맞추어라.
- 당신의 목표를 뛰어난 것으로 만들어라.
- 애매한 목표는 애매한 결과를 가져온다.
- 결코 평범한 것에 만족하지 말라.
- 걱정만 하는 사람은 아무 일도 이루지 못한다. 준비를 갖추고 목표를 세우고 행동을 취하라.
- 성취할 일을 계획하라. 그러면 당신의 계획이 성취될 것이다.

- 다른 사람의 목표에 관심을 가져라.
- 미래는 준비하고 계획하는 자의 것이다.

다른 모든 것이 옳더라도 옳지 않은 사람과 함께 하면 목표를 성취하는 것이 불가능해진다. 먼저 당신 자신을 전문가로 만들어라. 그러면 다른 사람들을 전문가로 만들 수 있다.

성공은 당신에게 달려 있다!
그리고 지금은 목표를 향해 전진할 시간이다.

이미 원하는 것을 갖고 있다고 상상하라. 그러면 원하는 것을 얻을 수 있을 것이다.

나의 첫 번째 목표들

처음으로 네트워크마케팅을 시작했을 때, 나는 나의 아이들을 좋은 사립학교에 보내는 것이 꿈이었다. 그 다음에는 사라가 무용교습을 받고 리사이틀 의상을 입는 것, 클레이튼이 야구와 축구 유니폼을 입는 것, 그리고 신용카드 빚을 갚는 것이었다. 이러한 꿈이 이루어졌을 때에는 새 차를 사는 것, 더 좋은 옷을 입는 것, 은행에 저축을 많이 하는 것, 낭만적인 곳으로 여행을 가는 것이 꿈이 되었다.

만약 꿈이 없다면 어떻게 꿈이 이루어지는 것을 볼 수 있겠는가!

……

내가 가장 원했던 꿈은 모든 빚을 갚고 아이들을 내 손으로 직접 돌보는 것과 재정적으로 독립하는 것이었다. 그리고 내가 그 목표를 이룰 수 있는 유일한 방법은 네트워크마케팅에서 다른 사람들의 성공을 돕는 것이었다. 또 다른 나의 목표는 삶이 아무리 힘들지라도 절대 포기하지 않는 것이었다.

네트워크마케팅의 전문가가 되려는 사람들에게 보내는 조언

나를 인도하고 따르든지 아니면 떠나라!

사업초기에 나는 일주일에 적어도 12시간 동안 사업을 전개했다. 그리고 사업에 대한 열정이 모든 어려움을 극복하도록 해주었다. 즉, 나는 초기의 목표를 성취함으로써 그 후 더 큰 목표를 달성하는데 초점을 맞출 수 있게 된 것이다.

▶ 네트워크마케팅에서 목표에 이르는 진리

- 당신의 사업에서 정말로 원하는 것이 무엇인지 명확히 한다.
- 당신의 꿈을 확인하고 꿈을 향해 충실 한다.
- 어떤 어려움도 당신의 꿈을 달성하는데 방해가 되지 않게 한다.
- 단지 제품을 파는데 그치지 않아야 한다.
- 주위의 영향으로 방향감각을 잃지 않도록 해야 한다.
- 접근하여 설명하는 방법을 연습하고 잘하는 사람들에게 배워야 한다.
- 우선순위를 정하도록 한다.
- 목표가 성취 가능한 것이며 할 수 있다고 믿고, 목표를 향해 매

일 노력할 때 그 목표는 반드시 이루어진다.
- 목표에 도달하는 것이 항상 쉬운 것은 아니다.
- 처음 3개월 안에 많은 사람들이 네트워크마케팅에서 어려움을 격게 된다. 당신도 그런 사람들의 부류에 속하는가?
- 좋은 소식은 당신이 시간을 갖고 사업을 더 잘 하도록 노력한다면 목표를 성취하게 된다는 것이다.
- 목표는 매일 추구해야 한다. 비록 파트타임으로 사업을 하더라도 지속적으로 해야 효과가 있다.
- 목표는 조금 어렵더라도 가능한 것이어야 한다.

▶ **더 높은 목표를 세우는 방법**
- 자신에게 이런 질문을 해 보라. 나는 할 수 있는가?
- 정보를 얻기 위해 대가를 지불하라.
- 일을 잘 해낸 성공적인 사람들에게 겸허한 자세로 배워라.
- 높은 목표를 세우면 그만큼 지불해야 하는 대가도 크다.
- 하겠다는 분명한 결심을 하라.
- 할 일에 대한 계획을 세우고 계획한 것을 실천하고 또 실천하라.

재정적으로 독립하려는 사람들을 위한 충고

우선 '저축'이라는 목표를 세워라. 저축할 수 없다는 생각이 들지라도 저축을 시작하라. 그리고 돈을 더 벌게 되면 더 저축 하라. 아끼고 절약하여 반드시 저축 하라.

가족과 자신을 위해 원하는 라이프스타일을 갖겠다는 커다란 꿈을 가져라. 우선 수입의 10%를 먼저 은행에 저축하라. 그리고 다음에 써야 할 곳에 돈을 써라. 그러면 결국 당신은 원하는 모든 것을 갖게 될 것이다.

▶ 당신의 꿈에 푹 빠져들어라
- 수천 명의 그룹리더가 되고 세계 여러 나라를 다니면서 강의를 하며 동기를 부여하고 그들과 함께 즐거운 시간을 갖는 자신을 생각하라 ==〉 당신은 할 수 있다.
- 빚을 정리하는 일 ==〉 할 수 있다.
- 같은 목표와 목적의식을 갖는 긍정적 그룹을 만드는 것 ==〉 할 수 있다.
- 돈을 많이 버는 것 ==〉 할 수 있다.
- 커다란 꿈을 꾸어라 ==〉 할 수 있다.
- 당신의 꿈이 이루어지는 날이 온다는 것을 생각하라. 그렇게 될 것이다. 그것은 당신에게 달려 있다. 즉, 얼마나 많은 시간을 후원하고 사업에 전력하고 자신을 발전시키느냐에 달려 있는 것이다. 당신이 하고 있는 일에 대해 열정적인 자세를 가질 때 놀라운 결과를 얻게 된다.

네트워크마케팅을 시작하는 날이 있다.
그리고 그 사업이 당신에게 결과를 가져 다 주는 날이 있다.
그 때, 당신은 이 사업의 전문가가 되어 있든지 아니면
그저 평범한 위치에 머물러 있을 것이다.

······

······

▶ 어떻게 열정에 불을 붙이는가?
- 만약 당신이 '꿈은 반드시 이루어질 것'이라고 믿는다면 그렇게 된다.
- 꿈은 값싸게 오지 않는다. 대가를 치러야 하는 것이다.
- 부정적인 생각으로 무기력하게 되지 말라.
- 커다란 비전을 가져라.
- 모든 목표를 달성할 수 있도록 추진하라. 어느 것도 어느 누구도 당신의 성공을 막지 못하도록 하라.
- 이렇게 이야기하라. "나는 오늘보다 내일 더 많은 것을 누리기 원한다."
- 꿈이 없는 사람은 잃을 것도 없다. 어린 시절의 꿈을 기억해 보라. 그리고 현실을 돌아보라.
- 한계가 있다는 말은 착각이다.
- 비전을 통해서만 동기부여를 할 수 있다.
- 자신이 갖고 있는 꿈의 동산에서 꿈을 가꾸어라.
- 꿈의 크기가 행동의 힘을 결정한다.
- 당신은 어떤 비전을 갖고 있는가? 비전을 구체화하라.
- 매일 조금씩 발전하도록 일하라.
- 당신 인생은 당신이 책임을 진다. 누구도 대신 책임질 수 없다.

▶ 비전 계획서를 작성하라
- 이것은 성공적인 미래를 가져오는데 도움을 줄 것이다.
- 당신의 리더들과 비전을 가져야 하는 필요성을 공감하고, 그들을 도울 수 있는 것들을 적어 보라.
- 강한 비전을 갖고 그것을 적용하는 능력은 네트워크마케팅 성공에 직접적인 영향을 준다.

▶ 네트워크마케팅을 하는 이유를 명확히 하라.

이 사업으로 돈을 벌려고 하는 리더들의 이유도 생각해 보라.

풍요로움을 얻는 목표는 어떻게 세우는가?
- 왜 당신이 네트워크마케팅을 하는지 생각한다. 구체적으로 많은 점을 생각해 보라.
- 목표를 달성했을 때, 자신의 생활이 어떻게 변화될 것인가를 마음속에 분명히 그려본다. 마음속에 늘 그러한 비전을 갖고 있을 때, 자신감 있는 행동을 하게 된다.
- 사업을 위해 일 주일에 시간을 얼마나 투자할 것인가를 결정하라.
- 하루 또는 일주일에 몇 번 후원을 위한 대화를 할 것인가를 결정하라.
- 1년 후에 어느 위치에 있을 것인가를 결정하라. 어느 수준에 도달할 것인가, 월수입은 얼마가 되도록 할 것인가.
- 모든 것들이 서로 조화를 이루는가?
- 당신의 다운라인이 갖고 있는 꿈과 목표를 이야기하도록 하고 성취할 수 있도록 도와줘라.
- 당신의 꿈을 수정같이 투명하게 만들어라.
- 당신이 하는 일에 불같은 정열을 가져라.
- 목표 설정을 할 때에는 당신의 계획과 행동을 목표와 연관하여 도움이 되도록 체계화 하라.
- 목표는 당신이 커다란 비전을 성취하는데 있어서 필요한 행동들이 무엇인지 합리적으로 결정하게 해준다.
- 목표는 특정한 방향에 초점을 맞추도록 해준다. 이 때 중요한 것은 성취 기간을 정해야 한다는 것이다.
- 당신은 이 사업이 주는 장기적 이익을 추구해야 하며 잠시라도 하

루 아침에 부자가 되는 사업이 아니라는 것을 잊어서는 안 된다.
- 인생 전체의 꿈을 설계하라.
- 5년 계획을 만들고 그 계획을 추진하라.
- 물질적인 소유를 넘어 그 이상의 것을 바라보라.
- 당신의 목표를 매일 한 번씩 읽어라. 두 번, 세 번. 가능한 한 많이 읽는 것이 최상의 방법이다.

이 모든 것은 당신이 필요한 단계를 밟을 수 있도록 동기를 부여해줄 것이다.

▶ 목표를 세우는 효율적인 아이디어

- 일단 목표를 달성하고 나면 새로운 목표를 세운다.
- 돈으로 측정되는 목표를 세운다.
- 10년을 목표로 시작한다.
- 1년 후에는? 5년? 10년 후에는 어느 위치에 있을 것인가?
- 목표를 세웠다면 당신은 개인적인 성공을 위한 가장 중요한 단계를 성취한 것이다.
- 다른 사람들에게 성공할 수 있는 길을 보여준다.
- 모임에 참석하고 다른 사람의 목표를 듣는 것만으로도 자신의 목표를 명확히 하는데 도움이 된다.
- 종종 책의 한 문장, 영화나 음악의 한 구절들이 목표를 결정하는데 도움이 되기도 한다.
- 목표를 달성하지 못하는 단 한 가지 이유는 시도하지 않기 때문이다.
- 꿈이 주는 힘, 그것은 가장 강한 힘이다.
- 자신의 노력을 평가하는데 있어서 목표가 기준이 되도록 한다.
- 목표가 이미 이루어진 것처럼 현재시제로 자세히 기록한다.

- 성공 자들은 평범한 사람들과 다르게 행동한다.
- 당신의 목표가 파트타임 수입이라면 그 정도의 수입만 올리게 될 것이다.
- 꿈을 향해 열심히 일하면 모든 일에서 도움의 손길이 나타난다.
- 네트워크마케팅은 당신과 업 라인간의 파트너십을 필요로 한다.

'매일의 실천목표'를 아는가?

당신은 매일의 실천목표를 설정하는가? 나는 5명 이상에게 전화하는 것이 매일의 실천목표다.

당신은 새로운 사람을 후원하기 위해 매일 몇 명에게 전화를 할 것인가? 매일 몇 명과 약속할 계획인가? 매주 몇 명을 후원하려고 하는가?

만약 당신이 매일의 실천목표를 설정하고 그 계획대로 실천한다면 거대한 네트워크마케팅 그룹을 형성할 수 있을 것이다.

- 정해진 날짜에 정해진 일을 한다.
- 하루의 일정을 잘 작성하여 목록대로 매일 실천하라.
- 구체적인 스케줄 표를 짜라. 그러면 시간을 어디에 사용하고 언제 시간이 나는지를 알게 된다.
- 하루의 실천목표를 지속적으로 실천하면 굉장한 수입을 올릴 수 있다.
- 하루의 실천목표는 5명의 고객에게 전화하기, 5번의 확인 전화, 5번의 리더십 전화, 3개의 카탈로그 보내기 등 작고 간단한 일이다. 무엇을 할 것인가는 당신이 정하라.

- 중요한 것은 매일 몇 명이나 새로운 사람들과 만날 것인지에 초점을 맞춰야 한다는 점이다.
- 매일의 실천목표는 당신이 목표로 하는 수입과 조화를 이루도록 해야 한다. 일주일에 5시간 사업을 하면서 월 10,000달러의 수입을 원한다면 현실과 거리가 먼 기대치이다.
- 매일의 실천목표는 당신의 기대치를 충족시킬 수 있도록 합리적인 것이어야 한다.

성공목표는 어떻게?

만약 여유 돈이 5,000달러, 10,000달러, 50,000달러가 생긴다면 당신의 생활은 어떻게 변화될 것인가?

- 당신은 어떤 사람이라고 알려질까?
  관대한 사람? 공헌을 하는 사람?
  리더십이 있는 사람? 재미있는 사람?
- 당신은 무엇을 할 것인가?
- 당신의 하루는 어떠할까?
- 남은 일생 동안 매일 무엇을 할 것인가?
- 어떠한 느낌을 갖게 될 것인가?
- 이 사업에서 만나는 사람들에게 당신은 어떤 면에서 존경 받을 것인가?
- 어떤 차를 타고 다닐 것인가?
- 어떤 것들을 소유하게 될까?
- 어떠한 자질을 갖추게 될 것인가?

- 어디에서 살 것인가?
- 누구에게 무엇을 제공해 줄까?

왜 이러한 질문을 하는가? 그 이유에는 두 가지가 있다.

첫째, 네트워크마케팅을 하는 것에 부담을 느낄 때, 집중할 수 있도록 도와준다.

둘째, 당신의 새로운 회원들과 리더들이 비전을 갖도록 도와준다.

▶ **목표를 달성하지 못했을 경우 실망감을 조절하는 법**
- 목표를 성취하지 못했을 경우에는 당신의 행동을 평가하라. 무엇이 부족하였는가? 새로운 목표를 위해 다음 주 그리고 다음 달에는 어떤 것을 변화시켜야 하는가?
- 모든 목표를 반드시 달성해야 한다는 생각을 한다면 실패만 가져온다.
- 네트워크마케팅에서 그룹의 목표는 나 혼자만 관련되어 있는 것이 아니므로 그룹 목표를 반드시 달성하겠다고 약속할 수 없다.
- 당신은 다른 사람들이 하는 일에 대해서는 어떤 권한도 없다. 오직 회원을 후원하고 그들이 사업을 하도록 훈련하는 책임을 지고 있을 뿐이다.

▶ **그룹의 리더들과 목표를 세우는 법**
- 다운라인의 목표를 설정하라.
- 목표를 염두에 두고 당신 그룹의 리더들이 일하도록 도와 줄 수 있어야 한다.
- 당신 그룹의 리더들이 목표를 달성하도록 용기를 갖게 해주어라.
......

▶ 합리적인 목표를 세우는 방법
- 20번의 후원을 위한 준비된 대화 = 1명의 후원
- 80번의 준비된 대화 = 1명의 리더 발견
- 4명의 회원 후원 = 1명의 리더 배출
- 하루 4번, 일주일에 5일, 한 달에 4주의 준비된 대화 = 한 달에 한 명의 리더 배출
- 하루에 8명을 만날 때, 한 달에 2명의 리더를 만든다.
- 네트워크마케팅은 숫자 게임이다. 가능한 한 많은 사람들을 만나 대화를 나눠라. 더 많은 사람들을 만나면 설명을 더 잘 할 수 있게 된다.

*"목표를 달성하는 것은
결과적으로 당신의 행동에 달려 있다."*

▶ 성공에 다가서는 질문
자기 자신에게 그리고 성공하는 그룹에 이러한 질문을 해 보라.
- 얼마나 많은 사람들을 매달 접촉하는가?
- 얼마나 많은 사람들의 후원을 실제로 기대할 수 있는가?
- 얼마나 많은 고객들이 당신으로부터 직접 제품을 구입할 수 있는가?
- 얼마나 많은 고객들이 제품 사용을 원하는가?
- 자기 자신이 사용하기 위해 매달 얼마나 투자하겠는가?
- 매달 얼마나 많은 고객들이 유지되고 있는 것인가?
- 그룹매출액을 기준으로 보았을 때, 어느 달에 다음 레벨로 올라갈 수 있는가?

이러한 질문을 함으로써 당신의 수입은 급속하게 증가할 수 있다.

그리고 이러한 수치와 질문에 대한 답으로 당신은 지금의 위치와 기대하는 월 총매출을 기준으로 매월 수입 목표를 세울 수 있다.

레벨 상승을 위한 목표설정법

당신 회사의 보상 플랜을 꼼꼼히 살펴보라. 정확히 어느 곳에서 돈이 벌리기 시작하는지 확인하고 빠른 시일 내에 그 곳에 도달하도록 노력하라.

어떤 회사에서는 당신과 그룹에서 몇 개월 동안 몇 천 달러의 그룹매출이 있을 때, 리더로 올라가게 된다. 그리고 그 레벨, 같은 볼륨에서도 더 많은 수입을 올리게 되는데, 바로 그 곳이 오르고 싶은 레벨인 것이다.

▶ 장기적인 목표는 어떻게 설정해야 하는가?

우선 다음의 사항들을 실천에 옮기도록 한다.
- 리더를 찾기 위해 사업에 대해 이야기해야 할 사람들의 숫자를 정한다.
- 당신의 리더십을 수용하지 않거나 스스로 리더십 단계를 밟지 않는 사람들은 많은 시간을 투자하여 도와 줄 필요는 없다.
- 12개월 안에 당신이 벌고자 하는 월 수입금액을 설정한다.
- 다음 해에 당신이 키워야 할 리더들의 숫자를 정한다.
- 레벨, 보상 플랜을 이해하고 그에 대한 전문가가 된다.
- 목표로 하는 수입을 얻기 위해 필요한 그룹의 총매출액을 계획한다.
.....

그룹 총매출의 3~8%가 당신의 수입이 되므로 매달 2,500달러를 벌고자 한다면 그룹 총매출이 월 50,000달러가 되어야 한다. 이것은 회사마다 규정이 다를 수 있다.

성공적인 목표설정 요령 2단계

▶ 첫 단계 : 목표를 세워라

당신의 목표가 재정적인 독립일 때, 당신의 일에 대한 열정은 보다 더 강해진다. 많은 사람들이 악의 근원이라 생각하며 점잖은 자리에서 말하지 말아야 할 것으로 여기는 '돈'이 높은 생활수준을 가능하게 하는 것이다.

확실히 가난한 것보다는 부자인 것이 더 좋다.

▶ 둘째 단계 : 행동을 취하라
- 자기 자신의 최고 고객이 되어라. 당신의 제품만을 사용하라.
- 꿈을 위해 전념하라. 꿈이 당신을 이끌어 줄 것이다.
- 다운라인의 성공을 돕는 것에 초점을 맞추어라.
- 열정을 가지고 사업에 임할 때, 당신은 가족들에게 믿을 수 없을 만큼 높은 수준의 라이프스타일을 가져 다 줄 것이다.
- 후원을 계속하고 파트너들에게 후원하는 것을 가르쳐라.
- 네트워크마케팅은 쉽지 않다는 것을 알고 인내심을 가져라. 시간이 필요하다.
- 가능한 한 빠른 시일 안에 제품에 대한 지식을 가르쳐라. 그들을 가르치는 것이 곧 내 것이 되기 때문이다. 그러면 가르치는 것은 점점 더 쉬워진다.

- "나는 다 알고 있어"라는 말을 하지 않는다. 당신이 회사의 최고 위치에 오르기 전에는 모든 것을 알 수가 없다.
- 팔 수 있는 제품을 늘리고 새로운 회원들에게 제공할 수 있어야 한다. 그러나 핀 레벨을 맞추기 위해 제품들을 창고, 차고에 절대로 쌓아 두지는 말라.
- 매일 사업을 하라.

▶ 백만장자가 되는 요령
- 백만장자에게 조언을 구하라. 그들에게 평가를 부탁하고 그들의 충고에 마음을 열어라.
- 네트워크마케팅의 전문가가 되어라.
- 좋은 결과를 얻은 업 라인을 복제하라.
- 백만장자를 연구고 백만장자처럼 생각하라.
- 그들과 대화할 수 있는 자리를 만들어라.

▶ 성공에는 지불해야 할 값이 있다
- 당신에게 더 많은 것을 기대하라.
- 비판을 잘 소화할 수 있어야 한다.
- 어느 정도 가족 활동에 참여하지 못할 수 있다. 그러나 모든 활동에 참여하지 못해서는 안 된다.
- 네트워크마케팅의 성공 프로그램에 참가하라.
- 처음 회원이 된 사람의 첫 번째 목표는 가능한 한 빨리 기본 직급에 오르는 것이다.

……

……

성공을 위한 두 개의 열쇠 －결단과 계획－

　네트워크마케팅에서 한 가지 분명한 사실은 이 사업을 하겠다는 개인적 결단을 내리는 사람은 언제나 성공한다는 점이다. 이 사업은 당신을 실망시키지 않을 것이다. 하지만 결단을 내리지 못하고 망설이는 사람은 결코 어떤 시작도 하지 못한다. 그것은 필요성이 없어서가 아니고 시간이 없어서도 아니며 결코 도움이 없어서도 아니다.

▶새로운 회원이 시작하지 못하는 오직 두 가지의 이유
- 결단을 내리지 못하는 것
- 계획을 세우지 못하는 것

▶새로운 회원에 대한 경고!
　당신의 성공은 많은 요소들로 구성된다. 다음의 10가지 목표를 추진할 때, 당신의 성공은 보장 받을 수 있다.
①자기 자신이 직접 고객이 된다.
②개인적인 목표를 적는다.
③스스로 리더십의 모범을 보인다.
④기회를 잡는다.
⑤긍정적 자세를 취한다. 절대로 부정적 요소가 영향을 미치게 하지 않는다.
⑥다른 사람을 가르칠 사람들을 훈련시킨다.
⑦가장 좋은 결과를 얻었거나, 얻고 있는 사람의 훈련을 따른다.
⑧업 라인 리더와 매주 평가를 한다.
⑨당신이 미래를 위해 매달 적어도 40~60시간 이상을 투자한다.

⑩ 사업 기회를 위해 적어도 1년 이상 노력하겠다고 결심한다.

▶ 업 라인 리더가 취해야 할 행동 10가지
① 새로운 회원과 상담을 한다.
② 새로운 회원의 모든 질문에 대답해 주거나, 답을 얻도록 길을 제시해 준다.
③ 사업설명회를 하고 방법을 가르친다.
④ 새로운 회원이 겪을 어려움을 잘 처리하도록 도와준다.
⑤ 새로운 회원이 열심히 일할 수 있도록 격려와 용기를 준다.
⑥ 새로운 회원이 3명을 후원하도록 도와준다.
⑦ 성공하는 그룹에 동기를 부여하고 고무시킨다.
⑧ 적합한 리더십 모범을 보인다.
⑨ 제품과 설명에 대한 지식을 전달한다.
⑩ 일대일 설명을 가르친다.

진정으로 열심히 일하는 사람들과 함께 하라. 당신이 후원한 사람들이 일을 멈추면 당신의 일도 멈춰버린다.

당신이 따를 수 있는 13주 계획

(각 회사의 시스템에 따라 응용하도록 하라.)
▶ 첫째 주
당신에게 주어진 기회를 이해하고 감사한다.
국내에서 5%도 되지 않는 사람들이 네트워크마케팅 사업기회를 전달 받았다. 당신이 그 선물을 받았다는 것은 굉장한 일이다.

업 라인으로부터 스타트 키트 내용에 대한 훈련을 받는다.
 이 키트의 내용물들(제품, 서류, 책 등)이 당신의 사업을 돕는다는 것을 깨우친다.

'초기 주문'을 하라.
 당신 자신이 제품을 사용하지 않는다면 성공할 자격이 없다. 당신 자신이 최고의 고객이 되어라.

100명의 명단을 적어라.
 노트에 이름을 적어 시작하라

저녁 모임 스케줄을 잡아라.
 당신이 사는 지역에서 모임이 열리면 그 곳에 참석하라. 그리고 자신의 모임을 개최할 때는 시간을 정하고 지속적으로 하라. 월요일부터 목요일 저녁이 적당하며 참석자의 숫자에 연연할 필요는 없다. 커다란 사업은 작은 모임에서부터 시작된다.

이번 주에 한 사람을 후원하라.
 모임을 개최한 후, 48시간 안에 후원을 한다. 업 라인에게 도움을 요청하라. 그렇다고 업 라인이 직접적으로 한 사람을 후원해주는 것이 아니라, 당신의 후원 작업을 도와줄 뿐이다. 당신의 리더가 사용하는 책자, 카탈로그, 제품, 그 외에 여러 가지 자료를 활용하라.(제8장을 보라)

업 라인을 만나라.
 적어도 한 사람을 데리고 와서 만나라.(제7장을 보라)

회사의 매뉴얼을 공부하라.
　빠른 시일 내에 리더가 되고 싶다면, 다른 사람들의 질문에 대답할 수 있는 지식을 쌓아야 한다. 질문에 대한 대답은 회사의 간행물에서 90% 정도 찾을 수 있다. 행운은 배우는 것만으로는 찾아오지 않는다. 배운 것을 활용할 때 오는 것이다.

후원하는 자세를 발전시켜라.
　스폰서는 다른 사람에 대한 책임을 지는 사람이다.
　후원을 할 때에는 다음 사항에 주의하자.
- 시작이 더디거나 말만 앞세울지라도 포기하지 말라. 하지만 그 사람을 기다리지는 말라.
- 후원하는 모든 사람들이 '슈퍼스타'가 되는 것은 아니다.
- 네트워크마케팅은 점점 커 가는 사업이다. 인내심을 기르고 또한 인내심을 가져야 한다.

보상 플랜을 연구하라.
　장기적으로 볼 때 회사의 마케팅 플랜을 완전히 이해하는 것보다 더 동기를 부여해 주는 것은 없다.

▶ 둘째 주
　두 번째 사람을 후원하라.
　13주 동안 당신의 목표는 12명을 후원하는 것이다. 후원은 활력의 근원이므로 커다란 사업을 이룩하기 위해 자신을 잘 활용해야 한다.

모임을 가져라.

자신이 설명을 하든 아니면 업 라인이 설명을 하든 적어도 5명은 참석할 수 있도록 확인하고 독려한다.

첫 제품 워크숍을 계획하라.
제품 워크숍은 사람들의 참여율을 높이고 제품에 대한 믿음을 갖게 한다. 즉, 소비자들을 확보하는 데 있어서 워크숍은 중요한 역할을 하는 것이다. 당신의 친구들은 제품이 뛰어나다는 것과 사업이 재미있다는 것. 그리고 당신이 열의를 갖고 있다는 것을 알게 된다.

사업설명 시 책자들을 준비하고 진실하게 열정을 갖고 소개하라.
이 때, 준비해야 할 것은 회사 소책자, 업 라인의 수입원 복사본, 업 라인과 찍은 사진, 내셔널 컨벤션에서 찍은 당신의 사진, 사업 분야에서 유명한 사람들과 찍은 사진 등이다.

은행 구좌를 개설하라.
사업의 모든 수입과 지출을 이 통장에서 하라. 그리고 사업적인 돈을 다른 돈과 혼돈해서 사용하지 말라.

좋은 카세트 녹음기나 CD 플레이어를 구입하라.
훈련의 많은 부분이 테이프를 통해서 이루어진다. 또한 열정을 갖게 하는 음악도 효과적이다.

테이프와 책을 준비하라.
적어도 일주일에 한 두 개의 테이프를 듣고 소화하라. 특히 업 라인이 추천한 책과 테이프에 관심을 집중하라.

▶ 셋째 주
세 번째 사람을 후원하라.
커다란 목표를 달성하기 위해 일 주일에 한 명을 후원하는 것은 최소의 노력이다. 후원이 많을수록 빠른 결과를 얻는다.

당신의 집이나 사무실에서 두 번째 모임을 하라.
처음 당신의 모임에 참석한 사람들 중에서 두 번째 모임에 참석하는 사람이 있어야 하며 또한 새로운 사람들도 있어야 한다. 성공은 커다란 모임이 아니라 자주 갖는 작은 모임에서 온다는 것을 기억하라.

첫 번째 제품 워크숍을 열어라.
새로운 회원, 친구, 친척 그리고 이웃 사람들은 제품을 사용해 본 후에 당신의 회사가 평범하지 않다는 것을 인식할 것이다. 그리고 당신과 업 라인이 제품의 장점을 자랑스럽게 이야기할 때, 그들은 이 사업이 흥미 있고 실제적인 것임을 알 것이다.

사업에 대한 당신의 자세를 보여주고, 사업시작 요령을 알려 줄 준비를 하라.

업 라인을 만나라.
업 라인을 만날 때에는 몇 사람과 함께 동행하며 주의를 집중해서 배워라.

사용하던 다른 제품들을 빠른 시일 내에 당신 회사의 제품으로 바꿔라.
  당신 회사의 제품과 같은 종류의 다른 회사 제품을 모두 상자에 넣어라. 자기 회사의 제품만을 사용하며, 그것보다 월등히 좋은 제품이 있다면 그것을 사용하라. 당신은 당신 회사의 제품에 자신이 없는가?

주요 제품의 데몬스트레이션(실연)을 배워라.

키트에 있는 제품을 설명하고 보여 주어라.
12명의 친구들에게 굉장히 좋은 당신의 제품을 소개하라.

후원 노트를 정리하라.

금주에 다섯 명의 이름을 추가하라.

▶ 넷째 주
네 번째 사람을 후원하라.
  서둘러라!

새로운 회원들이 후원을 할 수 있도록 도와주어라.
  네트워크마케팅에서 성장하기 위해서는 뎁스(뿌리내리기)를 해야 한다. 혼자서 할 수 있는 일에는 한계가 있지만, 다른 사람이 다른 사람을 가르치게 하고 또 그 사람이 다른 사람을 가르치게 할 때의 효과는 무한한 것이다.
  ……

당신의 꿈을 보아라.

종이 위에 당신의 꿈을 적어라. 그리고 사진과 함께 내가 노력해서 얻고 싶은 것의 목록을 만들어라. 목표를 명확하게 정의하고 성취 날짜를 적어라. 적지 않은 목표는 단지 바라는 것에 불과하다. 바라기만 하는 것은 의미가 없다!

세 번째 모임을 갖는다.

모임을 주관하라. 네트워크마케팅에서는 모든 사람이 똑같은 출발점에서 시작한다. 만약 당신이 4년에 걸쳐 600번의 모임을 갖게 된다면, 당신은 정상에 서게 될 것이다.

두 번째 제품 워크숍을 갖는다.

이것은 당신이 선택한 장소에서 혹은 열심히 하는 회원의 집에서 할 수 있다. 그룹 사람들을 초청하여 모든 제품의 좋은 점을 이야기해 주도록 한다.

배우자가 있다면 함께 일하라.

물론 혼자서 할 수도 있지만 배우자와 같은 목표, 같은 야망을 갖게 될 때, 더 좋은 결과를 가져올 수 있다. 이 때, 어떤 부분에서 자신이 책임을 지고 일할 것인가를 결정하도록 한다. 거의 모든 경우에 한 사람이 더 빨리 시작하고 더 많은 일을 하게 되지만, 항상 도움을 주고 협조하고 무엇보다 서로 지지함으로써 보다 좋은 결과를 얻을 수 있다.

중요 행동 요강.
- 행동파가 되어라.

- 미루지 말라.
- 스스로 장애물을 만들지 말라.
- 당신은 성공의 길로 가고 있다.

재고품 목록을 파악하라.

다음 보너스 단계의 진입을 위해 제품을 사두는 것도 현명한 방법이다. 한 두 단계 위의 보너스 수준에서 얻을 수 있는 %의 증가를 계산하라. 사업가적인 면모를 지녀라. 창고에 제품을 가득 쌓아 두는 것은 필요하지 않지만 능력이 된다면 여분의 제품을 사 두어라. 당신이 사업에 대한 확신을 갖고 있을 때, 새로운 회원을 위해 항상 재고를 갖고 있는 것은 좋은 아이디어이다.

우수한 성과를 얻은 사람과 저녁을 함께 할 기회를 가져라.

그 사람은 그만한 자격이 있고 당신 역시 그렇다. 사람은 누구나 인정받고 칭찬 받기를 원한다. 그러므로 그런 사람과 시간을 함께 보냄으로써 좋은 관계를 유지할 수 있고 이해를 한층 더 높일 수 있다.

▶ 다섯째 주

다섯 번째 사람을 후원하라.

이제 당신은 회사에서 제공하는 혜택을 잘 이해할 수 있을 것이다. 당신은 사람들에게 가장 좋은 사업기회를 전해주고 있는 것이다. 즉, 그들에게 도움을 주고 있는 것이다. 주저하지 말고 위대한 일을 성취하라!

……

……

네 번 째 모임을 가져라.

회원이 늘어나고 당신은 그룹에서 리더가 되고 있는 것이다.

업 라인과 상의하여 당신이 직접 후원한 사람 중에서 누가 홈 미팅을 시작해야 하는지를 결정하라. 네트워크마케팅에서 성공하기 위한 유일한 방법은 다른 사람이 성공하도록 돕는 것이다. 매달 팀 미팅을 가져라. 그리고 리더가 되면 매주 미팅을 갖도록 하라.

다른 사람들을 도와 그들의 사업이 성공하도록 하라.

그러면 당신의 사업은 염려하지 않아도 된다. 사람들의 성장을 도우면 그들은 당신 사업의 성장을 도울 것이다.

후원 노트를 검토하라.

후원은 어떤 사업에서도 활력의 근원이므로 성공에 매우 중요하다!

당신의 뉴스레터를 시작하라.

회원들의 성공에 필요한 정보를 제공하고 그들을 인정해 주어라. 뉴스레터를 통해 당신은 한 번 말하지만, 많은 사람들이 그 메시지를 받는다.

마케팅 플랜을 연구하고 당신의 업 라인에게 설명하도록 준비한다.

당신이 세계에서 가장 좋은 네트워크마케팅의 기회에 대해 의욕적으로 말하려 하는데, 수치를 잘 몰라 헤맨다면…?

당신의 예상 고객들은 당신을 믿는다는 점을 생각하라. 그렇다고 처음부터 모든 지식을 터득하고 시작해야 하는것은 아니다. 사업을 하면서 배워나가도록 해라.

세 번째 제품 워크숍을 가져라.
　제품 워크숍의 주된 목적은 고객들과 제품의 우수성에 대해 이야기를 나누고, 당신이 최상의 제품을 취급한다는 것을 보여 주는 데 있다. 더 많은 워크숍을 약속하고 새로운 고객을 만들어라.

업 라인 그리고 성공적인 그룹들을 만나 보라.
　값진 경험을 위해서는 도움을 자원하도록 한다. 모임에서 당신의 자세는 모든 사람의 의욕을 고취시킬 수 있다. 열정을 갖고 쾌활한 모습과 긍정적인 친근감을 주어라. 사람들은 말과 행동이 일치하는 사람과 함께 일하기를 원한다.

▶ **여섯째 주**

새로운 회원을 후원하라.

당신의 집 또는 사무실에서 매주 모임을 가져라.
　당신이 후원한 사람들이 당신을 돕도록 하라. 그들에게 리더십을 가르치는 일은 매우 중요하다.

당신의 첫 단계 리더의 집 또는 사무실에서 모임을 가져라.
　목표는 리더가 될 3명의 사람이 마케팅 플랜의 다음 단계를 달성하는데 있다.

……

'소비자'들과 계속해서 접촉하라.

그들은 당신이 모르는 사람들을 알고 있다. 또한 그들 중에는 제품의 우수성을 깨닫고 당신의 성공에 자극 받아 회원이 되고자 하는 사람도 있을 것이다.

필요한 테이프를 구비하라.

출근길이나 집에서 허드렛일을 할 때, 테이프를 들어라. 그리고 당신 그룹의 다른 사람들도 그렇게 하도록 지도하라.

당신의 목표와 목표달성 상태를 연구하고 분석하라.

항상 자신의 장점과 약점을 분석한다. 그리고 지금까지 해온 것을 자랑스럽게 생각하되 결코 만족하거나 자만해서는 안 된다.

당신 그룹의 회원에게 봉사하라.

필요한 제품이 주위에 있지 않다면 구해 오라. 항상 시작과 마무리 시간을 지켜라. 제품의 이동과 모임이 믿음과 신뢰를 가져오는 가장 좋은 방법이다.

재고를 갖고 있어라.

여분의 재고를 갖고 있을 때 더 나은 서비스를 하게 되고, 제품이 단종 되었을 때도 회원에게 공급할 수가 있다.

네 번째 제품 워크숍을 가져라.

워크숍은 하면 할수록 익숙해지고 재미도 느끼게 된다. 만나게 될 새로운 사람들을 생각해 보라.

……

계속해서 발전하라.

당신 그룹의 모든 분야에 대한 지식을 전달해 줄 중심적 역할을 한다. 다른 사람을 성공하게 하고 강하게 하는것이 바로 리더십이다.

▶ **일곱째 주**

새로운 회원을 후원하라.

이번에 후원하는 회원이 최상의 결과를 가져오는 리더가 될 수 있을지 또는 그러한 사람을 후원할지 모를 일이다.

매주 모임을 주관하라.

열정을 갖고 성공하는 그룹과 함께 하라. 모임에서 3분의 1에 해당하는 시간을 마케팅 플랜에 투자하라. 그리고 그룹의 모임에서 부정적인 것은 말하지 말라.

당신의 새로운 첫 단계 리더를 위해 두 번째 모임을 가져라.

그 사람의 집에서 모임을 열고 그 사람이 후원한 사람 중에서 리더를 찾아내 함께 일하기 시작하라. 개인적으로 그들과 친해지고 진심으로 이익을 줄 수 있도록 관심을 가져라.

또 하나의 제품 워크숍을 가져라.

당신은 좋은 모범을 보여야 한다. 그리고 그 모범은 다운라인들이 따르게 될 것이다. 이 단계에서 당신은 제품에 관한 한 인정받는 전문가가 되어 있어야 한다. 당신의 목표는 13주가 끝날 때까지 당신의 그룹에 10명 이상의 제품 전문가를 갖는 것이다.

……

수입 근거를 복사해 두어라.

모든 수입을 기록해 두면 그것은 당신의 발전 상태를 한 눈에 알 수 있게 해준다. 점진적으로 발전해 온 과정을 보는 것은 커다란 기쁨이다.

당신 그룹에서 첫 단계의 두 번째 리더를 배출하기 위해 노력하라.

당신의 목표는 한 두 리더를 배출하는 것이 아니라 3명의 리더를 배출하는 것이라는 점을 잊지 말라.

열심히 일하라.

초기에 걱정이 되고 일할 맛이 나지 않는다 해도 열심히 일하라. 전화, 편지, 접촉, 모임, 판매, 주문, 계획, 뉴스레터,…. 이것이 바로 네트워크마케팅을 하는 사람들이 해야 할 일이다. 이 사업에 더 많이 힘을 쏟을수록 더 좋은 결과를 얻게 된다.

당신의 특별한 장점과 약점을 잘 적용시켜라.

약점을 인식하고 장점을 강화하라. 무엇보다 중요한 것은 자신의 장점을 살려 좋은 결과를 얻도록 자신의 적용 능력을 길러야 한다.

계속해서 발전하라.

세상은 끊임없이 변한다. 그러므로 당신도 발전하기 위한 노력을 계속해야 한다. 오늘의 위치가 전부는 아니다. 당신은 미래의 발전에 대한 기대치로써 평가 받아야 하는 것이다.

….

▶ **여덟째 주**

새로운 사람을 후원하라.

 네트워크마케팅에서는 숫자가 많으면 안전하다. 따라서 후원은 많을수록 좋다. 당신의 다운라인이 여기에서 제시하는 성공 단계를 따르고 당신만큼 성공을 거두고 있다면 후원에 대해서는 안심해도 좋다. 그렇지만 당신의 목표는 매주 한 사람씩 후원을 계속 하는 것이다. 계속해서 매주 한 사람씩 후원할 때 당신은 커다란 성공을 거둘 것이다!

주간 모임을 주관한다.

 장사가 잘 되지 않는다고 상점을 일찍 닫아버리면 곧 망하고 만다. 다른 사람들에게 성공을 가져다 준 방법들을 복사하라. 계속해서 모임을 갖고 실수로부터 배워라. 모든 모임이 성공적인 것은 아니지만, 모두 당신의 성공에 일조를 할 것이다.

당신의 첫 단계 리더 중에서 두 번째 사람을 위해 첫 모임을 갖는다.

 이러한 모임들이 커다란 사업을 만드는 모태가 된다. 이것이 바로 사업이 성장하는 이유가 되는 것이다.

사업을 즐겨라.

 자기 자신에게 도전하되, 중압감은 받지 말라. 당신이 사업을 즐길 때, 사업은 더 빠르게 성장한다. 일에서 재미를 느끼면 더 열심히 일하게 되고 일하는 것도 쉬워진다.

그룹을 만들어 지도하려는 의욕과 자세를 유지하고 발전시킨다.

네트워크마케팅 플랜은 리더들을 위한 것이다. 그러므로 사업으로부터 더 많은 것을 원한다면 더 성장하도록 하라.

업 라인 모임에 참석하라.

다운라인의 사람들이 당신보다 더 오래 사업을 한 사람을 만나는 것은 매우 중요하다. 그러한 모임에서 다른 사람의 모범이 되어라. 열정을 갖고 긍정적으로 행동하고 주의를 기울여라. 당신이 그룹 사람들에게 받기를 원하는 만큼 당신의 리더를 존경하라.

당신의 생활스타일을 평가하라.

네트워크마케팅은 삶의 일부분이다. 당신은 사람들에게 열정을 갖게 하는가? 아니면 열정을 떨어뜨리는가? 당신이 좀 더 발전해야 하는 부분에 대해 업 라인의 솔직한 의견을 들어보라.

일일 메모장을 구입하라.

시스템 노트를 구입하여 잠자기 전에 내일 해야 할 일을 적어라. 일의 우선순위를 정하고 만날 사람이나 생각나는 사람, 이름을 적어라. 이것은 매우 중요한 일과로 자기 전에 매일 10가지 할 일을 적고 '매일, 매일 실천목표' 목록에 넣어라.

제품 워크숍을 계속 추진한다.

새로운 회원들을 위해 워크숍을 갖는다. 그리고 회원들에게 자신의 워크숍을 주관하는 방법과 더 많은 워크숍 일정을 잡는 방법을 가르친다. 이 때, 제품에 대한 당신의 열의와 진심을 보여주고 사람들이 그 제품에 대한 확신을 갖도록 해야 한다.

▶ **아홉째 주**

새로운 사람을 후원하라.

중요한 것은 당신이 아직 가장 훌륭한 회원을 후원하지 않았다는 점이다. 당신이 언제 금맥을 찾을지 매장된 석유를 발견할지는 아무도 모른다. 한 가지 분명한 것은 중단하는 사람은 실패한다는 사실이다.

주간 모임을 가져라.

모임에서 열정적인 사람들로 하여금 각 파트를 맡게 한다. 그리고 당신은 그들이 준비한 것을 확인해야 한다. 모임을 재미있게 진행하되 비즈니스 모임이라는 것을 잊지 말라. 모임에서 얻고자 하는 것이 무엇인지를 항상 명심하라.

당신의 첫 단계 리더 중에서 두 번째 사람을 위해 두 번째 모임을 갖는다.

인내심을 가져라. 그러나 성공의 패턴을 다루는 데는 확고한 신념을 보여라. 가르칠 사람은 확실히 가르치고 또 그 사람이 다른 사람을 가르치게 하라.

한 시간 더 일찍 일어나라.

주위의 방해를 받기 전의 한 시간은 다른 시간의 세 시간에 해당된다. 하루 한 시간은 1년의 15일에 해당되고 당신이 3배의 효과를 거둔다고 했을 때, 1년에 최상의 결과를 가져오는 1,100시간을 이용할 수 있다. 우리는 모두 같은 양의 시간을 가지고 있다. 결코 서두르고 걱정하고 근심하면서 낭비하지 말라.

……

자신과 배우자에게 상을 주라.
 당신이 설정한 목표를 달성할 때마다 상을 주겠다고 약속하라. 예를 들어 여덟 사람을 후원했을 때 멋진 주말을 보낼 것이라는 약속을 했다면, 제품을 사용하고 소개하는 일을 당신처럼 하는 사람이 여덟 명이 있을 때, 정말 멋진 휴가를 보내는 것이다.

입출금 관리 체계를 만들어라.
 적은 돈이라도 잡다한 일에 소비하는 것은 바람직하지 않다. 수치에 정확한 사람만이 자신이 어디에 있어야 할지를 알게 된다.

제품 워크숍을 발전시켜라.
 다운라인 사람들을 당신의 워크숍에 오게 하거나 새로운 회원과 그들이 후원한 회원들을 위한 모임을 가짐으로써 그룹 사람들을 훈련시켜라. 당신의 목적은 그들이 자신의 사업을 잘하도록 훈련하는 것이다.

예상고객 목록에 이름을 추가 시켜라.
 예상고객 명단은 지속적으로 정리해야 한다. 모든 고객으로부터 고객을 소개 받도록 하라.

마케팅 플랜의 다음 단계로 올라간다.
 새로운 타이틀과 그에 따른 책임을 얻는 것은 당신을 강하게 만든다. 성공의 사다리에서 항상 다음 계단을 오르지 않으면 당신은 결코 정상에 오르지 못할 것이다. 서두르자. 목표를 눈앞에 놓고 여유부릴 수는 없는 노릇이 아닌가!

▶ 열째 주
새로운 사람을 후원하라.
전 세계에 퍼져 있는 네트워크 회원들을 생각해 보라. 개인적으로 하는 일에는 한계가 있지만 그룹이 하는 일에는 한계가 없다.

주간 모임을 갖는다.
이제 모임은 당신 개인의 성격을 띠게 된다. 왜냐하면 당신은 이제 리더이기 때문이다. 주간 모임이 성장하면 후원의 목적보다는 훈련과 동기를 부여하는 모임으로 발전하여 새로운 회원들이 모임에 활기를 불어넣는다. 그러므로 늘 새로운 회원이 참석하도록 해야 한다.

당신의 첫 단계 리더 중에서 두 번째 사람을 위해 세 번째 모임을 주관한다.
이제 그 사람의 그룹은 깊이와 힘을 가지고 있다. 따라서 젖을 떼고 이유식 시험을 해야 한다. 다음 주에는 자신이 직접 할 수 있도록 기회를 주어라.

장래의 리더가 될 첫 세 사람의 목록을 만들어라.
이제 당신의 목표는 당신과 그룹 사람들이 다음 단계로 승진하는 것이다. 지금까지 올바른 방법, 즉 정도를 밟아왔으므로 당신은 목표하는 위치에 있게 된다. 그리고 세 사람의 '움직이는 그룹'은 가장 능률적으로 함께 일할 수 있는 숫자이다. 계속해서 나아가는 사람을 밀어주고 그만두는 사람의 빈자리는 채워 넣는다.

세 명의 법칙을 당신의 그룹에 적용한다.

당신의 목표는 그룹에 뿌리를 내리는 것이다. 세 리더가 세 리더를 낳고 그렇게 계속된다면 당신은 전국에 걸쳐 네트워크 판매 리더가 될 것이다.

뿌리내리는 작업을 잘 관찰하라.

항상 더 좋은 방법이 있는 법이다. 늘 개선하라. 사람들은 당신을 지켜보고 있으며 당신의 행동과 성장에 영향을 받는다.

제품과 사업설명 훈련을 하라.

당신의 그룹에는 제품에 대한 지식과 사업설명에 있어서 여러 단계가 형성되어 있을 것이다. 그들에게 계획하고 훈련하는 일 이상의 일을 할 수 있도록 기회를 주어라. 당신 그룹 사람들이 그들을 따르게 될 것이다. 그리고 당신은 그들의 리더가 된다. 그것이 바로 당신의 목표이다. 리더의 리더가 되어라.

회사 그리고 당신의 성공에 대한 결의를 재확인하라.

당신이 속해 있는 회사만큼 당신의 노력에 대해 보상을 해주는 회사는 없다. 당신의 결의와 계획 그리고 목표를 검토하라.

사업의 진전 상태를 체크 하라.

당신이 몇 명을 후원했는가? 몇 번의 모임을 가졌는가? 몇 명의 회원이 당신의 그룹에 있는가? 재고는 얼마나 가지고 있는가? 10주 동안 당신은 얼마나 발전했는가?

수입의 근원을 발전시켜라.

당신에게 재고가 없을 만큼 오랫동안 사업을 하지 않았거나 재고를 구입할 돈이 없다면 돈을 빌릴 필요가 있을 것이다. 제품의 재고를 갖는 것은 또 다른 면에서 볼 때, 저축계좌라고 할 수 있다. 이것은 커다란 유익을 가져온다.

▶ **열한 번째 주**

당신이 줄 수 있는 가장 값진 선물은 훌륭한 모범을 보이는 것이다.

지금 모범을 보이도록 하라!

높은 자질을 가진 사람을 첫 단계로 후원하라.

이 시점에서 당신은 선입관을 갖고 사람들을 판단하면 안 된다는 것을 알게 된다. 숫자를 채우기 위해 후원하지 말라. 당신이 원하는 타입의 사람들을 생각하고 찾아 나서라. 그리고 즉시 가입하려는 사람들을 위해 항상 후원에 필요한 자료들을 갖고 다녀라.

주간 모임을 주관하라.

나는 다른 리더들에게 서로 모임을 부탁하여 새로운 아이디어와 방법을 발견하도록 하는 것을 추천한다. 그리하여 당신과 같은 혹은 더 좋은 리더들을 찾는 것이다. 그리고 목표는 그룹을 만드는 것이다.

필요한 때를 대비하여 재고를 갖춰라.

이 프로그램을 따르기 위해 당신은 서서히 재고를 늘려갈 필요가 있다. 다음 레벨에 가는데 도움이 될 수 있도록 필요한 재고를 유지하라. 물론 이 때에는 여러 가지 조건들을 고려해야 한다. 개인의 재정적인 상황, 당신의 그룹 매출, 주문에서 배달까지의 시간, 당신이 파는 것 등. 하지만 재주문은 시간과 비용이 들어가므로 충분한 재고를 갖고 있어야 하며 주문과정도 잘 익혀 두어야 한다.

당신의 첫 단계 리더 중에서 세 번째 사람을 위해 첫 번째 모임을 가져라.

항상 다음 단계에 오르도록 당신이 훈련시키는 사람이 있어야 한다. 그러한 방법으로 당신은 성공패턴을 만들 수 있으며 당신의 스타일을 만들게 된다. 그리고 그 모든 것을 진실과 열정을 갖고 해야 한다. 이 모임을 이용하여 당신은 첫 단계 사람들을 리더로 만들어야 하고 그 사람들이 그룹을 만들도록 도와주어야 한다.

장기적인 목표를 세운다.

기록하지 않은 목표는 아무런 의미가 없다. 목표에 해당하는 사진을 구하라. 그리고 매일 볼 수 있는 위치에 붙여 두고 힘을 얻도록 하라.

약속을 지켜라.

사람들에게 하겠다고 말한 것은 반드시 실행하라. 이유를 대지 말라. 실패한 사람들 대부분은 자신이 말한 것을 지키기 위해 노력하지 않았다.

......

목표와 상반되거나 정신자세에 방해가 되는 말은 하지 말라.
 불평을 생각할 때 멈춰라. 목표를 이룰지 의심스러울 때 그 심정을 얘기 하지 말고 실패에 대한 말을 하지말라. 가장 좋은 자세를 지녀라.

훌륭한 대화를 할 수 있도록 하라.
 네트워크마케팅에 있어서 효율적인 대화는 결정적인 요소이다. 당신 그룹과의 대화방법을 발전시켜라. 시기적절한 전화, 뉴스레터, 개인적인 인터뷰, 정보의 전달, 자신에게 충실하게 되는 것, 다른 사람을 능력 있는 리더로 대우하는 것 등이 필요한 것이다.

성취하라.
 네트워크마케팅에서는 세 종류의 사람들을 볼 수 있다. 성취하는 사람, 성취되는 것을 바라보는 사람, '무슨 일인가?' 하고 두리번거리는 사람이 그들이다. 당신은 어느 부류에 속하는가? 사업에 대한 필요성을 인식하고 당신이 계획한 일을 정해 놓은 날짜에 성취할 수 있도록 도전 하라.

당신이 성공하느냐 아니냐를 결정하는 요인은 오직 당신뿐이다!
당신은 할 수 있다. 지금 당장 시작하라.

▶ **열두째 주**
열한 번째 사람을 후원하라.
 중요한 것은 지속성이다. 부자가 되는 최상의 방법은 당신의 노력을 증가시킬 수 있는 훌륭한 그룹을 갖는 것이다.

정기적인 주간 모임을 가져라.
　네트워크마케팅에서 성공한 많은 리더들은 그들의 성공을 매주 갖는 모임에서 이루었다. 그 모임은 당신 그룹의 기초이자 지주이다.

이번 주에는 제품의 샘플을 나누어 주어라.
　샘플을 주는 사람들에게 당신은 세상에서 가장 위대한 사업의 매니저로서 이 제품을 준다고 설명하라.

당신의 파트타임 사업을 연 50,000달러짜리 사업인 것처럼 대하라.
　당신이 세 명의 리더 명단을 계속 유지할 때, 연 50,000달러 수입은 쉽게 이루어진다. 그리고 또 다른 3개의 새로운 라인이 자격을 갖출 때마다 당신은 바빠지고 행복해지고 번영을 누릴 것이다.

이 계획을 복사하여 지니고 다녀라.
　사업 설명을 한 사람들에게 멀리 사는 예상 고객들에게 그리고 당신이 미처 방문하지 못했던 사람들에게 이 계획을 알려 주어라.

모임 캘린더를 작성하고 늘 한 달 앞서 계획한다.
　이러한 방법은 조직적으로 일할 수 있게 도와주며 당신의 다운라인은 업 라인 시간의 중요성을 더욱 잘 인식하게 될 것이다. 그리하여 모임은 더욱더 활성화되고 그 효과 또한 뛰어날 것이다.

황금 시간대인 7~11시를 활용하라.
　사람들이 편안함을 느끼는 시간에 접촉 하라. 늘 이 시간을 상기하도록 눈에 잘 띄는 곳에 붙여두어라.

리더십 레벨에 오른 리더들과 모임을 갖는다.
　모든 모임은 긍정적이어야 하지만 이 모임에서는 해결해야 할 일에 대해 이야기를 나누게 된다. 당신이 사업을 할 때, 느꼈던 고충이나 어려움을 토로하여 서로간의 아이디어를 공유하도록 하라. 이 모임을 건설적으로 이끌어라. 리더들의 회합은 강력한 지도력을 지닌 그룹으로 성장하는 모태가 된다.

여유 시간에 대한 개념을 이해하라.
　자투리 시간을 활용하라. 운전하는 시간에는 테이프를 듣고 점심을 먹으면서 면담을 할 수 있다. 또한 엘리베이터에 있는 시간, 줄을 서는 시간, 여러 가지 교통편으로 이동하는 시간에 사람들과 사업에 관한 대화를 나눌 수 있는 것이다.

▶ 열셋째 주

새로운 사람을 후원하라.
　자, 이제 당신은 12주에 12명을 후원했다! 당신의 그룹은 뿌리내리기를 통해 12명이 60명으로 성장하게 된다. 후원은 꾸준히 지속되고 이제 당신의 목표는 성공적인 회원을 만드는 일과 그룹 총매출의 증가이다. 회원들 중에 이러한 업적을 이루는 사람은 극히 소수일 수도 있다. 그렇다고 실망할 것은 없다. 왜냐하면, 장기적인 목표가 있기 때문이다
……

주간 모임을 주관하라.

네트워크마케팅에서 사람들은 인정받는 것으로 성취감을 느낀다. 그러므로 모임에서 당신이 도와준 사람들과 다음 레벨로 올라간 당신이 서로 인정을 해주고 인정을 받아야 한다. 당신은 이 프로그램이 성공적이라는 것을 입증했고 이제 가속도로 발전할 수 있는 길이 만들어진 것이다. 당신의 성취에는 끝이 없을 것이다.

당신의 첫 단계 리더 중에서 세 번째 사람을 위해 두 번째 모임을 가져라.

당신이 벌어들인 수입에서 적어도 500달러 내지 1,000달러 정도의 재고를 가질 때까지 사업에 재투자하라.(3개월 전에 당신은 이 수입 없이도 살아갈 수 있었으며 지금도 그렇게 할 수 있다) 이러한 재투자가 세계에서 가장 많은 이자를 주는 계좌임을 기억하라. 당신은 두 달 안에 재고를 현금으로 만들 수 있다.

당신이 어떻게 제품을 홍보했는지 회원이 잘 이해하도록 한다.
- 훌륭한 회원은 매달 50 ~ 100달러어치의 제품을 구입한다.
- 자연스럽게 이야기하면서 판매하는 것에 초점을 맞추어라.
- 모든 대화를 제품 소개의 기회로 삼도록 하라. 당신이 잘할 수 있는 모든 방법을 사용하라. 당신과 그룹 회원이 가정방문 또는 홈 파티를 잘할 수 있고 당신도 그렇게 하기를 원한다면 그렇게 해도 좋다. 이 때, 다른 리더들이 방법을 바꾸도록 요청해서는 안 된다. 모든 것은 복제가 가능해야 하는 것이다.

아직도 언젠가는 할 것이라고 생각하는가? 그 때는 가능한 목표를 세우기에 너무 늦다.

- 13주의 프로그램을 마치면서 당신은 당신 자신과 다른 사람을 위해 훌륭한 모범을 보여주었다.
- 꾸준히 지속하는 자세의 가치에 대해 배우고 가르친다.
- 당신이 성취하는 것을 나타낼 수 있는 조직 차트를 만든다.
- 당신의 그룹이 성취하는 것을 나타내는 조직 차트를 만든다.
- 당신의 그룹 매출이 어디에서 나오는지 늘 알고 있어야 한다. 왜냐하면 당신의 그룹이 당신의 매출을 좌우하지 않도록 해야 하기 때문이다.

5개 년 목표 마스터플랜

5년 안에 파트타임으로 네트워크마케팅 사업에서 성공할 수 있는 세 가지 열쇠가 있다. 결코 이것을 간과하지 말라. 모든 네트워커들의 목표는 재정적으로 자유롭게 되고 5년 안에 은퇴할 수 있는 자유를 갖는 것이다. 당신은 그렇게 할 수 있는가?

▶ **첫째 열쇠 : 당신 자신이 리더가 되라.**

여기 1년 안에 달성가능 한 목표를 추천하고자 한다.

- 정기적으로 제품을 구입할 30명의 고객을 확보하라. 물론 어떤 할당량이 주어지거나 달성해야 하는 최종기한이 있는 것은 아니다. 고객의 숫자가 많다고 이 사업에서 성공하는 것은 아니다. 어디까지나 제품의 이동이 있어야 한다. 이 정도의 고객을 확보

하면 매달 500달러 이상의 판매이익을 얻을 수 있을 것이다.
- 가능한 한 빨리 첫 단계 9명을 후원하라. 내 경험에 비추어 볼 때, 잘 후원 된 세 명 중에 한 명은 사업을 열심히 한다. 그리하여 그 '3명의 법칙'을 통해 그룹의 뿌리가 내리기 시작하는 것이다. 처음에 9명을 후원한 후에도 계속해서 후원을 하라. 당신이 모범을 보이면 리더들도 자신이 하는 일에 자신감을 갖게 된다.
- 자기 집 또는 사무실에서 정기적인 주간 모임을 갖는다. 이것은 자신을 위한 좋은 훈련 기회이자 그룹 사람들을 후원하고 동기를 부여하는 기회가 될 뿐만 아니라, 회원들이 자신의 예상고객을 데려오는 기회도 된다. 참석자의 숫자가 적다고 해서 절대로 모임을 취소해서는 안 된다. 그러면 당신의 사업을 망치게 된다.
- 첫 번째 리더십 레벨에 올랐을 때, 제품 확보는 물론이고 장려금 그리고 매출에 대한 기록을 해야 한다. 작은 규모일 때 사업에 관련된 사항을 잘 배워 큰 규모로 성장했을 때에도 활용할 수 있도록 해야 한다.
- 더 좋은 모임을 만들려는 노력을 계속한다.
- 이 책에 소개된 입증된 성공 원리들을 따르고 그룹 사람들에게 가르친다.

▶ 둘째 열쇠 : 리더가 되도록 도와라.

열정적인 사람을 찾아 다음 레벨로 올라가도록 돕는다.

- 열정적인 사람은 쉽게 알아볼 수 있다. 다른 회원이 자신 없어 한다면 시도해 보도록 격려해 주어야 하지만 강요하지는 말라. 당신이 모범을 보이면서 그대로 따라 하도록 하는 것이 가장 좋

은 방법이다.
- 당신의 방법에 기꺼이 따르는 사람과 가장 가깝게 일하라. 의욕적인 사람이 많지 않다면 마지못해 하는 회원을 억지로 끌고 가려 하지 말고 후원에 중점을 두도록 하라.
- 최선을 다하여 열심히 하는 사람들을 도와주어야 하지만, 그렇다고 그들의 일을 대신해 주는 것은 아니다. 다만, 어떻게 하는지 보여주고 말해준다.
- 인내심을 가져라.
- 회원의 집에서 혹은 열의를 가진 사람의 집에서 모임을 가져라. 그리고 그들이 직접 시도해 보도록 아이디어를 제시하고 몇 개월 동안 스스로 해보도록 하여 책임감을 느끼게 하라. 그들이 낙심했을 때에는 격려하라. 장기적인 안목으로 사업을 도와주고 한 달의 어려움이 그들의 의욕을 저하시키지 않도록 하라.
- 다른 회원들도 그들의 노력에 상응하는 도움을 주어라. 그리고 그룹의 평소 필요량을 충족시키기 위해 충분한 재고를 갖춰라. 정기적으로 주문하라.
- 그룹 모임이나 뉴스레터 같은 인쇄물을 사용하여 훈련을 하라.
- 단순한 회원으로 남기를 원하는 사람에게 사업을 강요하기 위해 시간을 낭비하지 말라.

▶ **셋째 열쇠 : 밑으로 밑으로 뿌리를 내려라.**
그룹의 뿌리내리기를 확실히 하라.

- 첫 단계 리더들에게 그들의 그룹이 어떻게 확장될 수 있는지를 가르쳐라. 리더가 없는 첫 단계 사람들도 배우는 단계에 있다고 생각하라. 그리고 '3명의 법칙'을 다시 한 번 적용하

라. 당신의 다운라인 중에서 열정을 가진 사람을 찾아 첫 단계 리더와 같이 생각하고 교육하라.
- 충분한 시간 동안 당신이 노력을 기울인 리더로부터 결과를 볼 수 없을 때에는 다른 첫 단계 그룹을 위해 당신의 시간을 투자하라. 사업 계획과 제품에 대해 설명하고 개인적인 리더십과 격려를 했다면, 당신은 필요한 모든 조치를 취한 것이다. 더 이상 레벨 업에 관심 없는 사람을 위해 시간을 낭비하지는 말라.
- 그룹이 더욱 커질 때, 선배 회원들은 자신의 역할을 올바르게 담당해야 한다. 되도록 협조를 잘 하는 사람들과 가까이 일하고 그들의 노력에 상응하는 도움을 주어야 한다. 그리고 새로운 아이디어, 특별모임 등에 관계되는 일들을 그들과 함께 의견을 나누어라. 그들의 그룹에서 말할 수 있는 기회를 만들어라.

▶ 넷째 열쇠 : 목표를 세워라.

▶ 다섯째 열쇠 : 발전 상황을 평가하라.

▶ 여섯째 열쇠 : 젠 루의 복제할 수 있는 훈련 시스템을 사용하라.

여기까지 오는 동안 당신은 목표를 세워야 한다는 것을 확신하게 되었을 것이다. 즉, 당신의 멋진 미래를 위해 목표를 세워야 하는 것이다. 남은 인생을 "그렇게 했더라면…"이라고 말하는 대신, "정말로 그렇게 하기를 잘했다"라고 말하면서 보내도록 하자.

오! 당신은 많은 일을 했다. 그러므로 이 책을 덮고 이 책의 제목을 다시 한 번 보도록 하자.

"네트워크마케팅의 너트 앤 볼트?"

"……?"

나는 '네트워크마케팅에서 평범하게 남기 위해' 혹은 '평균적인 네트워크 사업가가 되기 위해' 라고 제목을 붙이지 않았다.

지금까지 나는 내가 직접 경험한 사업요령을 당신에게 들려주었다. 나는 열심히 했고 백만장자가 되었다. 만약 당신도 그렇게 되고 싶다면 이제 팔을 걷어붙이자. 미래의 멋진 열매를 위해 지금 당장 일을 시작하라.

남은 생애를 이렇게 외치며 보내자.

"나는 정말 좋은 결정을 했다!!!"

▶ 5개년 계획

- 1년 차 :
- 2년 차 :
- 3년 차 :
- 4년 차 :
- 5년 차 :

SAMPLE

200.. 年   0..月 (월별)

여행한 곳:
전체 팀 후원자 수:
개인 팀 후원자 수:
전체 팀 매출액:
개인 매출액:
장려금:

연간종합

여행한 곳:
전체 팀 후원자 수:
개인 팀 후원자 수:
전체 팀 매출액:
개인 매출액:
장려금:

PART 04

네트워크 마케팅에서 많은 돈을 벌 수 있는 35가지 습관

자정의 습관

매일 밤 자정이 되면 나는 오늘의 모든 사건들을 떠나보내고
더 밝고 더 희망찬 내일을 향해 마음을 가다듬는다.

습관 1 : 당신이 가장 중요하게 생각하는 가치관을 발견한다.

당신 주위에 사람들이 몰려들도록 하려면 당신이 가장 중요하게 생각하는 가치관을 발견해야 한다. 우선 당신 자신이 가장 중요하게 생각하는 가치관 10가지를 뽑아내고 그 10가지를 3가지로 압축한다. 그 다음에는 가장 중요한 것을 찾아낸다.

왜 이렇게 해야 할까? 그것은 당신이 가장 소중하게 생각하는 가치관을 알게 되면 당신의 일과 생활 속에서 어떤 부분에 깊은 열정을 갖게 되는지 알 수 있기 때문이다.

예를 들어 당신이 가장 중요하게 생각하는 가치관이 자녀에게 있다면 당신의 마음과 행동, 그 밖의 모든 것들이 자녀를 향하고 있음을 발견하게 된다. 만약 현재 하고 있는 일이 당신의 중요한 가치관과 관련 없는 일이라면, 당신은 그 일 속에서 행복을 느끼지 못할 것이다.

다른 사람이 중요하게 생각하는 가치관을 살펴보라. 친구에게 무엇을 중요하게 생각하는지 물어보라. 그러면 당신과 많은 부분에서 흡사하다는 것을 발견하게 될 것이다. 다른 사람들과의 관계에 있어서 어려움을 겪을 때에는 그들의 중요한 가치가 무엇인가를 살펴보라. 아마도 동일한 가치를 나누고 있지 않다는 것을 발견하게 될 것이다.

네트워크마케팅에서 가장 중요한 습관은 사업 초기부터 업 라인의 가치관, 다운라인의 가치관 그리고 고객의 가치관을 알아보는 것이다.

사람들이 중요하게 생각하는 가치관이 무엇인지를 발견하는 것은 매우 중요한 습관이다. 그렇다면 다른 사람들의 가치관은 어떻게 알 수 있을까?

우선 다른 사람에게 관심을 가져야 한다. 바로 이것이 중심이 되는 습관이다. 충분한 관심을 기울이면 다른 사람의 가치관을 알아낼 수 있다.

사람들에게 이렇게 질문 하라.

"인간관계에 있어서 당신은 어떤 가치관을 갖고 계십니까?"

"당신이 가장 좋아하는 것은 무엇입니까?"

기억해야 할 것은 먼저 자기 자신이 가장 중요하게 생각하는 가치관을 찾고 난 다음, 다른 사람의 가치관을 찾아야 한다는 것이다.

그렇다면 가치관을 이해한 후에는 어떻게 되는가?

다른 사람의 가치관을 발견하게 되면

그들의 가치관에 맞는 제품과 기회를 제시할 수 있게 된다.

▶ **가치 평가 리스트**

다음의 가치 평가 리스트를 보고 당신이 가치를 부여하는 것이 무엇인지 찾아보라.

* 적극적인 사람　　* 욕구

* 한국사람　　　　* 약속

* 촛불　　　　　　* 간병인

* 의사　　　　　　* 간호사

* 아이들　　　　　* 꽃

* 취미　　　　　　* 좋은 이웃

* 친구	* 부모님
* 형제	* 좋은 옷
* 좋은 책	* 건강
* 휴일	* 깨끗한 환경
* 신뢰	* 용서
* 합리성	* 노래
* 성공	* 남편
* 리더	* 지도자
* 개인의 발전	* 근면
* 성실	* 여행
* 사랑	* 기념일

만약 여기에서 당신의 가장 중요한 가치를 찾지 못했다면 스스로 리스트를 만들어보라.

습관 2 : 전화를 이용하여 사업을 잘 하는 프로가 되어라

네트워크마케팅에서 전화를 이용하는 것은 매우 중요하다. 예상 고객이 전화를 걸어와 네트워크마케팅에 대해 좀 더 많은 정보를 얻고자 할 때, 당신은 하던 일을 중단하고 전화통화를 해야 한다.
 이러한 전화는 무엇보다 우선시되어야 하며 상대방의 질문에 친절하게 응답 해야한다.

▶ 네트워크마케팅에서 가장 중요한 도구는 전화이다

항상 전화한 사람의 전화번호를 받아 적는다. 그러면 전화가 도중에 끊어지더라도 다시 연결할 수 있다. (발신자 기능이 있으면 ok) 주소나 e 메일까지 받아 적는 다면 더욱 좋다.

- 사업을 위한 전화를 따로 설치한다.
- 의욕을 잃게 하는 전화는 가능한 한 빨리 끊어라.
- 의욕을 북돋워주는 전화를 해라. 파트너들에게 잘 했다는 칭찬 전화를 하고 감사하라. 그러면 그들의 의욕은 한층 더 상승하게 될 것이다!
- 자녀가 있다면 그들이 사업적인 전화를 받지 않도록 하는 것이 중요하다. 그들이 번호 하나를 잘못 적어서 혹은 정보를 잘못 알려주어서 나 같은 사람을 후원할 기회를 놓친다면 어떻게 될까?
- 전화대기 시스템을 갖추고 절대로 통화 중 신호가 나지 않도록 하라.
- 전화하겠다는 약속을 잊거나 예상고객에게 명함 주는 것을 잊었다면 미래의 성공자를 떠나 보낼 수도 있다.
- 예상고객에게 다시 전화를 하지 않으면 그들은 다른 사람에게 전화를 할 것이다. 당신이 다시 전화를 했을 때, 이미 다른 사람과 사업을 하고 있다면 당신은 매출을 잃고 아마 미래까지 잃을지도 모른다.
- 전화에 대한 기술을 익히고 팀원들에게도 가르쳐라.
- 외출시는 착신전환을 해라. 아니면 자동응답 전화기를 준비하여 외출 중에 온 메시지를 꼭 받도록 해야 한다.
- 자동응답 전화기에는 전문적인 응답메시지를 녹음한다. 너무 빨리 말하지 말고 또한 너무 많은 메시지를 넣지 않도록 한다. 명쾌한 목소리로 서두는 일 없이 차분하게 녹음한다.
- 목소리에 미소를 넣어라. 사람들에게 전화 받는 것을 기뻐하라.

전화기 옆에 거울을 두고 상대방과 말할 때 자신의 미소를 살펴보라.
- 전화로 대화할 때는 그들이 당신의 모습을 볼 수 없으므로 말로써 멋진 그림을 그려야 한다.(화상통화시는 멋진 말과 표정)
- 즉시 회신 전화를 한다. 최대 24시간이 넘지 않도록 하라.

▶ 전화의 프로가 되기 위한 지침
- 다른 사람과 통화 약속을 했다면 반드시 시간을 지켜 전화해라.
- 전화 목소리를 연습하라. 억양이 강하다면 부드럽게. 전국에 있는 사람들을 대하는데 있어서 억양이 사업에 방해가 되지 않도록 하라.

▶ 전화상으로 꼭 말해야 할 다섯 가지
- 일이 잘 되고 있다는 것.
- 당신이 지금 이룬 성공에 대해 이야기하는 것.
- 사업은 할 수록 더 쉬워진다는 것.
- 도움이 필요할 때는 언제든지 돕겠다는 것.
- 모임의 일정을 알리고 참석을 부탁하는 것.

이 모든 것을 진솔하게 그리고 열정적으로 말한다. 그렇다고 부담을 주거나 불편하게 해서는 안 되고 자연스러운 대화 과정속에 포함시켜야 한다.

습관 3 : 힘 있게 질문하고 귀 기울여 대답을 듣는다.

네트워크마케팅에서 성공하기 위한 비결 중의 하나는 고객과 예상고객에 대해 잘 아는 것이다. 왜냐하면 그들에 대해 보다 더 많이 알게 될 때, 그들의 필요사항을 직접 충족시켜 줄 수 있기 때문이다. 질문을 하고 듣고 그들이 원하는 것을 찾아내 그것을 충족시켜 주어라.

▶ 만족스러운 보상 플랜을 얻는 방법
- 많이 듣고 질문하여 정확한 정보를 얻어라.
- 자기계발과 세일즈 훈련기술에 대한 가장 최근의 정보를 물어 보라.
- 당신이 이해할 때까지 보상 플랜에 대해 계속 질문 하라. 그리고 가능한 한 빨리 다른 사람에게 그 정보를 가르쳐 주어라.

▶ 고객이 재 주문하도록 하는 방법
- 지속적인 관심을 가져라.
- 각 개인에 대한 고객카드를 만들어라.
- 정기적으로 체크 하라. 절대로 고객의 주문을 잊어서는 안 된다. 전화번호와 기록은 곧 당신의 사업과 연결된다. 그들을 관리하지 않으려면 다운라인에 그 정보를 주어라.
- 항상 감사의 메시지를 보내라.

습관 4 : '늘 해야 하는 것'의 목록을 만들어라

좋은 결과 위에 더 좋은 결과를 얻으려면 설명을 잘할 수 있도록 늘 준비되어 있어야 한다. 무엇을 해야 하는지 그 목록을 갖고 다니면서 말로 표현하고 실천하라.

- 이렇게 질문 하라.
  "제가 취급하는 제품에 대해 들어 보셨습니까?
  "몇 분만 이야기해도 되겠습니까?"
  "이 제품을 소개하는 것에 대해 생각해 본 적이 있나요?"
  "추가 수입을 올리는 것에 대해 생각해 보셨습니까?"
- 항상 준비를 하고 있어라.
- 사람들을 진실하게 대하라.
- 주의 깊게 경청하라.
- 열심히 배우는 사람이 되어라.
- 고객이 당신의 제품을 사용하기로 했다면, 이 사업에 대해 관심을 가지게될 것 이라고 말하라.

▶ 항상 갖고 다녀야 하는 것
- 필기하기 좋은 우수한 펜 두 개
- 제품이나 샘플
- 필요한 모든 서류- 카탈로그와 명함등
- 자신감

습관 5 : 최상의 능력을 발휘하여 멋진 결과를 얻어라

사실, 네트워크마케팅을 통해 정상에 오르려고 전력 질주를 하는 사람은 그리 많지 않다. 당신은 굉장히 많은 돈을 벌 수 있는 일에 흥미가 있는가? 제품에 대한 소개는 사람들에게 선물을 주는 것처럼 하라. 실제로 연습을 해보면 좋은 결과를 얻을 수 있을 것이다.

- 네트워크마케팅에서 오래 했다는 것은 그다지 의미가 없다. 중

요한 것은 일의 효율성이다.
- 가장 바람직한 자세는 이상적인 꿈과 아이디어와 열망을 실제로 작동시키는 것이다.
- 동기부여는 실행에 옮길 때, 커져 간다.
- 특별한 사람은 물질적인 보상이 확실치 않을 수도 있지만 모험적인 사업에 최상의 노력을 기울인다.
- 생산과 서비스로 성과를 올려야 돈을 버는 것이다.
- 성과를 얻을 때 안정성이 보장된다. 실제로 성과는 직업 안정의 유일한 형태이다.

습관 6 : 네트워크마케팅을 위해 필요한 물건들

이제, 사업 초기부터 백만장자가 될 때까지 사무실에 필요한 용품들의 목록을 적어 보겠다. 필요한 몇 가지에 투자 하라.

* 링 바인더(세 개의 링)
* 캘린더
* 시계
* 컴퓨터와 프린터
* 팩스
* 별도의 은행 계좌
* 제품 재고
* 스프링 노트
* 파일
* 휴대폰

* 커다란 쓰레기통
* 주소록
* 주소 스탬프
* 전화응답기
* 비즈니스 전화
* 제품 진열대
* 카탈로그와 주문서
* 파일 체계 시스템
* 책장
* 음료

이것이 백만장자의 사무실이다. 이것이면 충분하다! 물론 각자의 취미에 따라 약간의 장식을 하는 것도 무방하다.

습관 7 : 빠른 성공에 도움이 되는 것에 투자하라

가능한 한 빨리 다음을 준비하라.
- 철학을 가져라. 나의 철학은 '지속적이고 끊임없는 발전'이다.
- 사업에 대한 야망을 지녀라.
- 당신의 미래를 위해 의욕과 열정을 가지고 바쁘게 움직여라.
- 인생에 대해 흥분을 느껴라.
- 두려움 없는 동기를 부여하라.
- 변명은 그만두고 가서 행하라.
- 모든 수입의 10% 이상을 저축하라.
- 동기를 부여하는 테이프와 비디오, 책을 구입하라.
- 당신이 투자할 수 있는 최상의 투자는 마음의 양식이다.
- 미루지 말라.
- 세미나에 참석하라.
- 성공하겠다는 의지를 다져라.
- 전문가의 도움을 받아라.
- 하루를 시작하며 새로운 하루에 감사하라.
- 쓸데없는 자만심을 쓸어버려라.
- 다른 사람들이 원하는 것을 도와주어라, 그러면 당신이 얻고자 하는 것을 빨리 얻을 수 있다.

......

......

습관 8 : 성공에 장애가 되는 모든 것을 치워 버려라

여기에 굉장한 두 가지의 비밀이 있다.

첫째, 집과 차 핸드백에 어지럽게 널려 있는 것을 모두 정리하고 쓸모없는 것은 과감히 갖다 버려라. 쓰레기봉투를 준비해서 모든 잡동사니를 버리는 것이다.

둘째, 커다란 다이어리를 버려라. 반드시 필요한 것만 적어놓을 수 있을 정도면 충분하다. 다이어리에 내용을 채우느라 시간을 낭비해서는 안 된다. 적어도 사용하지 않는 페이지는 빼어내라.

습관 9 : 성공에 추진력을 붙여주는 선택을 하라

이제는 선택을 할 시간이다. 성공하겠다는 마음을 다졌다면 다음 사항에 주의를 기울여라.

▶ 선택해야 할 것
- 불행하다는 생각을 버리고 행복하다는 생각을 가져라.
- 당신의 앞길을 열어 주고 인도할 사람들과 함께 하라.
- 성공한 사람들을 복제하라.
- 감정을 조절하라.
- 혀를 조심하라.
- 하든지 안 하든지 확실하게 결정해라. 그냥 해보는 것은 없다.
- 당신이 원하는 것에 마음을 집중하라. 원하지 않는 것은 멀리 하라.
- 오늘 큰 꿈을 가져라.

- 내일은 더 큰 꿈을 키워라.
- 매일 더 좋아져라.
- 배워라.
- 어려움을 극복하기보다 해결방법을 찾아라.

▶ 멋진 인생
- 더 나은 선택을 하는 것.
- 당신이 선택할 수 있는 모든 것들을 찾아보자.
- 멋진 생활을 할 수 있는 선택을 하자.
- 자유롭게 선택할 수 있는 라이프스타일을 갖는 것은 커다란 의미가 있다.
- 이번 주에 매일 두 가지 새로운 선택을 하자.

습관 10 : 행동을 취하라. 행동은 곧 생산성이다

자, 이제 실천할 때다. 지금 당장 행동하라.
- 행동을 취하고 성공자의 모습을 보여라.
- 커다란 일을 이루어놓은 성공자처럼 행동하라.
- 실패할 가능성이 없는 것처럼 행동하라.
- 잘 조직된 성공자처럼 행동하라.
- 꿈을 이루기 위해 빠르게 움직여라.
- 조심스러움은 종종 성공의 가장 커다란 적이다.
- 당신이 열정적이라면 그 열정을 세 배로 키워라. 그리고 기하학적으로 성장하는 그 결과를 만끽하라.
- 때론 결정을 미루는 것이 결정일 수가 있다.

- 새로운 정보에는 행동이 따라야 한다.
- 스스로 모범을 보이고 사람들을 격려하라.

▶ 당신의 다운라인이…
- 뉴스레터를 쓰고자 한다면 ==〉 당신이 먼저 뉴스레터를 써야 한다.
- 후원하기를 원하면 ==〉 당신이 먼저 후원을 해야 한다.
- 판매하기를 원하면 ==〉 당신이 먼저 판매를 해야 한다.
- 그룹 사람들에게 리더십을 강조하고자 한다면 ==〉 당신이 먼저 리더십을 보여야 한다.

▶ 오늘 당신이 취해야 할 행동
- 커다란 그룹을 만들기 위해 노력한다.
- 이 사업이 다른 사업보다 좋은 점에 대해 목록을 작성한다. 그리고 그러한 점에 대해 다른 사람들에게 말하기 시작한다.
- 자신의 장벽을 없애고 새로운 방법으로 사업을 시작한다.
- 평생을 위한 결정을 한다.
- 더욱더 열심히 노력한다.
- 자신에게 더 많은 것을 요구한다.
- 재능을 가진 사람들에게 주의를 끌 수 있는 그룹과 함께 일한다.
- 삶을 더 흥미 있고 생산적으로 만들 때, 더 많이 베풀 수 있다.
- 감동적이고 생산적인 삶을 만든다.

▶ 실천이 있어야 꿈이 이루어진다.
- 능력 있는 사람들은 아이디어와 이상적인 일, 열정을 실제 생활에 적용한다.

- 강한 성취욕을 가진다.
- 무엇보다 중요한 것은 '지금 시작해야 한다'는 것이다.

습관 11 : 성공을 위하여 주변을 정리하라

부를 누리고자 하는 사람들을 위한 값진 조언
- 중요한 전화는 스프링 노트에 잘 정리해 놓는다. 작은 쪽지들로 온 책상 위를 어지럽힐 필요는 없다.

▶ 다음을 정리하라
- 자동차
- 핸드백
- 서류 가방
- 지갑
- 집
- 사무실
- 서랍
- 종이 폴더와 파일 페이퍼
- 쌓아 놓은 잡동사니들
- 설명회를 위해 필요한 목록
- 전화기 옆에는 항상 펜과 노트를 준비한다.
- 항상 제품과 필요한 것들이 어디에 있는지 알고 있도록 한다.

……

……

습관 12 : 부의 창조

▶ **부의 창조를 위한 행동**
- 벌어들인 돈의 일부를 저축하라.
- 정해진 길을 곧장 가는 사람이 앞서갈 수 있다.
- 카네기는 수십 명의 백만장자를 만들었다. 빌게이츠는 수 백 명을 만들었다. 사람들을 도와 부자를 많이 만들수록, 당신은 더 부자가 될 것이다.
- 부를 이룬 사람에게 배워라. 배우고 또 배워라.
- 기적에 놀라는 대신 기적을 믿어라. 당신을 돌보고 있는 천사가 있다는 것을 느껴라.
- 크게 생각하고 커다란 성취를 이룬 사람들의 공통점은 자신과 파트너들에 대해 커다란 희망을 갖는다는 것이다.
- 장기적인 안목으로 네트워크마케팅을 하라. 하룻밤에 벼락부자가 되는 것이 아니다.
- 초기판매에 초점을 맞추어라. 그리고 후원을 하고 훈련을 하여 다른 사람이 당신을 복제할 수 있도록 하라. 몇 명의 사람들로 시작하여 훈련을 계속하고 그들의 성공적인 그룹이 후원을 하고 또 후원을 하도록 하라.
- 새롭고 더 좋은 방법을 찾아 열심히 노력하여 부와 성공을 창조하라.
- 빠르게 성장하도록 현명하게 일하라.
- 부의 창조는 단순히 부를 소유하는 것보다 더 흥미롭고 만족을 준다.
- 당신의 생각을 명확히 하라. 당신이 벌고 있고 또한 앞으로 벌어들일 돈으로 무엇을 할 것인가 생각하라.

- 불가능해 보이는 활동을 하라.
- 어제보다 더 큰 꿈을 가져라.
- 커다란 사업을 소유한 자신을 그려보라. 지금 커다란 사업을 소유한 사람들도 처음에는 아주 적은 규모였음을 기억하라.
- 당신이 목표를 향해 나아갈 때 가속도를 붙게 하는 인간관계를 맺어라.
- 매분, 매시간, 매일, 매달 그리고 매년의 시간을 지혜롭게 사용하라. 멋진 미래를 제공해 줄 것이다.
- 명확한 계획을 세우고 매일 그것을 추구하라.
- 경제적인 자립은 결코 우연히 얻어지는 것이 아니다.
- 부자가 되기 위해서는 부자처럼 생각하라.
- 일의 효율성을 높여라.

▶ 부를 창조하기 위한 설득력 있는 가르침
- 저축하지 않으면 당신은 경제적으로 자립할 수 없다.
- 약속을 지키고 정직하게 부를 축적하라.
- 당신의 사업에 대해 철저히 학습하라.
- 조직적으로 일하고 근면 하라.
- 훌륭한 자세를 갖추고 자신의 일에 확신을 가져라.
- 훈련을 받고 제시된 방향을 따르라.
- 위험 부담을 감수하며 일하는 능력도 필요하다.
- 사업에서 최고가 되도록 노력하라.
- 보상 플랜이 주는 모든 보상을 받아라.
- 좋은 결과를 얻은 업 라인을 복제하라.
- 네트워크마케팅을 하는 근본적인 이유는 돈이 가져다주는 멋진 라이프스타일 때문이다.

- 갈망하지 않으면 아무 것도 얻을 수 없다.
- 재무 관리자나 회계사에게 언제 어떻게 투자해야 하는지 조언을 구하라.
- 원하는 것을 스스로에게 말하고 성공이 어떤 것인지 마음속에 그림을 그려 그것을 느껴보라.
- 재정적인 목표를 성취했을 때, 당신의 생활에 대한 보물지도를 만들어라.

"사람이 할 수 있는 일 중에서 숭고한 것은 사람들에게 그늘을 제공해주는 거대한 나무가 자라도록 하나의 씨앗을 심는 것이다. 이 세상에 공헌을 하라. 그것이야말로 진정한 부의 창조이다. 원하는 것을 얻도록 도와준 사람들로부터 편지나 e 메일을 받는 것은 돈으로 살 수 있는 일이 아니다."

습관 13 : 기여함으로써 얻는 것

목표를 달성하기 위한 최상의 길은 다른 사람에게 기여하는 것이다. 더 많이 베풀수록 더 많이 얻게 되는 것이다.

- 도움을 주는 사람에게 감사하라.
- 당신의 아이들과 모든 아이들의 마음을 밝혀 주어라.
- 세상의 모든 지식을 가졌다 할지라도 사용하지 않고 또한 잘못 사용한다면 아무런 의미가 없다.
- 다른 사람의 복리를 우선시하라.
- 사람들이 성공하려고 결심했을 때, 그들의 얼굴에는 희망, 목소리에는 음악, 영혼에는 감성, 걸음걸이에는 용기 그리고 눈에서

는 빛을 찾을 수 있다.
- 다른 사람을 위해 행동하라. 친절을 베풀든 그 무엇을 주던 그러나 그것이 다시 나에게 돌아올 것을 기대하지는 말라.
- 10대들과 시간을 함께하고 격려하라. 그리고 그들의 세상에 어떤 일이 일어나고 있는지 이해하라.
- 진심에서 우러나는 칭찬을 하라. 당신의 칭찬이 누군가의 인생에 전환점이 될 수 있다는 것을 기억하라. 반대로 혹평과 비방은 당신을 어리석게 만든다.
- 다른 사람에게 격려의 전화를 하라. 당신의 전화를 기대하지 않았던 사람에게 정성스런 말 한 마디는 보약이 될 수 있다.
- 사람들을 인정하라. 사람들은 인정받기를 원하고 있다.
- 한때의 증오를 사랑으로 대하라.
- 사람들에게 당신의 기대를 말하라. 그리고 그들의 기대가 무엇인지 물어보라. 다른 사람을 수용하라.
- 그룹의 성공에 기여하는 새로운 정보를 얻기 위해 노력하라. 당신이 대가를 지불할 때, 더욱더 값지고 의미 있는 것을 얻을 수 있다.
- 받는 것보다 주는 것이 더 좋은 일이다. 주는 자가 되어라.

▶ **다음과 같이 도와라**

좋은 선택을 하도록 도와줘라. 당신은 치료사가 되기 위해 훈련을 받는 것이 아니다. 다른 사람들이 필요로 할 때 도움을 주어라. 이때, 그들이 단순한 정보를 원하는 것인지 진실로 도움 받기를 원하는지 주의를 기울여라. 사람들이 원하는 것을 갖도록 도와줄 때, 그들은 오랫동안 당신을 기억할 것이며 또한 다른 사람들을 소개해 줄 것이다.

▶ 기여를 통해 당신은 더 많은 것을 얻는다.

당신의 가치를 재는 기본적인 척도는 세상을 더 좋은 곳으로 만드는 당신의 기여도에 의해 정해진다. 당신이 베풀 때, 보답을 기대하지 말고 베풀어라.

습관 14 : 변화에 대비하라

성공을 위한 효과적인 방법은 변화하는 것이다. 그렇게 할 때 당신은 백만장자의 자질을 갖췄다고 할 수 있다.

- 변화는 어렵지만 필요하다. 그리고 변화의 가치는 발전과 성장을 가져오는 것이다.
- 변화를 기대하라.
- 자신을 바꾸도록 노력하라.
- 생활이 행복하지 않을 때, 자신의 환경을 바꾸는 것은 당신에게 달려 있다.
- 부러지지 않는다면 구부려라. 변화는 필연적인 것이므로 어떻게 변화할 것인가를 생각하라.
- 하는 것에 결과가 없다면 그만 두고 변화를 꾀하라.
- 변화를 요하는 요소를 찾아내라.
- 변하지 않는 것은 아무 것도 없다.
- 백만장자가 된 사람들은 변화하는 힘을 배워야 했고, 커다란 실패를 받아들여야 했다.
- 변화를 딛고 성공하라.
- 변화시킬 수 없는 것은 그냥 나두어라

- 오늘 당신의 주변에서 일어나는 일은 머지않아 바뀔 것이다. 먼저 변화하라!
- 오직 자신만을 변화시키고 발전시켜라.
- 스스로 변화하라. 당신이 그렇게 하지 않으면 누군가가 또는 어떤 것이 그렇게 만들 것이다.

습관 15 : 재미있게 하라

당신은 다음과 같은 실수를 반복하는가?
- 하루 종일 일에 매달리기 때문에 가족들과 함께 보낼 여력이 없다.
- 종일토록 염려한 나머지 자신을 위한 에너지가 남아 있지 않다.
- 값을 지불해야 하므로 돈 쓰기를 원하지 않는다.
- 심각한 것은 떨쳐버리고 즐거운 마음을 갖자. 삶을 즐기자.

▶ 즐겁게 지낼 수 있는 요령
- 행복한 삶의 비결은 당신이 좋아하는 것을 하는 것이 아니라 당신이 하는 일을 좋아하는 것이다.
- 자신을 자랑스럽게 생각하라.
- 하는 일에서 즐거움을 느껴라.
- 사랑과 웃음이 넘치는 생활을 찾아 그렇게 살아라.
- 불필요한 자존심을 버려라.
- 행복은 타고난 권리이다.
- 기쁜 마음으로 세운 목표는 기쁜 결과를 가져온다.
- 매일 감사하는 자세를 갖자.

- 행복을 원한다면 행복한 생각을 하자.
- 운동선수가 승리에 대한 기쁨을 만끽하는 것은 관중이 느끼는 것보다 훨씬 더 크다.
- 웃자. 웃음은 영혼의 음악이다.
- 한 해를 기쁨으로 넘치게 하자.
- 하루 하루를 정월 초하루처럼 살자. 1년에 한 번 새해를 시작해 야만 하는가? 매일 시작할 수 있다.
- 당신의 생일을 잊자. 그 대신 생일이 들어 있는 한 달 동안 매일 축하 하자.
- 놀 때는 즐겁게. 그것이 영원한 젊음의 비결이다.

습관 16 : 제품을 팔아라.

　제품을 많이 팔려면 어떻게 해야 할까? 우선 제품에 대해 잘 알아야 한다. 그래서 제품설명을 할 때, 모든 사람들이 제품을 사고 싶도록 만들어야 한다. 제품을 사고 싶을 때, 그들은 당신과 함께 사업을 하고 싶어 할 것이다. 최고를 팔아라.

- 열정과 진실함을 보여라.
- 제품을 사용한 경험들을 기록하고 정리하라.
- 자신만의 설명요령을 만들어 쉽게 하라.
- 사람들이 살 필요가 있음을 인정하도록 만들어라.
- 바인더에 자신의 수입 복사본, 업 라인의 수입 복사본, 당신의 제품을 사용하는 사람들, 업 라인과의 사진, 컨벤션 사진, 여행과 랠리에 관한 사진 등을 정리하여 갖고 다녀라.

- 당신이 하는 일을 자랑스럽게 여기고 그렇게 행동하라.
- 판매의 기본에 충실해라. 제품의 효용성을 팔라.
- 다른 사람들이 어떻게 제품을 사용하고 있는지 이야기하고, 결과에 만족하고 있다는 사실을 말하라.

습관 17 : 긍정적인 자세를 갖춰라

- 당신의 스폰서를 인정하라.
- 당신의 스폰서나 업 라인을 절대로 비판하지 말라.
  만약 당신이 필요로 하는 것을 제공해 주지 않는다면 다른 곳에서 찾아라.
- 불친절한 어떤 말도 할 필요가 없다.
- 다른 사람이 좋은 결과를 얻지 못하더라도 그들을 비판하지 말고 자신의 사업에 몰두하도록 하라.
- 나쁜 소식은 혼자만 알고 있어라. 모임에서 말할 필요는 없다.
- 완전한 사람은 아무도 없다.
- 누구도 다른 사람의 삶에 어떤 일이 일어날지 모른다.
- 누가 어떤 어려움을 겪을지 알 수 없다.
- 결과를 중시하여 검토하라.
- 당신이 받아들이지 않는 한, 그 누구도 당신에게 상처를 줄 수 없다.

단호해라.
이제 당신을 다음의 성숙단계로 이끌어갈 시간이다.

·····

습관 18 : 성공하겠다고 결심하라

어떻게 결심해야 할까? 우표를 생각해 보자. 우표는 목적지에 갈 때까지 편지봉투에 착 붙어 있어야 한다. 당신도 우표처럼 목적지에 갈 때까지 자신의 목적을 잊지 말라.

- 아무도 막을 수 없는 사람은 스스로 멈추지 않는다.
- 즐기기 전에 사업이 우선이다.
- 자제력을 발휘하는 노력은 몇 배의 보상을 받는다.
- 후원하라.
- 당신이 파트너들에게 관심을 갖고 있으며 그들이 계속 해서 사업을 잘 하기 바란다는 메세지를 전달하라.
- 판매 원리의 90%를 따르라. 다른 사람들에게 좋은 결과를 가져왔고 긍정적으로 입증된 길을 따라 사업을 하라. 당신의 시간과 에너지의 90%를 이러한 방법으로 집중할 때 성공은 확실해진다. 나머지 10%는 다른 아이디어를 탐구하는데 이용하라.
- 기다리는 자에게 기회는 오지 않는다. 기회는 용기를 가지고 준비하는 사람만이 획득할 수 있다.
- 다른 사람을 위해서가 아니라 자신을 위해 더 열심히 일하라.
- 성취욕을 높여라.
- 탁월하다는 것은 최상보다 더 좋다는 뜻이다. 당신은 그렇게 할 수 있다.
- 인생의 조종사가 되어라.

▶ 성공 자가 되기 위한 기본자세
- 성취를 위한 굳은 목적.

- 자신이 훌륭한 후원자라는 믿음.
- 자신이 훌륭한 판매자라는 믿음.
- 자신 그리고 함께 하는 주위 사람에 대한 높은 기대.
- 꿈이 성취된다는 기대감.
- 삶을 이끌어갈 용기.
- 미래의 목표를 위해 자신에게 도전하는 용기.
- 어려움이 있더라도 포기하지 않는 의지.

▶ 만약 당신이 이렇게 한다면…
- 매일 사업을 점검할 때 ==〉 발전 과정을 볼 수 있을 것이다.
- 간절히 원할 때 ==〉 결코 포기하지 않는다.
- 매일 열심히 일할 때 ==〉 원하던 것이 이루어진다.
- 네트워크마케팅에서 성공하는 자는 ==〉 시작을 크게 하는 사람이 아니라 의욕과 용기를 가지고 목표를 성취할 때까지 끈기 있게 노력하는 사람이다.
- 결의와 강한 의지로 행동할 때 ==〉 인생에서 성공할 것이다. 의지력은 결의와 마음의 강인함을 표현할 때 오는 힘이다.

습관 19 : 모든 다운라인과 함께 일하라

　나는 다운라인의 모든 사람들이 그들의 임무를 수행할 수 있는지 여부에 상관없이 도움을 주었다. 만약 어떤 다운라인이 그만둔다면, 그 다음 사람이 당신과 일하게 될 것이다. 당신은 이미 오래 전부터 그들과 함께 일을 해왔고 인간관계가 잘 형성되어 있다면, 그러한 변화는 자연스럽게 진행될 수 있다.

- 그들이 당신의 첫 단계가 아니더라도 첫 단계처럼 함께 일해라. 그들이 의욕적이고 당신과 호흡이 잘 맞는다면 더 가깝게 일하는 것이 좋다. 그리고 가끔 그들의 그룹모임에서 말할 수 있는 기회를 가져라.

- 자신의 다운라인을 강화하지 못하는 사람이 있을 때, 그룹에 리더가 될 수 있는 사람을 찾아 일을 도와주도록 하라. 즉, 당신의 리더십을 발휘하여 도움을 주는 것이다.

습관 20 : 리더십을 갖춘다.

이 책에 네트워크마케팅의 리더십에 관해 따로 이야기한 부분이 있다.

습관 21 : 당신에게 해를 끼친 모든 사람을 용서한다.

늘 불평불만에 휩싸여 있는 사람들을 알고 있는가? 그들은 관계개선을 위해 조금도 노력하지 않는다. 그런 사람들의 영향을 받지 않도록 주의하라. 그러면 더욱더 행복한 사람이 될 것이다.

만약 당신에게 그런 면이 있다면? 사람들을 변화시키려 노력하지 말라.

당신 자신의 훌륭한 삶의 빌딩을 지어 나가라. 어려움이 있을 때는 그대로 두어라. 시간이 지나면 종종 별다른 노력 없이 그 관계가 좋아지는 경우도 있다. 모든 사람들을 기쁘게 하려는 노력은 우리를 지치게 만든다. 그런 시도는 하지 말라.

- 당신에게 해를 끼친 사람을 용서하라. 그리고 당신의 길을 가라.
- 자기 자신을 용서하라. 과거의 일로 당신 자신을 괴롭히지 말라.
- 친구를 실망시켰다면 용서를 구하고 좋은 관계를 만들어라. 만약 그들이 용서하지 않는다면 이제 그것은 그들의 문제이다.
- 용서할 수 없다면 당신은 믿을 수 없을 만큼, 많은 에너지를 화내는데 소모하게 된다. 그리하여 어떤 방향제시도 못하고 삶의 어려움을 맞게 된다.
- 네트워크마케팅을 통해 여러 종류의 사람들이 당신의 삶에 참여하게 될 것이다. 그들을 가치 있는 스승으로 보라. 그리하여 그들로 하여금 당신의 삶을 더 나은 방향으로 만들도록 하라.
- 좋은 것만 기억하고 나쁜 것은 잊어 버려라.

습관 22 : 이렇게 되어라

- 다른 사람에게 빛을 주는 불꽃이 되어라.
- 크게 생각하고 크게 성취하고 대단한 용기를 가진 사람이 되어라.
- 가능한 한 많은 성공스토리를 모아라. 그 스토리를 파일로 만들어 당신이 이야기하고 설명할 때 사용하라.
- 늘 배우는 자세를 갖춰라.
- 훌륭한 생각과 훌륭한 계획을 갖고 훌륭한 행동을 하라.
- 개척자가 되어라. 그러면 어떠한 장애물이 나타날지라도 능히 헤쳐 나갈 것이다.
- 성격을 개선하라.
- 당신 자신이 걸어 다니는 광고판이 되어라.
- 열망과 용기를 갖고 자기계발을 위해 항상 '네' 라고 답하라.

- 뛰어난 리더가 되어라
- 뛰어난 파트너가 되어라.
- 뛰어난 후원자가 되어라.
- 뛰어난 판매원이 되어라.
- 재미있는 사람이 되어라.
- 항상 고객 가까이에 있어라.
- 항상 그룹 가까이에 있어라.
- 가족에게 말할 때, 사랑을 담아 전달하라.
- 누구의 가르침을 받을 것인지 신중하게 선택하라.
- 복제할 수 있도록 하라.
- 당신의 제품에 대해 자부심을 가져라.
- 다른 사람을 칭찬하는 마음을 가져라.
- 사는 집에 감사하라.
- 희망을 가져라.
- 애정을 가져라.
- 문제의 일부분이 되지 말고 해결하는 일부분이 되어라.
- 최선을 다하고 최고가 되고 최상의 것을 소유하라.
- 자기 자신의 최고 고객이 되어라.
- 자신을 인정하라. 당신은 생각보다 더 훌륭하다.

▶ 어떤 사람이 되어야 할까?

- 개인의 발전과 성장을 위해 노력하는 사람이 되어라.
- 더 나은 방법에 개방적이고 배우려는 사람이 되어라.
- 성공자의 승리를 함께 기뻐하라. 그들은 그만큼 노력한 것이다.
- 근면 하라. 근면은 주어지는 것이 아니고 만드는 것이다.
- 앞서 성공한 사람들의 말에 관심을 기울여라.

- 더 많이 인정해 주어라.
- 굽히지 말고 지속하라.
- 사업에 헌신하라. 성공은 보장된다.
- 당신 자신을 발전시키기 위해 할 수 있고 또한 해야만 하는 것들에 대해 모범을 보여라.
- 완전하지 않을 지라도 자신이 할 수 있는 것에 초점을 맞춰라. 그러면 결과에 놀랄 것이다.
- 다른 사람의 기준이 아닌, 당신 자신의 최상이 되어라.

▶ 기꺼이 이렇게 하라
- 당신의 낡은 습관을 깨버려라.
- 기꺼이 배움에 투자하라.
- 성공하는 그룹을 위해 노력하라. 그들에겐 당신의 리더십이 필요하다.
- 합리적이고 입증된 방법을 따르라.
- 지난 일을 잊고 놀라운 미래에 탑승하라.
- 사업은 매일 꾸준히 하라. 어쩌다 하는 것이 아니다.
- 남들의 비판을 무시하라. 그들은 당신에 대해서 말하는 것이 아니고 자기 자신에 대해 말하고 있는 것이다.
- 스스로 참여하고 노력함으로써 사업을 배워라.
- 가정생활에서 사업에 대한 여유를 가져라.
- 정보에 대한 관심보다 지식을 얻기 위해 더 노력하라.
- 성공에 대한 값을 지불하라.
- 판매에 필요한 자료를 구입하라.

......

......

습관 23 : 경청하는 사람이 되라

사람들로 하여금 이야기를 하게하고 경험을 나누게 하려면 잘 들어야 한다. 그러면 생각보다 많은 판매를 하게 되고 많은 친구와 유익함을 얻게 된다. 상대방에게 듣기를 강요 한다면 당신은 실패하고 말것이다. "경청 하라".

- 잘 듣고 이야기하라. 그렇지 않으면 뜻하지 않던 어려운 상황이 올 수도 있다.
- 사람들이 말하는 것에 관심을 기울이고 도중에 말을 막지 말라.
- 알코올 중독자의 대화 주제는 거의 알코올에 관한 것이다. 대화를 어떻게 만들어 가느냐 하는 것에 주의를 기울여라.
- 전문가의 말을 경청할 때에는 배운 것을 어떻게 활용할 것인지 열심히 연구하라.
- 집중하여 경청한다면 빨리 이해할 수 있다.
- 동기를 부여해 주는 연사의 말을 귀담아 들어라.
- 즉시 대응하지 말고 끝까지 들어라. 그리고 표현하지 않은 것도 함께 이해할 수 있도록 생각하라.
- 다음에 말하려는 것을 미리 생각하지 말고 잘 들어라.
- 실패자는 말을 많이 하고 전혀 듣지 않는다.
- 듣는 것을 이해하지 못하여 친구를 잃는다.
- 다른 무엇보다 듣지 않기 때문에 판매에 많은 손해를 본다.
- 신은 두 개의 귀와 한 개의 입을 주셨다. 많이 들어야 할까? 아니면 많이 말해야 할까?

……

……

습관 24 : 자신을 돌보아라.

부를 즐기려면 자기 자신을 잘 관리하라. 자기 자신의 건강과 행복이 다른 것 보다 우선시되어야 하는 것이다.

- 손 발톱을 손질하고 영양제를 발라라.
- 휴식을 취하라.
- 가장 좋아하는 취미 활동을 하라.
- 체중을 조절하라.
- 매일 아침 세 번씩 "나는 행복하다. 나는 컨디션이 최고다. 아주 좋은 날이 될것이다"라고 말하라.
- 자신을 위해 돈을 투자하라.
- 휴가를 가져라.
- 최신의 안경을 쓰되 내려쓰지 말라.
- 긍정적인 생각을 가져라.
- 시대에 맞는 의상을 입어라.
- 의상에 맞는 신발과 깨끗한 신발을 신어라.
- 값싼 향수를 사용하지 말라.

습관 25 : 시간을 지켜라

늦는 것보다 더 상대에게 모욕을 주는 일은 없다. 늦는 것과 늦게 시작하는 것, 늦게 끝내는 것은 실례를 범하는 것이다. 늦는 것이 사람들에게 어떤 인상을 주는지 생각해 보자.

- 최소한 모임 시간 10분전에 도착하라.
- 모임을 정시에 시작하지 않는 사람들은 당신의 값진 시간을 낭비하는 것이다. 당신은 당신의 가치를 인정받고 있는가?
- 지키지 않은 시간에는 변명만이 있을 뿐이고 지킨 시간에는 합리성이 있다.
- 모임이나 약속에 늦을 때에는 미리 전화를 해라.
- 시간을 낭비하지 말라.

습관 26 : 열정을 가져라

이제 당신이 열정을 얼마나 지니고 있는지 생각해 볼 시간이다.

- 열정은 사람의 얼굴을 빛나게 한다.
- 당신은 의미 있는 목표를 위해 열정을 불태워야 한다.
- 용기와 열정을 발산하라.
- 자녀에게 한 가지를 줘야 한다면, 열정을 주어라.
- 많은 사람들이 스스로 동기부여와 열정을 가지고 열심히 일을 하며 성공을 원하고 있지만, 이들 모두가 성공하는 것은 아니다. 그 이유는 그들이 성공을 위해 바쁜 것이 아니라 바쁘기 위해 바쁘기 때문이다. 그들은 비행기나 보트, 자동차의 엔진처럼 회전하지만 방향감각이 없기 때문이다.
- 최상의 열정을 발휘하라. 당신은 그렇게 할 수 있다.
- 인생은 단 한 번이다. 최고의 인생으로 만들어라.
- 인생은 어제도 내일도 아닌 바로 오늘에 충실하는 것이다.

- 미온적인 열정은 최고의 것을 가져다주지 않는다.
- 무엇을 원하는지, 어떻게 얻을 수 있는지를 아는 사람들은 열정을 지니게 된다. 그것을 느껴본 적이 있는가?
- 삶에 열정의 불을 붙여라. 에너지를 재충전하고 목적을 다시 정리하라.

습관 27 : 성공한 사람들을 주의 깊게 관찰하라

당신의 사업은 성공한 사람들을 복제함으로써 발전한다. 주의해야 할 것은 그들의 외모를 복제하는 것이 아니라, 방법을 복제해야 한다는 점이다.

- 강한 믿음은 모든 성공의 기초가 된다.
- 순수한 마음은 큰 성공을 이루는 하나의 비결이다. 정직하고 진실되게 일해라.
- 행동을 통해 성공적인 면모를 보여라.
- 자신에게 "사업의 발전을 위해 그리고 더 큰 성공을 위해 나는 무엇을 할 수 있는가?"라고 질문 하라.
- 성공한 사람의 예를 따르라.
- 네트워크마케팅에서 정상에 오른 사람들은 당신이 성공의 지름길을 찾는데 도움을 주고, 당신의 다운라인이 열정을 갖도록 해준다.
- 성공의 방향으로 노력을 기울일 때, 성공은 그리 멀지 않다.
- 사람들은 성공을 거둔 사람에게 더 많은 관심을 보인다.
- 성공을 갈망하지 않을 때, 성공을 위해 기꺼이 노력하지 않을

때, 포기할 때 실패하게 된다.
- 성공을 선택한 사람들은 성공적인 세일즈 기법을 연구하고 그것을 자신의 일부분이 되도록 만든다.
- 네트워크마케팅의 핵심 부분에 당신의 모든 능력과 기술을 효과적으로 집중시킬 때 성공이 찾아온다.
- 성공은 암벽 등반이다. 코치가 말하는 정확한 곳에 손과 발을 놓을 때, 정상에 오를 수 있다.
- 성공자는 보통 사람보다 더 많은 어려움을 딛고 일어선 것이다. 그렇기 때문에 그들은 한층 더 큰 즐거움을 누린다.
- 사업할 시간을 만들어라. 이것이 성공에 지불할 대가이다.

▶ **성공 자에게 좀 더 주의를 기울여라**
- 성공과 성취를 위한 첫 단계는 성공을 믿는 것이다.
- 두 번째 단계는 그것을 사랑하는 것이다.
- 세 번째 단계는 그것을 실행하는 것이다.
- 가장 많이 성공한 사람들은 가장 많이 베푼 사람이다.
- 가장 많이 성공한 사람들은 가장 많이 웃은 사람이다.
- 생각을 크게 하고 성공하고자 마음먹은 순간부터 당신의 성공은 시작되는 것이다.
- 당신의 성공보다 그룹 사람들의 동기를 유발시키는 것은 없다.
- 에디슨은 전구를 발명하는데 있어, 천 번 이상이나 실패를 하였다. 매 실패 때마다 그는 조금씩 배우고 깨우쳤으며 드디어 성공의 밝은 빛을 발명하였다.
- 성공을 위해 실패를 즐거운 마음으로 받아들여라.
- 성공을 위해 환경에 적응하는 법을 배워라.

......

습관 28 : 스스로 동기를 부여하라

당신에게 동기를 부여하는 것은 당신의 몫이다.

- 책을 읽고 테이프를 듣고 세미나에 참석하여 스스로에게 동기를 부여하라.
- 당신의 미래를 위해 누가 충전하겠는가? 스스로 동기를 부여하라.
- 동기부여는 오래 지속되지 않는다. 그러므로 계속해서 힘을 가해야 한다.
- 성공한 당신의 모습을 생각하는 것은 강한 동기부여가 될 수 있다.

습관 29 : 집중하라

성공을 위해 가장 효과적인 것은 집중하는 것이다. 당신이 집중하여 노력하면 반드시 좋은 결실을 맺을 것이다.

- 최고의 성과를 위해 집중하여 노력하라.
- 어려움보다 당신의 능력에 집중하라.
- 약점보다는 당신의 장점에 집중하라.

......
......
......

습관 30 : 자기 자신을 믿어라

당신은 이 세상에서 가장 특별하고 독특한 사람이다. 그러니 어찌 최상이 아닌 것에 만족할 수 있겠는가!

- 의심하지 말고 당신의 꿈을 믿어라.
- 과거 어느 때보다 당신의 꿈을 더 믿어라.
- 당신의 사업에 완전한 흥미를 갖도록 하라.
- 용기는 어려움과 위험을 굳건함으로 극복하게 해준다.
- 용기는 다른 사람의 느낌이나 생각에 의해 밀려나지 않고 자신의 확신을 따를 수 있게 한다.
- 당신의 미래는 지금 시작이다.
- 당신의 미래는 오직 당신에게 달려 있다.

▶ 당신은 누구인가?
- 꿈을 파는 사람이다.
- 매일 꿈을 위해 열심히 노력할 때, 원하는 모든 것을 얻을 수 있다.
- 생각보다 더 훌륭한 사람이다.
- 소중한 존재이다.
- 특별한 존재이다.

▶ 당신은 할 수 있다
- 커다란 가능성을 생각하는 사람들로부터 항상 배울 수 있다.
- 훌륭한 사람이 될 수 있다.
- 모든 것을 가질 수 있다.

습관 31 : 훌륭한 것들을 생각하라

이제 당신의 생각을 바꿀 때가 되었다. 강한 생각의 습관에 대해 읽고 또 읽어라.

- 위대함을 믿는 것은 위대한 결과를 가져오는 첫 단계이다.
- 개인 생활에서의 성공은 세상에서 추구해야 할 가장 위대한 것이다.
- 긍정적으로 생각하라.
- 끝을 보고 일을 시작하라.
- 확신에 가득 찬 성공적인 자신을 생각할 때, 당신은 그렇게 된다.
- 당신이 만들지 않는 한, 한계는 없다.
- 앞서가는 사람은 대중의 물결과 다르게 걷는 사람이며, 단순히 일체감을 위해 따르지 않는다.
- 당신 자신의 커다란 발전을 생각하라.
- 당신 그룹의 커다란 발전을 생각하라.
- 당신 회사의 커다란 발전을 생각하라
- 당신은 자유롭게 되는 권리, 성공의 자유, 승리의 자유, 사랑의 자유, 웃음과 당신이 선택한 성공적인 삶을 살아갈 자유의 특권을 가진 사람이다.
- 진실로 가치 있는 일은 당신의 삶이 끝난 후에도 좋은 결과를 가져오는 일이다.

▶ **가장 위대한 것**
- 가장 위대한 소설은 아직 쓰이지 않았다.
- 가장 위대한 인생의 기회는 계획하고 준비하고 연구하고 능률적

으로 일하며, 어떤 어려움도 이길 수 있는 강한 능력을 갖추는 것이다.
- 이제 가장 위대한 세일즈맨이 나타날 것이다. 그들은 바로 네트워크마케팅 사업가들이다. 당신도 그들 중 한 명인가?

습관 32 : 바쁘게 살아라.

네트워크마케팅에서 당장의 결과를 바라지 말라. 인내하고 꾸준히 지속하면 반드시 좋은 열매를 맺을 것이다.

- 정당한 일은 정당한 값을 얻는다.
- 개미들은 여름 동안 일을 하여 겨울을 준비한다.
- 어려움을 극복하라.
- 깊이 있는 계획을 세워라.
- 다음 레벨로 올라갈 수 있는 자격을 갖추어라.
- 마케팅 플랜에 따라 계획을 세워라.
- 당신이 회사와 제품과 서비스에 매료되었다면, 판매는 날개를 달 것이다.

습관 33 : 장 단기 목표를 세운다.

목표설정 요령에 대한 부분을 다시 한 번 읽어라.

......

......

습관 34 : 하지 말라는 말에 조심하라

'안 된다', '하지 말라' 라는 말과 '주의를 기울여라' 는 말을 들을 때마다 당신의 일지에 기록하라. 그리고 당신이 하고 싶은 일에 대해서만 생각하라. 당신이 하고 싶은 일을 알기 위해서는 하고 싶지 않은 일을 구별하면 쉬워진다. 당신이 생각하는 것을 당신이 얻게 된다는 것을 기억하라.

다음의 목록들은 당신이 전문가가 되는 데 도움을 줄 것이다. '하지 말라' 의 목록은 당신이 올바른 길을 가고 있는지 확인하는데 도움이 된다. 그 목록 중의 하나가 당신의 인생을 바꾸게 될 지도 모른다.

인생에서 원하는 것에 초점을 맞춰라. 그리고 그것에 힘을 집중하라.

▶ '하지 말라'
- 미워하는 마음을 품지 말라.
- 다른 사람을 쉽게 판단하지 말라.
- 당신의 업 라인에게 고통을 주지 말라.
- 전속력으로 추진하는 것을 두려워하지 말라.
- 조급한 판단을 내리지 말라.
- 다른 사람의 성공을 인정하는데 두려워하지 말라.
- 후원하는 것을 두려워하지 말라.
- 최고로 능력 있는 후원자가 되는 것을 두려워하지 말라.
- 성공을 두려워하지 말라.
- 평균이 되지 말고, 챔피언이 되어라.
- 비판이 되지 말고, 도움이 되어라.
- 방어적이 되지 말라.

▶ 저항(거부)하지 말라
- 성공 자에게 저항감을 갖지 말고 그들로부터 배워라.
- 리더들을 거부하지 말고 그들로부터 배워라.
- 성공에 저항하지 말라.
- 당신이 하지 말아야 할 것들 -
- 회원이 될 것을 애걸 하지 말라.
- 불평하지 말라.
- 위임할 수 없는 것은 하지 말라.
- 다른 사람이 쉽게 당신처럼 되기를 기대하지 말라.
- 거부를 두려워하지 말라.
- 원인에 집착하지 말라.
- 실망하지 말라.
- 뒤로 물러서지 말라.
- 좋은 소식을 뒤로 물리지 말라.
- 뒤 돌아보지 말라.
- 변명을 하지 말라.
- 후원을 중지하지 말라.
- 가만히 앉아서 인생이 지나가는 것을 바라보고만 있지 말라.
- 개인적인 고충을 말하지 말라.
- 스스로에게 강요하지 말라.
- 목표를 향해 어슬렁거리지 말라.

▶ '하지 말라' 목록에 좀 더 집중할 수 있는 아이디어
- 자녀에게 집중하지 못하고 일하는 것에 죄의식을 갖지 말라.
- 적은 돈을 벌고자 하는 사람에게 관리와 리더의 일을 강요하지 말라.

- 재정적으로 절박해지지 말라.
- 좋은 결과를 얻지 못한 사람과 비협조적인 사람에게 인정과 존경, 명예를 주지 말라.
- 당신의 그룹을 위해 수입의 모든 것을 투자하지 말라.
- 쉽게 돈 버는 길을 찾지 말라.
- 다른 회사를 비판적으로 말하지 말라.
- 날씨가 좋지 않다고 주저앉지 말라.
- 다른 사람이 당신의 마음에 상처주지 못하게 하라.
- 잘못된 집단을 선택하지 말라.
- 인간관계의 희생양이 되지 말고 의기소침하거나 자신에 대해 실망하지 말라.
- 전달할 수 없거나 지키지 못할 약속은 하지 말라.
- 부정적인 생각과 약점들이 당신에게 죄의식과 열등의식을 갖도록 만들지 말라. 의미 있는 계획을 세우고 당신의 고결한 가치기준을 절대로 낮추지 말라.
- 공개할 수 없는 것은 어느 누구에게도 말하지 말라.
- 당신이 하겠다는 결심을 하지 않았거나 의욕을 갖지 않았을 때는 아무것도 약속하지 말라.
- 당신의 제품을 사도록 강요하지는 말라.
- 제품에 대한 모든 지식을 완벽하게 알게 될 때까지 당신의 후원 설명을 미루지 말라.
- 잘못 선택한 사람들과 함께 하느라 시간을 낭비하지 말라.

▶ **되지(하지) 말라**
- 초기에 성장이 느리다고 실망하지 말라.
- 정보를 얻는데 게으르지 말라. 남보다 빨리 배워서 전달하라.

▶ 생각하지 말라
- 실패를 생각하지 말고 성공을 생각하라.
- 다른 사람의 떡이 더 크다고 생각하지 말라.
- 불가능하다고 혹은 할 수 없다고 생각하지 말라.
- 불가능하다고 생각하는 것에 도전하라.

▶ 하지 못하도록 한다.
- 의욕 없는 사람들이 당신의 다운라인에 들어가는 정보를 차단하지 못하게 하라.
- 다른 사람들이 당신의 발전을 가로막고 위협하고 한계를 설정하지 못하게 하라.
- 전단을 만들고 사무실을 정리하고 수입과 지출을 맞추는 등의 일이 사업에 지장을 주지 않도록 하라.

이제는 당신의 입에서 '하지 말라'는 말이 나오지 않도록 하라!

습관 35 : 매일을 최고의 날로 만들어라

- 다른 사람들을 격려하겠다고 결심하라.
- 약속 일정을 체크하고 목표를 점검하라.
- 오늘, 적어도 한 사람을 더 기쁘게 해줄 수 있도록 노력하라.
- 매일 영감을 주는 책을 읽어라.
- 아침에 일어나 긍정의 자세를 갖춰 준비하라.

지금 당장 시작하라!

내가 노력해서 얻어야 할 새로운 습관들은?

-
-
-
-
-
-
-
-
-
-
-

PART 05

다른 사람들의 개성을 이해할 때, 놀라운 결과를 얻게된다

사람들의 개성을 공부하라!

그러면 전에 꿈꾸던 것 이상으로
재정적인 자유를 획득하고,
인생을 더 풍요롭게 살 수 있다.

사람들의 개성은 각기 다르다. 만약 당신이 이것을 이해한다면 당신의 사업은 놀랍게 성장할 것이다. 사람들의 특별한 개성은 똑같은 정보라도 다르게 받아들인다는 점에서 특히 두드러진다. 사람들은 자신에게 들어온 정보를 나름대로 개성에 따라 다르게 해석한다. 그러므로 그들의 개성을 이해하고 그에 따라 설명을 한다면 사업은 크게 성장할 것이다.

수많은 종류의 개성을 이해하기 위한 방법

네트워크마케팅에 참여하는 사람들은 여러 종류의 개성을 가지고 있다.

▶ 이러한 사람들
- 시기심이 많은 사람.
- 성취욕이 강한 사람.
- 전문가가 되려는 사람.
- 쉽게 포기하는 사람.
- 경쟁을 싫어하는 사람.
- 노력하는 사람과 관망하는 사람.
- 얻으려고만 하는 사람.
- 주는 사람, 주기를 좋아하는 사람.
- 늘 새로운 것을 시도해 보는 사람.
- 권한을 위임하는 사람.
- 성공할 때까지 포기하지 않는 사람.
- ……

▶ 찾는 사람들
- 원인을 찾는 사람.
- 목적을 찾는 사람.
- 길을 찾는 사람.
- 가르칠 기회를 찾는 사람.

▶ 원하는 사람들
- 인생의 더 좋은 길을 원하는 사람.
- 지속적인 수입을 원하는 사람.
- 퇴임 후의 수입을 원하는 사람.
- 재정적인 자유를 원하는 사람.
- 소속되기를 원하는 사람.
- 변화를 원하는 사람.
- 자신에게 동의하기를 원하는 사람.
- 리더와 지도자가 되기를 원하는 사람.
- 사랑해 주기를 원하는 사람.
- 듣기를 원하는 사람.
- 일해 주기를 원하는 사람.

당신은 인간관계의 발전을 원하는가?
더 많은 제품을 팔기를 원하는가?
더 많은 사람을 후원하길 원하는가?
사람들이 당신을 존경하기를 원하는가?

......
......

사람들의 개성과 성격을 공부하라

개인의 성격을 파악하는데, 많은 시간이 필요한 것은 아니다. 당신은 얼마든지 상대방의 개성에 맞춰 대화할 수 있다

상대방의 언어를 사용하라. 사람들은 당신이 자신에게 동화되기를 원한다. 그들의 생각을 반영하라.

당신의 다운라인 그리고 업 라인과 그 가족들의 개성을 알아보라. 그들의 개성을 이해하고 듣고 말하는 것을 배울 때, 서로의 관계를 발전시킬 수 있다.

누구나 자신의 독특한 개성을 인정받을 때, 더욱더 친밀감을 표시하는 것이다. 또한 상대방의 개성을 인정하는 것은 당신이 그들에게 관심을 갖고 있다는 것을 의미한다.

▶ 개성에 대한 기본적인 사항들
- 당신이 어느 영역에 속해 있는지를 안다.
- 당신에게 맞지 않는 영역들을 안다.
- 이 과정은 네트워크마케팅에서 성공하기 위해 매우 중요한 것이다.
- 당신의 강하지 못한 영역은 적은 시간을 투자하여 많은 발전을 가져올 수 있는 부분이다. 그 부분을 계발하라. 이것이 바로 내가 성공한 비결이기도 하다. 이런 부분을 연구하고 배워 스스로 발전을 가져와야 한다.
- 우리는 모두 청각, 시각, 지각, 수치 중에서 한 개 혹은 그 이상의 개성에 속한다. 즉, 한 개 또는 두 개의 영역에서 주로 강한 면을 보이는 것이다.

......

......

청각

청각적인 사람들은 듣는 것을 필요로 한다.

▶ **청각적인 사람들이 주로 하는 말**
- "내 말을 알아듣겠니?"
- "그 말을 이해할 수가 없는데요?"
- "전에 그런 말을 들어본 적이 있습니다."
- "말하는 것을 들었습니다."
- "좋은 말입니다."
- "자세하게 설명해 주십시오."
- "이 아이디어를 잘 이해할 수 있습니다."
- "당신의 계획을 말해 주십시오."
- "다시 한 번 말해 주십시오."
- "목소리가 종소리처럼 맑군요."
- "당신이 원하는 것을 말해 보십시오."
- "나에게 읽어 주십시오."

▶ **청각적인 사람들이 원하지 않는 것**
- 소리에 의해 주의가 흩어지는 것을 원하지 않는다.
- 방해 받기를 원하지 않는다.
- 사람들이 너무 크게 말하거나 소리 지르는 것을 원하지 않는다.

▶ **청각적인 사람들이 원하는 것**
- 시끄럽지 않은 조용한 대화를 원한다.
- 말을 들어주기 원한다.

- 듣고 배우기 원한다.
- 정보나 편지를 정확하게 읽어 주기 원한다.
- 상대방이 들은 농담을 다시 말해 주기 원한다.
- 대중적으로 인정받기 원한다. 특히 자신의 이름이 크게 읽혀지는 것을 들으려고 애쓴다.
- 말하고 싶어 한다.
- 훈련을 하고 싶어 한다.

▶ 청각적인 사람들은 이런 말을 들을 필요가 있다
- 자세한 설명을 들을 필요가 있다.
- 지시사항을 들을 필요가 있다.
- '사랑한다', '감사하다' 라는 말을 반복해서 들을 필요가 있다.
- '당신을 믿는다.' 라는 말을 반복해서 들을 필요가 있다.

▶ 청각적인 사람들은 이야기할 필요를 느낀다.
- 다툼을 해결하는데 필요하다면 이야기를 한다.
- 말하고 대화를 나누고 상대편도 그렇게 하기를 원한다.
- 어떻게 느끼는가를 이야기한다.
- 전화를 통해 말을 많이 할 필요를 느낀다.
- 자신의 말을 들어줄 사람들과 이야기할 필요를 느낀다.

▶ 청각적인 사람들은 이것을 들을 필요가 있다
- 오디오 카세트를 들을 필요가 있다.
- 음악을 들을 필요가 있다.
- 설명회를 들을 필요가 있다.
- 당신에게 말을 하고 당신에게 들을 필요가 있다.

시각

시각적인 사람은 직접 보아야 이해를 한다.

▶ **시각적인 사람들이 주로 하는 말**
- "직접 볼 수 있습니다."
- "상상이 갑니다."
- "내 눈으로 직접 확인해야겠습니다."
- "나는 앞일을 볼 수 있습니다."
- "내가 보기에는…"
- "내가 어떻게 하는지 볼 수 있군요."
- "당신의 말이 투명해지는군요."
- "이렇게 보면 어떨까요?"
- "이제 그림을 그릴 수 있습니다."
- "한 번 봅시다."
- "그릴 수가 없군요."

▶ **시각적인 사람들은…**
- 옷을 잘 입는다.
- 이미지에 신경을 쓴다.
- 정리 정돈이 되어 있다.
- 어떻게 보이는지에 관심이 많다.
- 액세서리와 타이를 하고 다니는 편이다.

……

……

▶ 시각적인 사람들이 필요로 하는 것

- 발표를 위해 화이트보드, 오버 헤드, 파워포인트, 흑판이나 플립 차트 등을 필요로 한다.
- 마음속의 그림을 그리기 위한 스토리와 샘플이 필요하다.
- 상황에 맞는 잘 정리된 미팅 룸이 필요하다.
- 그들의 업 라인이 멋있어야 한다.
- 아름다운 레스토랑과 좋은 미팅 룸에 갈 필요를 느낀다.
- 볼 수 있는 곳이 잘 정리될 필요가 있다.
- 상대방이 미래에 대한 그림을 그리기 원한다.
- 보기 좋다는 말을 듣고 싶어 하고 집이 잘 정리되어 있다는 말을 좋아한다.

▶ 시각적인 사람들이 보고 싶어 하는 것

- 제품이 어떻게 생겼는지, 품질은 우수한지 보고 싶어 한다.
- 사진, 클립아트, 통계, 뉴스레터와 같은 문서에서 그래프를 보고 싶어 한다.
- 발표/실연을 통해 어떻게 제품을 사용하는지 그 방법을 보여 주어야 한다.
- 슬라이드 발표를 보고 싶어 한다.
- 성공 자들이 자신이 동경하고 바라는 방법으로 인정받기 바란다. 그들은 자신도 같은 방법으로 인정받게 되는 것을 상상하고 있다.
- 뉴스레터에 자신의 이름이 프린트 되는 것을 보기 원한다.
- 영상자료의 설명과 훈련을 원한다.
- 가입하기 전에 당신이 갖고 있는 정보를 보기 원한다.
- ……

▶ 시각적인 사람들이 보아야 하는 것
- 당신이 발표 준비를 하는 것을 보고 자신도 할 수 있다고 상상한다.
- 다른 사람의 설명회를 가능한 한 많이 보아두고 자신도 그들처럼 하고 싶어 한다.

▶ 그들은 볼 수 있다
- 회사의 프로모션에서 상을 받는 자신을 볼 수 있다.
- 자신이 여행가는 것을 볼 수 있다.
- 지갑 또는 손가방 속이 잘 정리되어 있는 것을 볼 수 있다.

▶ 그들은 가지고 있다
- 정리가 안 된 사람과 관련 지어 생각하는데 어려움을 겪는다.
- 집안 곳곳에 액자에 넣은 사진들을 가지고 있다.
- 컴퓨터나 냉장고 또는 게시판에 자신들의 목표가 이루어지는 현황을 볼 수 있도록 정리해 놓고 있다.

지각

지각적인 개성을 가진 사람들은 직접 느끼고자 한다.

▶ 지각적인 사람들이 주로 하는 말
- "당신이 어떻게 느끼는지 알고 있습니다."
- "당신과 함께 있으니 매우 기쁩니다."
- "나는 그것에 의해 감명을 받았습니다."
- "당신의 설명은 매우 좋았습니다."
- "이것을 조사해 봅시다."

- "마음에 드신다니 다행이군요."
- "좋은 느낌이 듭니다. 그렇게 해 봅시다."
- "무슨 말씀이신지 알 수가 없군요."
- "함께 일하게 되어 영광입니다."
- "그것에 대해 열정을 갖고 있습니다."

▶ 지각적인 사람들이 갖고자 하는 느낌
- 사랑 받고 있다는 느낌.
- 자신이 특별하다는 느낌.
- 안전하다는 느낌.
- 지지 받고 있다는 느낌.
- 계속해서 접촉하고 있다는 느낌.
- 당신에게 열정이 있다는 느낌.

▶ 지각적인 사람들이 필요로 하는 것
- 그룹 활동.
- 악수와 포옹.
- 경청.
- 함께 한다는 느낌. 소속감.
- 파티나 미팅에 초대 받음.
- 신체적인 접촉.
- 모임에 가는 것.
- 질문시간이 있는 것.
- 작은 활동이라도 인정받는 것.
- 제품을 만져보는 것.
......

▶ **지각적인 사람들은**
- 에너지가 많고 리더가 되기를 원한다.
- 좋은 친구들이다.
- 다른 사람의 느낌에 민감하다.
- 자신이 한 일을 다른 사람으로부터 인정받기를 원한다.
- 쉽게 마음의 상처를 입고 다른 곳에서 마음을 달래려 한다.
- 느낌이 다른 사람에게 자신의 느낌을 전달하는데 어려움을 겪는다.
- 마찰을 싫어한다.
- 보통 사람보다 증오를 더 오래 간직하는 편이다.
- 먹는 것을 즐기고 만족하며 포만감으로 완전한 느낌을 갖는다.
- 주간모임 또는 월간모임에 가는 것을 좋아한다. 그 이유는 소속감으로 최고의 느낌을 얻기 때문이다.
- 그룹 활동에 어려움을 느끼지만, 잘 조직된 그룹에서는 좋은 느낌을 갖는다.

수치

수치에 강한 사람은 통계와 숫자 그리고 조직에 대해 잘 안다.

▶ **수치에 강한 사람들이 필요로 하는 것**
- 지도
- 그래프
- 영수증
- 계산기
- 신문
- 현재 행사에 대한 정보
- 컴퓨터 인쇄물
- 지침서
- 정리된 통계
- 주식시장 통계
- 일일계획표
- 달력

- 시간엄수
- 협의사항
- 결과
- 사실과 수치들
- 날짜와 마감일
- 보상 플랜
- 메뉴들
- 조직

▶ 수치에 강한 사람들은…
- 질서를 중시한다.
- 약속시간 엄수를 원한다.
- 이해하고 행동하려 한다.
- 머릿속에서 수치를 계산한다.
- 당신이 수치의 의미를 갖도록 도울 수 있다.
- 협의내용을 준비하도록 도와줄 수 있다.
- 기억력이 좋다.
- 회계사들이 많다.
- 질서를 찾을 수 있다.
- 통계를 가진 뉴스레터가 필요하다.
- 세부사항에 주의를 기울인다.

매달의 수입을 증가시키는 방법

모임을 계획할 때에는 모든 타입의 사람들을 초대하고 그 모임을 위해 다음과 같이 준비한다.

- 네 가지 타입의 스타일을 모두 포함시켜 내용을 조정한다.
- 질문을 위해 충분한 시간을 준다.
- 잘 정리하여 준비한다.
- 전체적인 참석자들의 특성에 맞게 필요한 내용들을 준비한다.

▶ 청각적인 사람들을 위해…
- 음악을 준비한다.
- 모임의 소개와 끝맺음을 한다.
- 체험담을 이야기한다.

▶ 수치에 강한 사람들을 위해…
- 칠판에 판서를 한다.
- 비용을 생각한다.
- 모든 가능성에 대해 조사하고 탐구한다.
- 향상하기 위한 좋은 아이디어와 방법을 제시한다.
- 제품 가격을 정하고, 모임의 예산이 정확한지 파악한다.
- 통계와 수치를 이용한다.

▶ 시각적인 사람들을 위해…
- 모임을 시각적으로 만든다.
- 플립 차트와 오버 헤드 프로젝터를 준비한다.
- 모임 장소를 보기 좋도록 만든다.
- 장식, 조명, 스테이지와 소도구 안내에 해당하는 것을 준비한다.

▶ 지각적인 사람들을 위해…
- 사람들을 편하게 해주는 안내자의 역할을 한다.
- 방안의 온도를 조절하고 다과와 음료를 준비한다.
- 모든 것이 잘 되어 있다는 느낌을 갖도록 준비한다.

사람들이 네 가지 타입으로 분류된다는 것을 잘 알고
거기에 대응할 때, 당신의 사업은 굉장한 속도로 성장할 것이다.

리더.
책임지는 사람.
지시를 따르는 사람.
관망하는 사람.

▶ 리더에 대해 알아야 할 사항
- 그들은 훌륭하다.
- 그들은 앞선 사람이며 사람들은 그들이 하는 것을 보고 배운다.
- 네트워크마케팅에서 리더는 5% 내외다.
- 리더들은 행동을 취한다.
- 당신은 리더십을 지니고 있을지도 모르는 사람들을 후원하게 될 것이다.

▶ 책임지는 사람에 대해 알아야 할 사항
- 이들은 가장 가치 있는 사람들로 그다지 많지 않다.
- 네트워크마케팅에서 25%정도 되며 마음에서 우러나 일을 한다.
- 리더로부터의 방향 제시가 필요한 사람들이다.
- 그들은 매우 활동적이고 열심히 일한다.
- 방향 제시가 없고 훈련이 안될 때 그들은 그만둔다. 반면 적절한 방향제시를 해주고 훈련 프로그램이 진행되면, 이런 사람들 중에 정상에 오르는 사람이 많아진다.
- 그들은 적극적으로 뉴스레터를 만들고 전화를 한다.

▶ 지시를 따르는 사람들에 대해 알아야 할 사항
- 활동적으로 사업을 하지는 않는다.
- 책임을 지지 않는다.

- 리더로서의 능력이 없고 지속적으로 동기를 부여해 주어야 한다.
- 네트워크마케팅을 하는 사람들 중에서 40~60%를 차지한다.
- 좋은 고객이긴 하지만, 사업가로서 일을 하기에는 부족하다.
- 이러한 사람들이 당신의 팀에 들어오면, 당신을 실망시킬 수도 있다. 특히 처음으로 그룹을 만들려고 그들에게 기대하는 경우엔 더욱 그렇다.
- 그들은 제품을 권유하고 설명을 해줄 때, 반응을 보인다.

▶ 관망하는 사람들에 대해 알아야 할 사항
- 실제로 그들은 그룹을 위해 아무 것도 하지 않고 오히려 성공하는 것을 방해할 수 있다.
- 이러한 사람들을 피하라. 그들은 당신이 말하는 의견이나 아이디어를 절대로 믿거나 받아들이지 않는다.
- 대화 단절에 대해 당신에게 책임을 전가한다.
- 네트워크마케팅에서 그들은 10~30%를 차지한다.
- 그들의 행동은 당신을 실망시킨다.
- 그들은 부정적 자세를 갖고 있으며, 그룹의 성장에 해를 끼칠 것이다.
- 그들이 원하는 방법대로 하지 않으면 사람들에게 당신을 비판하는 말을 할 것이다.
- 그들이 어떤 타입인지 분석하고 리더의 자질을 갖춘 사람을 찾기 위해 계속 노력하라.

사람들이 각각 어떤 타입에 속하는지를 알고 또한 그들의 필요사항과 원하는 것을 알게 될 때, 당신의 사업은 급속하게 성장할 것이다. 왜냐하면 각각의 타입에 맞는 방법으로 의사소통을 계획할 수 있고 보다 나은 방법으로 각 개인의 강점을 살리고 약점을 최소화하여 그룹형성에 도움이 되도록 할 수 있기 때문이다.

메모

■ 청각적인 사람들
-
-
-
-

■ 지각적인 사람들
-
-
-
-

■ 시각적인 사람들
-
-
-
-

■ 수치에 강한 사람들
-
-
-
-

PART 06

네트워크 마케팅에서 뛰어난 리더가 되는 법

위대한 리더는 태어나는 것이 아니라.
스스로의 노력에 의해 만들어지는 것이다.

네트워크마케팅의 리더가 되는 법

훌륭한 리더는 리더십을 갖추기 위해 필요한 모든 것을 준비한다. 그들은 더 훌륭하고 더 효과적인 리더로 거듭나기 위해 도움이 되는 모든 아이디어를 자신의 것으로 만드는 것이다.

▶ 리더들은…
- 양서를 읽는다.
- 봉사하는 사람들이다.
- 항상 성장하는 사람들이다.
- 인정을 해주는 전문가이다.
- 큰 이상과 목표를 가지고 있다.
- 대결을 두려워하지 않는다.
- 진정으로 다른 사람의 이익을 생각한다.
- 다른 사람들이 따를 수 있도록 길을 닦는다.
- 성취하는 사람들이다.
- 발전을 위해 지속적으로 노력한다.
- 더 많은 정보를 얻는 사람들이다.
- 성공이 확실하지 않더라도 일을 착수하는 사람들이다.
- 길을 제시하는 사람들이다.
- 모범을 보이고 사람들로 하여금 따르도록 한다.
- 하루 하루를 개척한다.
- 다른 사람들이 정보를 얻도록 도움을 준다.
- 다른 사람들을 향상시킨다.
- 이끌어가지만 강요하지는 않는다.
- 다른 사람과 함께 정상으로 향한다.

▶ 리더십은…
- 살 수 없는 것이다.
- 상속되지 않는다.
- 좋은 이미지를 요구한다.
- 흥미를 준다.
- 책임이다.
- 개인의 완성을 통해 이루어진다.
- 용기를 필요로 한다.

"훌륭한 리더들은 사람들이 한때 불가능하다고 믿었던 것들을 성취할 수 있도록 자극을 줌으로써 그들로 하여금 최상의 능력을 발휘하도록 한다."

▶ 리더들은 이렇게 한다.
- 마치 자석처럼 사람들을 끌어 모으고 호감을 준다.
- 회사의 비전을 열정적으로 전한다.
- 재정적으로 자유롭다.
- 그룹과 회사, 다른 모든 사람들의 성공을 갈구한다.
- 명령하거나 요구하지 않는다.
- 인간의 정신에는 한계가 없다는 걸 알고 지속적으로 노력한다.
- 자신의 비전을 위해 강한 추진력을 갖고 있으며 다른 사람들에게 공헌한다. 인생의 목적과 가치, 열정과 재능을 중요시하며 용기를 갖게 해주고 도움을 준다.
- 자신의 이상을 추구하며 재치와 유머가 있다.
- 다른 사람들에게 아이디어와 힘을 주고 동기를 부여하여 목표를 달성하게 해준다.
- 항상 정성을 다하여 사람들을 이끌어준다.

- 다른 사람들이 추구하는 가치를 이해하려 하며 그들의 말을 경청한다.
- 다른 사람들의 믿음과 경험과 가치를 존중한다.
- 책임을 지고 진실을 말한다. 특히 자신에게 정직하다.
- 다른 사람들의 실수를 말하기 전에 먼저 자신의 실수를 말한다.

▶ 리더는 이런 일을 한다.
- 사람들이 참여의식을 갖도록 결정을 한다.
- 사람들에게 스스로 할 수 있는 의욕을 갖도록 한다.
- 사람들의 말을 경청함으로써 그들의 중요성을 인식시킨다.

어떻게 리더가 되는가?

첫째 단계 : 당신이 리더라고 선언하라.

둘째 단계 : 리더가 되기 전에 리더로서 행동하라.
- 그 누구도 당신을 실망시키지 못하게 한다.
- 강력하고 긍정적인 모범을 보인다.
- 성장하는 사람들을 연구한다.
- 리더십을 배우고 연구한다.

셋째 단계 : 먼저 노력해야 할 것들.
- 후원의 명수가 된다.
- 판매의 명수가 된다.
- 네트워크마케팅을 배우는 명수가 된다.

넷째 단계 : 당신의 리더십 능력을 키워라.
(결코 노력을 중단하지 않는다)

리더들을 훈련하기 전에 여기에 소개된 내용들을 여러 번 읽어라. 자신이 원하는 리더가 되기 위해 노력하는 동안에도 반복하여 이 내용들을 읽어라.

'최고가 되어라.'

당신이 이룰 수 있는 최고의 리더가 되어라. 그리고 현재의 리더와 미래의 리더들에게 최선을 다해 최고의 리더가 되는 것의 가치를 전해줄 수 있어야 한다.

▶ 적당한 시기가 중요하다

- 다운라인의 모든 사람들에게 리더십을 발휘할 수 있는 기회를 항상 주어라.
- 다운라인들에게 기회는 항상 열려 있으며, 언제든 리더가 되려는 사람을 도와준다는 것을 알려주어라.
- 최고의 리더가 될 것을 생각하고 리더를 키워라.
- 그룹의 어느 위치에 있든 그들을 도와주어라.
- 다운라인이 원하는 것을 도와주어라.
- 당신의 다운라인에서 리더가 될 사람들에게 모범이 될 수 있도록, 미래의 재정적 안정을 위해 헌신하는 당신의 결의를 보여주어라.

▶ 네트워크마케팅의 리더를 키우는 요령

한 사람의 리더를 만나기 위해서는 보통 20여명을 후원해야 한다.

- 뛰어난 의사소통 능력이 필요하다.
- 다른 사람의 말에 귀 기울여 듣는 자세가 필요하다.

- 훌륭한 리더십이 필요하다.
- 초기 단계의 성공은 당신의 노력과 다른 사람에게 좋은 느낌을 갖도록 하는 데 달려 있다.

즉, 당신이 개인의 성장과 리더십 개발을 위해 얼마나 노력하느냐에 따라 네트워크마케팅의 성공이 결정되는 것이다.

"당신이 개인의 성장과 리더십 개발을 위해 얼마나
노력하느냐에 따라 네트워크마케팅의 성공이 결정된다."

리더를 키우는 사람들을 위한 조언

성공하겠다는 의지의 강도에 따라 정도를 맞춰 그들을 도와준다. 특히 장래의 리더가 될 자질을 갖춘 사람과 좋은 친분관계를 맺고 그들이 안정감을 갖고 일에 전념하도록 하여 당신을 친구로 혹은 진정한 사업파트너로 인식하도록 한다.

이러한 것은 당신이 사람들을 후원하면서 나누는 대화를 통해 할 수 있다. 나는 리더들에게 이렇게 말한다.

"나는 성공과 리더십 개발을 위해 애쓰는 당신을 열심히 도와드릴 것입니다. 하지만 안일함, 나태함을 위해 도울 수는 없습니다. 처음 사업을 시작하거나 자기 자신을 계발하고자 할 때, 다소 곤란함을 느낄 수도 있을 것입니다. 즉, 다른 사업과 마찬가지로 네트워크마케팅에서도 성장과정의 고통이 따르는 것입니다. 바로 그 때, 나는 당신을 도와드릴 것입니다."

그리고 그 미래의 리더가 무엇을 원하는지 체크하여 그것을 얻도록 도와주어야 한다.

▶ **당신이 알아내야 할 것**
- 가족에 대하여.
- 가지고 있을지도 모르는 걱정거리.
- 그들이 중요시 하는 것은 무엇인가?
- 인생에 어떤 결의를 갖고 있는가?
- 원하는 것은 무엇인가?
- 어떤 일을 하려고 하는가?
- 무엇을 하는가?
- 현재의 생활은 어떠한가?
- 리더십을 원하는가?
- 그들이 열정을 가지고 있는가?

▶ **리더를 만들기 위한 파트너십**
- 파트너십은 왕복 차선이다.
- 미래의 리더들에게 자신의 성공을 위해 부단히 노력할 것을 요청한다.
- 그들은 당신의 결의가 어떠한지 알 필요가 있다. 이렇게 말하라.

"내가 할 일은 당신의 목표를 성취할 수 있도록 돕는 것입니다.
흥미로운 것은 이 사업이 재미있고 복제가 가능하다는 것입니다.
내가 당신의 다운라인을 지지하고 도울 수 있도록 가르쳐 줄 것입니다."

……

미래의 리더들에게 이야기할 내용

자, 이렇게 말하라.

"지금 우리의 그룹은 리더를 필요로 합니다. 질문에 대해 답변을 서면으로 보내주시기 바랍니다. 가능하면 팩스를 이용하십시오. 당신의 첫 과제는 내가 당신과 좀 더 가까워질 수 있도록 나를 도와주는 것입니다. 다음에 통화할 때까지 인간관계에 있어서 가장 중요시하는 것 세 가지를 팩스로 보내주십시오."

당신은 지금 미래에 리더가 될 사람의 가치관에 대해 알아보고 있는 것이다. 그들의 세 가지 가치관을 알게 되면 그들을 도와서 목표에 도달할 수 있도록 효과적인 도움을 줄 수 있다. 당신의 것이 아니라 그들의 가치관에 대해 계속 이야기하라.

그들이 더 높은 보상 단계에 오르도록 도와주기 위해 책임 한계를 정하고 그 과정을 다음 모임이나 통화를 하기 전에 팩스나 e 메일로 보내줄 것을 요청한다. 그러면 그들은 각 단계를 완성하는 과정에서 그들의 가치와 목표를 이해하게 될 것이다.

미래의 리더들에게 이렇게 말하라.

"당신이 노력하는 목적이 무엇인지 강한 의지를 가지는 것은 매우 중요하며 내가 리더로서 당신의 성공을 위해 얼마나 강한 결의를 다지고 있는지 아는 것 또한 중요합니다."

이것은 당신의 새로운 회원에게 그들이 스폰서와 함께 일한다는 것과 그들이 혼자가 아니라는 것을 알려주는 의미가 있다.

……

"이제 나는 고객에게 제품을 소개하는 법과 사업을 키워나가는 법을 가르쳐줄 것입니다. 즉, 제품의 장점 및 혜택을 설명하는 방법과 다른 사람에게 사업기회를 알려주는 요령을 들려줄 것입니다. 내가 당신을 가르치고 나면 당신은 나에게서 들은 것을 다시 나에게 들려주어야 합니다. 왜냐하면 내가 당신의 사업설명을 듣고 평가를 해주어야 하기 때문입니다. 이것은 당신의 성공을 위해 반드시 필요한 일이며, 그것에 익숙해지면 당신은 당신의 다운라인에 그것을 가르칠 수 있을 것입니다."

성공 자에게는 성공할 만한 이유가 있다!
실패자에게는 오직 변명만 따를 뿐이다!

고객을 확보하는 법
그리고 리더에게 배운 것을 복제하도록 하는 법

매달 30달러어치의 제품을 구입하는 10명의 새로운 고객이 생긴다면, 당신은 매달 300달러의 매출액을 향상시킬 수 있다. 그렇다고 홈 파티를 열 때까지 혹은 커다란 미팅이 개최될 때까지 그만큼의 고객을 확보하기 위해 기다릴 필요는 없다. 당신의 다운라인들이 당신을 도와준다면 매출액은 빠르게 증가할 수 있는 것이다.

간혹 어떤 회원들은 사업설명을 하는데만 너무 열중한 나머지 제품에 흥미를 가지고 있는 사람들을 고객으로 확보하는데 실패할 때도 있다.

사업설명회를 하고 난 후에는 세 가지 답변을 기대할 수 있다. 하나는 "네"이고 또 다른 하나는 "아니오" 그리고 나머지는 "제품을 써보고 싶습니다."라는 것이다. 대부분의 경우 당신의 설명을 들은 사람들은 제품을 사주거나 당신을 도와주려고 한다. 또한 사업에 관심이 없다고 말한 것이 미안해서 제품을 사용하겠다고 할 수도 있다. 어찌 되었든 그들은 당신을 도와주려는 마음을 갖고 있는 것이 아닌가!

사업에 관심이 없는 사람들에게도 제품을 사용하도록 권하라!

이러한 접근방법을 복제하면 모든 사람들이 10명의 새로운 고객을 갖게 될 것이고 당신의 매출은 빠르게 늘어날 것이다. 이러한 매출이 다음 단계로 오르는데 도움이 되고 또한 수입을 늘리는데 힘이 된다.

그러면 300달러의 매출이 늘어나는 것에 대해 잠시 생각해 보자.

당신이 두 명을 복제하면 매출액은 600달러로 늘어난다. 네 명이면 1,200달러가 된다. 당신의 그룹에서 활동적인 10명이 이처럼 한다면 매출액은 3,000달러가 된다.

복제의 힘을 생각해 보라! 더 나아가 그러한 결과를 얻는 것까지 복제하도록 하라!

> *"성공적인 리더는 다른 사람들이 주저할 때, 행동을 취하는 용기를 지니고 있다. 이것이 바로 인생의 역설적인 면이다. 자신을 더 많이 희생할 때, 더 많이 얻게 되는 것이다."*

▶ **리더를 키우기 위해 알아야 할 사항들**

당신이 리더를 키우고 그들이 더 많은 사람들을 도와 성공하게 된다면 그것은 곧 당신의 성공으로 이어진다. 그리고 대부분의 리더들은 현재의 회원 중에서 리더후보를 찾아내 열심히 훈련시킨다.

보통 두 세 사람을 발굴하여 리더가 되도록 계획을 세우게 되는데, 이 때 주의할 것은 다음과 같은 사람들을 도와주어야 한다는 사실이다.

- 지속적으로 매달 30만 원 이상의 제품을 파는 사람들.
- 열심히 활동하면서 당신을 복제하는 사람들.
- 자기 발전 세미나와 회사 컨퍼런스 및 세미나에 참석하는 사람들.
- 자신이 처음 두 명 내지 세 명을 후원하는 사람들.
- 당신에게 기대려 하지 않는 사람들.
- 사업을 뒤로 미룬다고 절대 말하지 않는 사람들.
- 말만 앞세우는 사람이 아니라 행동하는 사람들.
- 당신과 함께 다니고 당신이 후원하는 것을 보고자 하는 사람들.

▶ 리더를 만드는데 있어서 고려해야 할 측면
- 당신이 리더를 만들기 시작하면 모든 사람들이 자신을 리더로 만들어줄 것을 기대하게 된다.
- 당신이 후원활동을 그만두면, 가장 많은 사람들을 후원하겠다는 목표를 달성하지 못할 것이다.
- 사람들이 스스로 리더가 되겠다는 강한 의지를 보이면 더욱더 강한 리더로 성장하게 될 것이다.
- 당신이 후원한 사람들을 다른 사람들 밑으로 넣어주는 것은 실질적인 성장을 보여주는 것으로 더욱더 분발하는 계기가 된다.

 ......
 ......

리더를 만들기 위한 나의 비밀

경고

개인적으로 20~30명을 후원할 때까지 후원한 사람을 다른 사람에게 심어주는 것은 좋은 아이디어가 아니다. 당신의 성공적인 그룹에 100명 이상의 회원이 있을 때 리더를 만들도록 하라. 그 때까지 미래의 리더는 당신과 함께 후원을 위한 활동을 계속하고 각종 모임에 참석하여 지속적으로 훈련을 받도록 해야한다. 또한 새로운 사람들을 후원하여 그들이 사업 시스템을 복제할 수 있도록 사업설명을 계속 해야한다.

1단계

계속해서 후원을 한다. 절대로 후원을 중지하지 말라. 리더를 만들고자 한다면, 당신이 직접 후원한 사람을 리더로 키워라.

2단계

당신이 직접 후원한 모든 사람의 통계를 살펴보라.

3단계

새로운 사람 1~3명을 후원하고 매달 500달러 이상의 판매를 지속하는 사람을 찾아라. 그 사람에게 연락하여 이런 질문을 하라.
- "돈을 더 많이 버는데 관심이 있습니까?"
- "어떤 기대를 하고 계십니까?"
- "그 많은 제품을 매달 어떻게 판매합니까?"
- "처음 세 사람을 어떻게 후원했습니까?"
- "이 사업에서 가장 좋은 점은 무엇입니까?"

- "가장 좋아하는 제품은 어떤 것입니까?"
- "어떤 사람들에게 판매를 합니까?"
- "나와 함께 일해서 당신이 다음 단계로 올라갈 수 있도록 도움을 받는 것은 어떻습니까?"
- "배울 준비는 되어 있나요?"

4단계

어떤 기대를 하고 있는지 분명히 하라. 나는 나의 리더들에게 이런 기대를 했다.

- 그는 내가 제안하는 모든 모임에 참석한다.
- 그는 앞으로 그룹의 리더가 된다.
- 그는 그룹의 발전상황을 나에게 알려준다.
- 그는 그룹 미팅, 훈련, 모임 그리고 랠리에 참여한다.
- 그는 내가 전화했을 때, 늦어도 24시간 안에 회답을 한다.
- 그는 매달 반드시 뉴스레터를 쓴다.
- 나는 어느 때라도 혹은 당신의 마음이 흔들릴 때도 "나는 리더를 찾고 있으며 당신이 추진력을 잃거나 나의 가르침을 원치 않을 때에는 가르치는 것을 그만두겠다."라고 말할 것이다.

5단계

미래의 리더를 돕겠다는 결심을 한다. 미래의 리더를 위해 나는 이렇게 결심했다.

- 나는 그가 후원한 처음 다섯 사람을 훈련하는 데 도움을 줄 것이다.
- 나는 그에 대한 책임을 다할 것이다.
- 그가 실망시키지 않는 한, 나도 그를 실망시키지 않을 것이다.

- 나는 열심히 노력하여 이번 달에 새로운 두세 명을 후원할 것이다.
- 그가 포기하지 않고 내가 그를 가르치고자 하는 한, 우리는 실패하지 않을 것이다.
- 우리는 함께 노력하여, 3개월 안에 그를 다음 단계에 오르도록 할 것이다.

6단계
미래 리더들의 가치관, 개성, 스타일, 의지의 정도를 파악한다.
- 진정한 리더를 찾아낸다.
- 회원의 숫자보다는 리더의 수가 더 중요하다.
- 리더들은 리더십을 발휘한다. 그들은 관리를 요하지 않는다.
- 많은 사람들이 첫 레벨에 도달했을 때 이미 리더가 되었다고 생각하지만, 그것은 착각이다!
- 리더가 될 사람을 찾았을 때, 그들의 목표에 대해 물어보라. 원하는 것이 무엇인지 자세히 알아내라. 그리고 당신의 계획을 통해 그들이 원하는 것을 얻도록 도와라.

7단계
- 목표를 세워라. 이 달에 당신 그룹에 3명에서 6명의 새로운 사람들을 만들도록 목표를 세워라.
- 미래의 리더에게 이렇게 말하라. "나는 이번 달에 당신을 위해 일할 것입니다. 내가 만나게 되는 사람들에게 함께 전화를 합시다. 처음 세 명은 3자 통화를 하게 됩니다. 그 다음 세 명은 당신이 통화하고 내가 듣습니다. 그리고 내가 매 통화마다 평가를 해 줄 것입니다. 필요하다면 대화중에도 내가 참여할 것입니다."

8단계

미래의 리더가 새로운 후원자를 찾도록 당장 일을 시작하라. 신뢰를 구축하라. 절대로 미래의 리더를 실망시키지 말라. 미래의 리더가 첫 단계 한 사람을 후원했을 때, 새로운 사람에게 이렇게 말하라.

"현재 나는 개인적으로 직접 후원을 하지 않습니다. 나는 당신이 나의 첫 단계 리더와 파트너로서 함께 일하기를 원합니다. 당신은 사업을 하면서 그로부터 많은 도움을 얻게 될 것입니다. 이러한 방법으로 당신은 나와 새로운 스폰서의 지원을 받게 됩니다. 이것이 바로 우리가 이 사업에서 리더를 지원하는 방법입니다. 그러므로 당신의 스폰서 역시 내가 했던 것과 같은 방법으로 당신을 도와줄 것입니다."

한 달에 그룹매출 3,000달러를 올리는 법

- 책과 테이프, 세미나를 통해 마음의 양식을 채워라.
- 고객을 위해 적어도 한 달에 한 번, 간단한 친목 모임을 가져라.
- 10명의 후원과 그들 각각의 월 매출 300달러를 목표로 하라.
- 목표를 설정했다면 목표를 성취하라.

"나는 가르치기를 원치 않는 선생님을 싫어하고,
설교를 원치 않는 설교자를 싫어하고,
팔기를 싫어하는 판매원을 싫어하고,
일하기 싫어하는 사원을 싫어한다.
그 중에서도 가장 싫어하는 것은 이끌어가지 않는 리더이다."

― 찰리 브라우어 ―

리더가 되려면 이렇게 하라

- 일관된 자세로 결정을 내리고 결과를 지켜보라.
- 네트워크마케팅을 하는 대부분의 사람들이 하지 않으려 하는 것을 기꺼이 하라. 그것은 바로 전화 걸고 사람들을 만나고 자기계발 세미나와 컨벤션에 참석하여 지속적인 자기발전을 가져오는 것이다.
- 결심을 하기 전에 일할 준비가 되어 있어야 한다.
- 리더가 되려는 열정과 동기부여의 정도를 결정하라.
- 당신이 강한 의지를 다졌다면, 원하는 수입을 올리는데 필요한 도움을 받게 될 것이며, 다른 리더들과 같은 대우를 받을 것이다. 수입을 올리는 가장 빠른 방법은 제품을 파는 것이고 다른 사람들도 제품을 팔도록 하는 것이다.
- 리더가 되는 것을 즐거워하고 당신의 지지와 도움으로 리더가 된 사람들과 함께 일하는 것을 더욱더 즐거워하라.
- 그룹을 위한 프로그램과 동기를 부여하는 일을 업 라인에게 기대한다면, 당신은 리더가 아니다.
- 자기 자신과 업 라인 그리고 다운라인에게 자신의 결심을 말하라.
- 리더가 되려면 스스로 "나는 리더다"라고 선언하라.
- 이 사업에서는 처음 둘째와 넷째 주까지가 매우 중요하다. 새로운 사람에게 최선의 리더십으로 초기에 도움을 주어라.
- 네트워크마케팅에 일확천금은 없다. 노력과 시간을 투자해야 하는 것이다.
- 시작하는 위치는 정상에 도달하는 것만큼 중요하지 않다.
- 당신의 각오는 당신이 하고자 하는 의도와 말한 것을 실행하려

는 결의를 말한다.
- 당신이 후원을 시작하고 판매를 하고 훈련 모임에 참석하고 성장 세미나에 참석하기 시작할 때, 그리고 당신이 읽은 책과 듣고 있는 테이프에 대해서 업 라인과 다운라인에게 이야기하기 시작할 때, 진정한 리더가 되는 것이다.

"자신감을 갖고 꿈을 향해 나아가고 꿈꿔 왔던 삶을 위해 노력할 때,
성공은 전혀 기대하지 않았던 순간에 찾아오게 된다."
— 헨리 데이비드 쏘로우 —

▶ **성공을 위한 파트너의 자질**
- 다른 사람과 힘을 합하는 능력 ⇔ 오랜 대화 후에도 친근감이나 좋은 관계가 없는 것
- 자신에 대한 안정감 ⇔ 긴장하고 쉽게 상처 받음
- 보증을 하는 것 ⇔ 교활한 판매원
- 믿을 수 있는 것 ⇔ 믿을 수 없는 것
- 카리스마적 ⇔ 방어적
- 결의 ⇔ 의지박약
- 애정 ⇔ 관심 부족
- 자신감 ⇔ 불안정
- 긍정적 ⇔ 부정적
- 집중됨 ⇔ 산만함
- 내면의 겸손 ⇔ 교만함
- 경청하는 사람 ⇔ 쓸모없는 정보
- 좋은 자기 이미지 ⇔ 자기 학대
- 행복함 ⇔ 슬픔

- 신체적인 힘 ⇔ 나약하고 힘이 없음
- 대화로 고무시킴 ⇔ 침울함
- 다른 사람에게 관심을 보임 ⇔ 자기중심
- 직관적임 ⇔ 직관력이 없음
- 조직적임 ⇔ 방만함
- 지속적임 ⇔ 쉽게 포기함
- 긍정적인 기대감 ⇔ 자기파멸
- 에너지 ⇔ 무력함
- 예민함 ⇔ 무감각함
- 지지함 ⇔ 도움이 안 됨
- 비전을 가짐 ⇔ 나태함
- 변화할 수 있음 ⇔ 냉담함
- 파트너로 일함 ⇔ 독자적임

▶ **리더십 계획을 발전시키기 위한 결정**

종이를 준비하여 다음을 메모하라.
① 내가 진정 원하는 것은 무엇인가?
② 어떻게 도달할 것인가?
③ 도움이 되는 자료는 무엇인가?
④ 내가 성취한 것을 어떻게 측정할 것인가?

▶ **다음의 3단계를 실천하라**

① 첫 단계 : 목표를 현실화하기 위해 미래를 투자하라.
② 둘째 단계 : 리더에게 배우는 학생이라고 선언하라.
③ 셋째 단계 : 미래의 리더를 위한 리더라고 선언하라.
당신은 할 수 있다. 당장 시작하라!

> *"작은 스파크가 커다란 불길이 된다."*
>
> – 단테 –

네트워크마케팅 사업에서 리더가 되는 방법

- 모든 성공적인 네트워크마케팅 그룹은 소수의 뛰어난 리더에 의해 만들어진다.
- 마음속 성공에 대한 이미지를 확실히 해야 실제로 성공이 따른다.
- 사람들이 당신을 리더로 바라보길 원한다면 먼저 모범을 보이도록 하자. 그리고 당신도 당신의 업 라인을 훌륭한 지도자로 보도록 하자.
- 이 사업 분야의 전문가로부터 지식을 얻도록 노력하자. 배운 지식을 자신의 그룹에 적용하여 사업을 폭발적으로 키우자!
- 오늘 커다란 꿈을 키우자.
- 당신이 5년 전에 입었던 옷은 성공적인 이미지와 외모에 도움이 되지 않는다. 새로운 감각에 맞는 옷을 입어라.
- 다른 나라에서 하는 네트워크마케팅 세미나에 참가해 보았는가?
- 자신의 리더십 스타일을 발전시켜라.
- 열정을 불태워라! 매일! 매일!
- '톱 10'이라 불릴만한 당신의 그룹을 만들어라.
- 당신의 위치에 만족하지 말라.
- 기존의 틀에서 벗어나라. 상투적인 것은 더 이상 발전이 없다.
- 인생 전체를 위한 자기개발 프로그램을 만들어라.

- 매일 배우자와 자녀들에 대한 감사의 마음을 가져라.
- 리더로서의 역할을 하지 않는 리더에게 관심을 갖지 말라.
- 위험을 감수하고 좋아하는 일을 할 때, 당신의 삶은 힘이 있고 사람들에 대한 사랑도 점점 커져갈 것이다.
- 당신이 성공적인 그룹을 이끌지 않는다면, 누가 할 것인가?
- 낮은 상태의 생활을 유지하는데 필요한 노력과 에너지는 성공적인 삶을 유지하는데 필요한 것과 비슷하다.
- 당신의 나이가 40이 넘었다면, 당신의 얼굴에 책임을 져야 한다.
- 리더가 되기를 주저한다면, 아마도 당신은 비관적인 사람일 것이다.
- 사람들로 하여금 '톱 10' 그룹 안으로 들어오도록 이끌어라. 그리고 특별한 인정과 칭찬과 격려로 가득한 그룹으로 만들어라. 이들이 미래의 리더들이다.
- 당신을 멈추게 만드는 모든 것을 멀리하라.
- 노력에 대한 대가를 얻을 수 있는 방법을 배워라.
- 동기부여와 훈련을 성공적인 방법으로 이끌 수 있는 능력을 가진 사람들의 말을 경청하라.
- 훌륭한 아이디어를 나누어라.
- 당신의 다운라인은 정신적으로 당신에게 매여 있는 것이 아니다.

리더가 되기 위해 취해야 할 복제 가능한 단계

첫 단계

당신이 카리스마적 기질, 효과적인 사업파트너, 후원자의 능력, 호감등을 갖추기 위해 노력한다면 훌륭한 결과를 얻게 된다.

- 자질 있는 사람들이 호감을 갖는다.
- 모든 것을 긍정적인 면으로 계획하게 된다.
- 주위에 있는 사람들이 당신을 좋아하게 된다.

둘째 단계

리더십 개발을 위해 당신이 노력해야 하는 부분을 알아낸다. 후원자로서 당신은 얼마나 호감을 주고 열정을 보여주는가? 다른 사람의 입장에서 혹은 당신이 후원하려는 사람의 입장에서 볼 때, 당신은 호감을 주는 사람인가?

셋째 단계

당신이 호감을 주는 이유와 그렇지 않은 이유를 메모한다. 이것은 어려운 일이지만 반드시 해야 한다. 그리고 잘못된 부분에서는 하나 하나 개선시켜 나갈 수 있도록 계획을 세운다. 매일 긍정적인 책을 10쪽씩 읽고 자신의 발전을 위해 노력한다.

넷째 단계

네트워크마케팅의 성공자들이 개최하는 후원설명회를 10회 이상 듣는다. 그 성공자가 당신의 업 라인이라면 말할 것도 없고, 다른 사람일지라도 업 라인과 함께 가도록 한다. 열심히 배워라.

다섯째 단계

당신이 전화하는 것을 녹음해서 업 라인이나 다른 사람이 듣도록 하여 평가를 받는다. 그리고 사업설명회를 연습한다.

여섯째 단계

매주 업 라인에게 전화하여 자신의 노력에 대해 이야기하고 토론한다.

일곱째 단계

당신이 배운 것을 가르친다. 직접 가르쳐 보아야만 진정으로 그것을 내 것으로 만들 수 있다.

여덟째 단계

월별 목표를 세우고, 절망스런 상황에 처했을 때는 도움을 청하여 극복하도록 하라.

아홉째 단계

회사에서 3개월 연속 최고 판매자와 후원자가 되겠다는 목표를 세워라. 그리고 그것을 달성하면 또 다시 새로운 목표를 세워라.

열 번째 단계

상대방을 인정하는 것과 칭찬으로 가득한 뉴스레터를 만들어 업라인에게 보낸 후, 평가를 부탁하라.

거대한 그룹을 관리하는 방법

네트워크마케팅에서 당신이 거대한 그룹을 갖고 있더라도 각각의 그룹을 관리하는 훌륭한 리더들이 있다면, 거대한 그룹을 관리하는 것은 어렵지 않다.

‥‥‥

e-메일 :

매일 e-메일을 사용하라. 우선 당신의 주위부터 시작하라. 성공적인 그룹의 몇 사람에게 책임을 주고 그룹에서 전해지는 정보를 관리할 수도 있다. 비용이 절감될 뿐만 아니라, 사람들이 시간에 구애받지 않고 볼 수 있으며 필요한 내용을 프린트할 수 있다.

전화 :

다운라인과 항상 연락이 가능하게 하여 리더들과 접촉할 수 있도록 한다.

뉴스레터 :

대화 채널을 유지하기 위해 뉴스레터를 써라.

내셔널 컨벤션 :

내셔널 컨벤션에서 리더들을 만나 질문도 하고 그들의 말을 듣도록 한다. 사업에 있어서 팀웍은 무엇보다 중요하다. 그러므로 모든 리더들이 안정감을 갖고 당신에게 의견을 말하도록 하라.

나의 팀 리더십 철학을 사용하라.

"힘을 합하여 모든 사람이
더 많은 것을 성취하자."

리더들은 독서를 하고
독서하는 사람들은 리더이다.

나의 리더십을 키우기 위해 무엇이 필요한가?

-
-
-
-
-
-
-
-
-
-
-

PART 07

네트워크 마케팅에서 업 라인이 되는 것은 매우 중요한 일이다

업 라인은 어떤 사람인가?

업 라인은 회사마다 다르게 정의되고 있지만, 보통 당신 이전에 사업을 시작한 사람, 당신이 속해 있는 그룹에서 상위 레벨에 도달한 사람, 당신을 후원한 사람, 당신을 후원한 사람을 후원한 사람, 회사에서 가장 위 단계에 있는 사람을 말한다.

만약 당신의 훌륭한 업 라인이 누구인지 모른다면 어떻게 해야 할까?

첫째, 열심히 사업을 전개하고 성공가도를 달리고 있는 당신의 첫 번째 업 라인을 찾는다.

둘째, 회사로부터 정보를 얻는다.

셋째, 당신 바로 위의 업 라인이 좋은 실적을 남기지 않거나 후원이 불가능하다면 그 위의 단계로 혹은 그 위의 위 단계로 찾아 올라가 함께 일할 수 있는 사람을 찾도록 한다.

네트워크마케팅에서 성공적이고 훌륭한 업 라인 리더들은 거의 매일 그들의 다운라인과 대화를 나누고 후원한 회원들을 훈련시키며 복제할 수 있는 사업 방법을 가르친다. 그리고 그들을 그대로 따르는 새로운 회원들은 성공적으로 네트워크를 만들어 나아간다.

업 라인들이여! 모범을 보여라.
최고의 업 라인은 최고의 네트워크마케팅 사업가이다.
네트워크에서 사업을 잘 하는 것 이외의 다른 길은 없다.

훌륭한 업 라인이 되는 법

- 가능한 한 빨리 업 라인이 된다. 즉, 다운라인을 갖는 것이다.
- 업 라인을 찾아가고 전화를 하라. 업 라인이 스스로 알아서 모든 노력과 관심을 기울여주기를 바라지 말라.
- 다운라인의 성공적인 그룹과 e-메일을 통해 의사를 전달하라.
- 최고의 실적을 내는 사람들과 대화하라.
- 좋은 결과를 얻는 후원방법을 복제하라.
- 더 발전할 수 있도록 공부하라.
- 계속해서 후원 하라.
- 위임하라.
- 도전적인 목표를 설정하고 지난번보다 더 높은 성과를 거두어라.
- 경청하라.
- 중요한 것을 먼저 실행하라.
- 회원들 스스로 네트워크를 만들도록 교육하고 격려하여 당신에게 의지하지 않도록 하라.
- 내셔널 컨벤션에서 특별한 모임을 가져라.
- 리더십을 제공하라.
- 파트너십을 발휘하라.
- 업 라인의 뉴스레터를 읽어라.
- 일하는 방법을 향상시키기 위해 새로운 방법을 생각하라.
- 판매, 후원은 물론이고 다른 사람이 리더가 되도록 도와라.
- 정보와 성공스토리가 가득한 뉴스레터를 써라.

▶ **훌륭한 업 라인이 되는 효율적인 아이디어**
- 항상 연락이 가능하다.

- 성공적인 그룹에 신속하게 빠른 정보를 제공한다.
- 네트워크마케팅의 전문가로서의 모습을 보인다.
- 세부 사항들을 확인하고 조직적으로 일한다.
- 책임을 진다.
- 다른 사람들이 그들의 가치 있는 시간을 해치지 않도록 한다.
- 필요하지 않은 모임을 주관하거나 참가하지 않는다.
- 우편물의 노예가 되지 않는다. 읽고 나서 버릴 것은 곧바로 버린다.
- 뒷공론을 하지 않는다.
- 교활한 짓을 하지 않는다.
- 걱정하며 시간을 보내지 않는다.
- 중요하지 않은 활동에 시간을 낭비하지 않는다.
- 다운라인에 불평이나 푸념을 하지 않는다.

▶ 훌륭한 업 라인이 빨리 되는 방법

- 지속적으로 판매하고 후원하는 프로그램을 시작한다.
- 보상 플랜의 첫 단계에 빨리 올라간다.
- 모든 제품과 사업설명, 훈련, 모임에 참석한다.
- 가능한 한 빠른 시간 안에 적어도 1년에 1,000달러 정도를 자기 계발에 투자할 수 있도록 한다. 이것은 테이프, 책, 세미나, 컨벤션, 전화 상담, 홈피 등을 위한 투자를 말한다.
- 훌륭한 업 라인이 될 목표를 설정한다.
- 네트워크마케팅에서 커다란 성취를 한 사람 즉, 훌륭한 업 라인을 연구한다.
- 당신의 리더들을 인정하고 칭찬하고 그들에게 감사한다.

▶ 업 라인과의 마찰을 해소하는 방법
- 네트워크마케팅에서 업 라인은 성공적인 그룹을 형성함으로써 돈을 번다. 그렇다고 그것이 당신의 덕이라는 것을 의미하지는 않는다. 네트워크 시스템이 그렇게 되어 있을 뿐이다. 그러므로 당신도 돈을 벌고 싶다면 다운라인을 만들어야 한다.
- 당신은 업 라인에게 어떤 것도 요구할 권리가 없다.
- 업 라인이 당신과 다른 목표와 가치관을 가질 수도 있다는 점을 인정하라.

▶ 업 라인과의 사이에 마찰이 일어났다면?
- 우선 왜 마찰이 일어났는지 원인을 생각해 본다.
- 업 라인의 말을 충분히 듣고 먼저 이해하도록 노력한다. 그리고 그가 당신을 이해하도록 설득한다.
- 어쩌면 개성의 차이로 마찰이 생겼을지도 모른다. 아니면, 오해일 수도 있다. 대화를 나눠라.
- 이러한 마찰은 보통 힘겨루기 싸움에서 비롯된다. 당신의 업 라인은 당신의 존경심을 원하고 또한 당신이 자신을 복제하기를 원하지만 당신은 따르지 않기 때문이다.
- 아무리 노력해도 해결할 수 없다면 실망스럽지만 어쩔 수 없다. 당신이 변화할 수 없다면 참는 수밖에….

▶ 당신을 후원한 업라인으로부터 아무런 소식도 없다면?
당신을 후원한 업라인은 어쩌면 당신이 가입하던 그 날 그만둔 것인지도 모른다. 그럴 경우 그 위의 업 라인에게 그가 하는 방법을 복제하도록 하라.

……

▶ 좀 더 업 라인의 인정과 존경을 받고 싶은가?
- 업 라인과 함께 서로의 기대치에 대해 대화를 나눠라.
- 바쁘게 그리고 열심히 일하라. 업 라인보다 초과판매 달성, 초과후원, 초과 성취를 하라. 그러면 자연스럽게 당신이 원하는 것을 얻을 수 있을 것이다.

▶ 마찰을 해결하고 싶지 않다거나
업 라인이 존경스럽지 못할 때?
- 항상 관계가 개선되도록 마음의 문을 열어 놓는다.
- 당신의 다운라인이 당신에게 기대하는 것이 무엇인지 물어본다. 그러면 업 라인에 대한 이해심이 좀 더 넓어질 지도 모른다.
- 업 라인에 대한 당신의 기대는 무엇인지 적어 본다.
- 당신이 원하는 업 라인의 모습을 다운라인에게 보여주도록 한다.
- 당신 자신의 다운라인을 만들어라.
- 당신을 훈련시키고 스스로 사업을 전개할 수 있도록 도움을 준 업 라인에게 감사하라.
- 이제 당신이 업 라인이 될 시간이다.
- 당신이 직접 훈련을 하라.

업 라인이 멀리 있는 경우

이것은 문제가 되지 않는다. 당신이 제품에 만족을 느껴 회사 자료를 읽고 전화를 하고 제품 훈련을 받고 리더십 트레이닝 혹은 컨벤션에 참석하게 되면 당신은 업 라인을 보게 될 것이다. 거리의 멀고 가까움은 절대로 성공을 가로막는 장애물이 아니다.

……

나의 업 라인에게 있었던 일

멀리 떨어져 있던 나의 업 라인은 초기에 나를 많이 도와주었지만, 그녀는 내가 바라던 이상형도 지도력을 갖춘 인물도 아니었다. 그리고 그녀는 상당한 개인적 어려움을 지니고 있었기 때문에 결국 회사를 떠나고 말았다. 그 후 이 책을 쓰는 지금까지 나에게는 업 라인이 없었다.

▶ **업 라인이 없을 때, 알아둬야 할 사항**
- 가치를 부여하는 곳에서 모든 것을 찾을 수 있음을 깨닫는다.
- 업 라인이 사업을 그만두더라도 우정은 유지되어야 한다.
- 인간관계에 치우치기보다는 철저하게 사업적인 관점에서 일을 처리한다.
- 비슷한 생각을 가진 비슷한 수준의 다른 리더를 찾아 그들과 네트워크를 시작한다.
- 모든 업 라인이 당신과 친밀하게 지내기를 원하지는 말라.
  업 라인은 자신의 사업에 몰두하면서 당신도 당신의 사업을 위해 열심히 일하기 원한다. 그렇다고 당신을 싫어하는 것은 아니다.
  사업이 확장되면 모든 다운라인들에게 일일이 많은 시간을 낼 수가 없다. 당신이 발전하면 친밀감은 자연스럽게 싹틀 것이다.
- 업 라인이 없다는 것을 자꾸만 비관적 혹은 부정적으로 생각하면 일도 더디게 진행된다.
  네트워크마케팅에서 업 라인 리더가 있어야만 성공하는 것은 아니다. 나 역시 업 라인이 없었다.
  ......

▶ 업 라인이 없을 때는 이렇게 대처하라
- 좋은 결과를 얻는 다른 업 라인으로부터 배워라.
- 전문가가 된 업 라인과 힘겨루기를 하지 말고 성취한 것을 존중하라.
- 전문가가 된 업 라인의 방법을 복제하라.
- 마음에 투자하고 정신을 훈련시켜라.
- 프로와 전문가들의 세미나에 참석하라. 그리고 배우는 것에 대해 기꺼이 대가를 지불하라.

▶ 왜 배움에 대한 대가를 지불해야 할까?

전문가들은 그들이 알고 있는 것을 배우기 위해, 많은 시간과 돈 에너지을 투자하였다. 전문가들은 자신이 열심히 노력하여 터득한 지식을 무료로 가르쳐주어야 하는가?

당신이 그들의 다운라인이 아닌데도 그들이 시간과 에너지 돈을 들여 배운 것을 대가 없이 가르쳐주어야 한다고 생각하는가?

당신이 수년 동안 돈을 투자하고 노력하여 습득한 가치 있는 지식을 누군가가 무료로 가르쳐달라고 한다면, 당신은 아마도 정중하게 거절할 것이다.

▶ 전문가가 되려고 노력하는 모든 사람들에게 보내는 조언

전문가가 지닌 지식을 얻기 위해 어떤 장애라도 넘겠다는 자세를 가져야 하며 또한 기꺼이 대가를 지불할 수 있어야 한다.

나는 훌륭한 업 라인인가?

- 당신은 기꺼이 그리고 충분히 인정을 해 주는가?

- 후원을 위해 최선을 다하는가?
- 열심히 판매를 하는가?
- 훌륭한 전문가를 만들기 위해 다운라인을 훈련시키는가?
- 월간 뉴스레터를 만드는가?
- 항상 연락이 가능한가?
- 책과 테이프를 사고 세미나에 참가하며 자신에게 투자하는가?
- 당신의 다운라인이 다음 단계에 오르도록 열심히 도와주는가?
- 당신은 회사의 모든 여행 인센티브를 받아 여행을 가는가?
- 상위 리더의 말을 잘 듣는가?
- 당신은 다른 사람에게 일할 수 있도록 권한을 주는가?
- 업 라인으로서 발전하기 위한 행동지침 리스트를 만들었는가?
- 모범을 보여주고 있는가?
- 리더가 되는 것을 강조하고 다운라인이 성공하도록 해주는가?

PART 08

네트워크 마케팅에서 후원의 전문가가 되는 법

더 많은 사람을 후원하고 싶은가?
더 많은 사람이 당신의 그룹에서 사업하기를 원하는가?

제8장은 후원의 개념과 아이디어와 지식과
취해야 할 행동으로 가득 차 있다.
오늘 시작하려는가?

"왜라는 것이 명백해지면, 어떻게는 쉬워진다."
- 짐 론 -

어떻게 다운라인을 만들고 복제할까?

- 새로운 다운라인 3~4명을 함께 복제한다. 그리고 그들로 하여금 3~4명을 더 복제하도록 한다. 또 다시 그들이 3~4명을 더 복제….
- 다른 사람들이 성공하도록 돕는다. 어떻게 판매하는지 그리고 후원하는지를 직접 보여주는 것이다. 그들과 함께 사업을 전개하라. 직접 보여주고 또 보여줘라.
- 당신 스스로 제품을 움직이고 다른 사람들도 제품을 움직이도록 하라.
- 당신이 더 많은 사람을 후원하면 더 빨리 당신의 네트워크 사업이 커진다.

▶ 거대한 네트워크를 만들기 위한 기초
- 당신의 후원/스폰서 링을 복제하게 하라.
- 자신을 복제하고 또한 다른 사람들에게 어떻게 하는지를 보여줘라.
- 많은 사람들이 각각 조금씩 이라도 제품을 팔도록 하라.
- 모든 것을 혼자 하는 것보다 많은 사람들이 조금씩 하는 것이 훨씬 쉽다.
- 몇 명의 사람들을 후원하고, 그들이 다른 사람을 후원하도록 가르쳐라.

▶ 후원하는 사람들은…
- 재정적인 독립을 갈망한다.
- 다른 사람들이 성공하도록 돕는 것을 좋아한다.
- 많은 돈을 벌기를 원한다.

- 이 세상에 변화를 가져오기를 원한다.
- 자신의 가치에 맞는 라이프스타일을 원한다.

▶ 후원을 하는데 있어서 자신감을 갖도록 돕는 아이디어들
- 누구나 뛰어난 후원자가 될 수 있는 능력을 가지고 있다.
- 네트워크마케팅을 다른 사람에게 설명하면서 당신은 이 사업에 대해 더 잘 알게 될 것이다.
- 다른 사람을 통하여 성공을 거둔다.
- 한 개의 도토리는 열 개의 숲으로 자랄 수 있다.

▶ 기하학적으로 늘어나는 네트워크마케팅

네트워크마케팅은 어떤 사업보다 강력한 비즈니스로 숫자가 기하학적으로 늘어나는 특징을 지니고 있다.
- 당신이 한 사람을 후원하면 당신 조직은 두 사람이 된다.
- 그 두 사람이 한 사람씩 찾으면 네 명이 된다. 그 네 명 모두가 한 사람씩 찾으면 여덟이 된다. 그 여덟 사람이……. 결국 네트워크마케팅은 2, 4, 8, 16, 64…의 배가 원리로 증식되는 것이다.
- 초기의 숫자는 작다. 하지만 다음 단계로 갈수록 숫자는 급상승한다.
- 처음 몇 단계를 강하게 만들면 이 사람들이 또다시 기하학적으로 성장하는 그룹을 만들게 된다.
- 사업초기에 숫자가 적다는 이유만으로 실망하지 말라.
- 당신이 찾은 리더에 따라 그들이 사업을 하는 시간에 따라 그들의 리더십 능력에 따라 그리고 당신의 노력에 따라 성장하는 속도가 모두 다르다.
- 성공하기 위해 준비되어 있는 사람과 당신처럼 의지가 강한 사

람을 찾는다.
- 기하학적인 성장은 처음에 발전이 느리다. 즉, 초기에는 작은 변화만 있을 뿐이다. 그렇기 때문에 거대한 성장을 위해서는 장기적인 계획을 세워야 한다.
- 이 사업은 시작 단계가 가장 어렵고 또한 느리게 성장하므로 열정과 인내를 키워야 한다.
- 그룹이 커졌을 때, 당신은 모든 다운라인을 돌볼 수 없으며 톱 리더들을 관리하게 된다. 그렇기 때문에 복제가 중요한 것이다. 실제로 사업이 성장단계에 이르면 대부분의 그룹 사람들을 알지 못한다. 하지만 그들이 제품을 주문할 때마다 당신은 장려금을 받게 된다. 이것이 바로 네트워크마케팅의 힘이다!

"언제쯤 돈을 벌게 될까요?"라는 질문

물론 처음부터 얼마간의 돈은 벌 수 있다. 하지만 큰돈을 벌기 위해서는 인내해야 한다. 즉, 시간이 걸리는 것이다. 네트워크마케팅은 일확천금을 안겨주는 사업이 아니다. 시간과 노력의 투자가 필요하다. 회사에서 주는 혜택을 설명하고 후원을 하는데 들어가는 노력과 투자의 결과를 얻을 때까지 3년이 걸릴 수도 있다.

1년에 20명을 후원한다면? 혹은 1년에 50명을 후원한다면 어떻게 될 것인지 생각해 보라. 당신의 노력에 따라 시간은 앞당길 수 있다.

많은 사람들이 혼자서 네트워크마케팅 그룹을 키우기가 너무 힘들다고 말한다. 그렇다면 믿음직스럽고 든든한 세 사람을 찾아 그들이 그룹을 형성하도록 함께 일 해보라. 그리고 당신이 후원을 잘 한다면 1년에 50명 정도를 후원해 보자. 나는 그렇게 했다. 사업은 폭발적으로 성장했으며 수입 역시 마찬가지였다.

나는 내가 후원한 사람들에게 제품과 후원하는 법에 대해 많은 시간을 투자하여 훈련시켰다. 물론 처음 2년 동안에는 '이 사업으로 과연 돈을 벌 수 있을까?' 라는 의혹이 있었던 것도 사실이다. 그리고 약간 실망을 한 적도 있었지만 결코 포기하지 않았다.

꿈의 힘을 활용하라. 더 나은 생활에 대한 비전을 보고 지금 하고 있는 일에 대한 열정을 지녀라. 당신은 자신뿐만 아니라, 다른 사람들의 삶도 발전적으로 바꿔줄 것이다.

제품에 대한 믿음을 가져라. 스스로에게 진실 하라. 믿을 수 없는 제품은 절대 소개하지 말라.

아무 것도 하지 않는 사람들의 주머니는 두툼하게 채워지지 않는다. 당신의 그룹이 매출액을 높이면 높일수록 당신은 연간 100,000달러 이상을 벌어들일 수도 있다. 이것은 사실이다. 그리고 더 많은 리더를 배출할 때, 이것은 더 빨리 달성된다.

당신에게는 리더가 필요하다. 인내심을 갖고 지속적으로 후원하며 자신을 반복해서 복제하도록 하라. 그러면 돈이 당신을 따라올 것이다.

젠 루의 후원을 잘하는 비결

네트워크마케팅의 성공자가 가장 많이 받는 질문 중의 하나가 바로 "어떻게 후원을 하죠?"라는 것이다. 한 가지 확실한 것은 잘할 수 있는 방법이 매우 다양하다는 사실이다. 그렇기 때문에 당신이 잘할 수 있는 방법을 찾을 때까지 여러 가지 방법을 시도해 보아야 한다.

처음 24시간 안에 혹은 6주일 안에 후원을 하지 못했다고 포기하겠는가? 어떤 사람은 1년이 지난 후에야 비로소 후원하는 경우도 있다. 나는 사업을 시작한 지 6개월이 넘어서야 후원이 무엇인지 알게 되었다!

- 설명이 아주 좋았다고 자신하더라도 가입여부를 반드시 체크해야 한다.
- 설명이 끝난 후 가입여부를 물어보지 않았다면, 아무리 뛰어난 사업설명을 했더라도 커다란 성공을 하지 못했다고 일기장에 기록해야 할 것이다.
- 항상 정직해라.
- 굳건하고 용감해라.
- 걱정을 버려라. 만약 걱정이 있다면 가능한 한 빨리 털어 버려라.
- 당신이 취급하는 제품을 믿어라.

당신은 마약이나 몸에 해로운 것을 파는 것이 아니다. 당신은 제품을 사랑하고 있다. 그렇다면 다른 사람도 그러한 느낌을 갖도록 해주어라. 당신은 이기주의자가 아니지 않은가!

......

......

......

네트워크마케팅은 시대의 흐름이다

네트워크마케팅을 믿어라. 21세기의 유통은 아마도 네트워크마케팅이 주름잡게 될 것이다. 이미 수백만의 사람들이 집에서 혹은 시간적인 구애를 받지 않고 일할 수 있는 사업을 찾고 있다. 여기에 가장 잘 부응할 수 있는 것이 바로 네트워크마케팅이다.

- 자신만의 독특한 사업설명회를 계획하라.
- 배우면서 돈을 벌어라.
- 최선을 다해 설명하고 자동차의 문을 쾅하고 닫듯이 설명을 끝내라.
- 초기단계부터 더 많은 데몬스트레이션(실연)을 하고 보조 자료를 사용하면 더 많은 판매와 후원을 할 수 있고 더 많은 돈을 벌 수 있다.
- 후원에 대한 두려움을 없애라. 어떤 회사는 교묘한 방법을 사용한다는 불신을 사고 있지만, 사람들의 질문에 정확하게 대답해 주고 당신의 회사가 어떤 회사인지 분명히 밝히면 이러한 오해는 씻을 수 있다.
- 매일 당신 주위의 1m 안으로 들어오는 모든 사람에게 당신이 무엇을 하고 있는지 이야기하라. (적극성을 가져라)

후원을 위한 더 강력한 방법

- 사업설명회를 한 후에 "굉장히 좋은 사업이지 않습니까?" "가입하실 준비가 되어 있습니까?"라고 묻는다.

- 실연을 할 때마다 그리고 기회가 있을 때마다 후원을 할 수 있도록 사업 설명회를 가져라.
- 고객들을 만나러 가라.
- 업 라인과 적어도 10번 이상 사업설명회에 함께 참석하라. 지금도 수 많은 사업설명회가 진행되고 있다.
- 후원을 위한 모든 생각과 자료들을 잘 정리해 놓아라.
- 훌륭한 사업설명회를 하고 나서도 사업할 준비가 되어 있는지 혹은 가입여부를 물어보지 않는다면 대부분 가입하지 않는다.
- 후원을 하겠다는 결심이 있어야 가입을 성사시킬 수 있다.
- 제품 설명을 멋지게 해서 참가한 사람들이 모든 제품을 사고 싶도록 만들어야 한다. 제품들이 어떻게 그들과 가족에게 혜택을 주는지 분명하게 보여준다면 그들은 가입을 원한다고 말할 것이다.
- 대부분의 사람들은 그들이 성공할 것이라는 당신의 생각을 재확인하고 싶어 한다.
- 많은 사람들이 생활비에 보탬이 되기 위해, 신용카드 대금결제를 위해, 새 옷을 사기 위해, 교육비를 벌기 위해, 부모님의 용돈을 더 드리기 위해 시작하지만, 곧 그들의 꿈은 커지게 된다.
- 후원할 때, 각각의 개성과 스타일에 맞는 적절한 말을 사용한다면 더 좋은 결과를 얻을 수 있다.
- 지금 하고 있는 방법이 잘 되지 않는다면, 다른 방법을 시도해 보라. 예를 들자면 다른 표현을 쓰는 것이다.
- 당신이 하고 있는 일에 믿음과 열정이 없다면, 적극적이고 효과적으로 이야기할 수 없게 된다.
- 당신을 망설이게 하는 것을 극복하라.
- 후원활동에 소극적인 업 라인은 보통 돈을 벌지 못하는 것에 대

해 불평을 늘어놓는데, 이런 상황은 그룹 성장에 악영향을 끼치게 된다. 이런 업 라인은 무시하라. 완전히 잊어버려라. 그리고 당신의 그룹에서 도움을 줄 수 있는 다른 사람을 찾아라.
- 당신의 눈빛은 진실을 말해준다. 당신이 믿지 않는다면 당신의 예상고객은 당연히 믿지 않는다.
- 후원을 할 때, 가끔은 너무 일이 꼬인다거나 앞이 보이지 않을 때가 있다. 하지만 인내하고 노력하면 모든 것이 잘 되어 갈 것이다. 포기하지 말라.
- 판매에 집중하는 사람들은 보통 후원하는 것이 두렵다고 한다. 이것은 대부분 초기에 훈련이 부족했거나 업 라인이 명확하게 모범을 보여주지 못했기 때문에 발생하는 문제이다.
- 첫 해에 50명을 후원하고 나의 복제 가능한 훈련 시스템으로 훈련을 한다면, 믿지 못할 정도의 성장을 가져올 것이다.
- 당신이 긍정적인 마음과 열정을 느낄 때, 사업 후원을 위한 설명회를 시작하라. 어려움과 개인적인 사정은 완전히 잊던가. 극복하라. 나는 500회 이상의 홈 미팅을 개최하면서 한 번도 취소한 적이 없다. 물론 어렵고 힘들었지만 그 결과는 너무나 달콤했다.
- 후원의 전문가는 끝마무리를 자연스럽게 할 수 있을 때까지 연습을 한다. 또한 훌륭한 교훈들을 자신의 것으로 만들어 활용한다.

후원을 위한 성공비결

- 회사에서 지역에서 내가 사는 동네에서 최고의 후원자가 되겠다고 결심하고 목표를 세워라. 만약 당신이 "나는 그저 한 사람

만이라도 후원했으면 좋겠다."라고 말했다면, 그 말을 "나는 최고의 후원자가 되겠다." 라고 바꾸어라. 그러면 그렇게 될 것이다.

- 목표를 다른 사람과 함께 할 때, 당신의 능력은 빠른 속도로 성장한다.
- '네트워크마케팅에서 돈을 벌려면 직접 수 천 명을 후원해야 한다.' 는 말은 잘못된 것이다. 이것은 전혀 근거 없는 말이다.
- 당신의 봉사를 필요로 하는 사람들은 우리 주변 어디에나 있다.
- 구하라. 찾아라. 그리고 두드려라.
- 전문가적이고 자신감 있는 태도를 지녀라.
- 후원은 재미있다. 만약 재미를 못 느낄지라도 재미있는 것처럼 행동하라.
- 후원하라. 그리고 다른 사람들이 후원하도록 가르쳐라. 당신의 노력이 복제 되도록 해야 하는 것이다.
- 3년 동안 계속하여 20명 이상을 후원하고 훈련시켜라. 그리고 당신의 사업에 어떤 변화가 일어나는지 지켜보라.
- 최고의 후원자가 되어 회사에서 최고의 직급에 오르도록 하라.
- 지금 이 순간부터 말을 가려서 하라.
- 예상 고객들에게 관심을 가져라. 그들의 눈을 맞주고 미소를 지어라. 너무 부산떨지 말고 바쁜 것처럼 보이지 말라. 여유를 가져라.
- 미래에 대해 얘기하고 당신의 회사가 어떻게 다른 사람들의 추가수입을 가능케 했고 자립과 자신감을 심어주었는지 말해라.
- 당신의 회사가 왜 다른지 그리고 어떻게 운영되고 있으며 제품이 주는 혜택은 무엇인지 말해라.
- 성공적인 후원의 첫 번째 법칙은 활력이 넘치는 자세이다. 활력

있게 사업을 전개하고 그 상태를 유지하라.
- 네트워크마케팅에서 돈을 버는 최선의 방법은 당신의 노력을 배가 시킬 수 있는 그룹을 만드는 것이다.
- 당신과 사업을 하고자 하는 사람들은 많이 있다. 그리고 그들은 당신과 함께 사업을 해야 할 필요성을 느끼고 있다. 그들은 당신이 후원해 주기를 기다리고 있는 것이다.
- 사업설명회를 하면서 누가 곧바로 결정할 수 있는 사람인지를 알아내라.
- 후원의 전문가가 되기 위해 당신은 사람을 찾아내는 혜안을 지녀야 한다.
- 전화 거는 횟수와 설명하는 횟수를 세 배로 늘려라.
- '후원'이나 '뽑는다.'는 말 대신, '기쁘게 참여하게 한다.'라는 말을 사용하라.

후원을 위해 더욱더 효과적인 성공비결

- 폭발적으로 후원이 이루어지길 원한다면, 매주 한 사람 이상의 능력 있는 새로운 사람을 후원한다.
- 사람들이 사고 싶어 안달이 날 정도로 제품에 대한 신뢰를 보여준다.
- 사업설명회는 새로운 회원을 얻을 수 있는 좋은 기회이다. 설명 도중이나 마지막에 "당신도 할 수 있다"는 것을 강조하라. 그리고 이렇게 말하라. "오늘 당신이 본 비즈니스가 당신에게 커다란 기회를 제공할 것입니다. 관심이 있으시다면 떠나기 전에 말씀해 주십시오. 그리고 더 구체적인 대화를 나누시기 원하신

다면 만날 약속을 정하도록 합시다."
- 새로운 회원에게 이 사업은 벼락부자가 되게 해주는 사업이 아니라는 점을 사업 초기에 말해준다.
- 최고의 후원자가 되기 위해 자기자신을 잘 가다듬고 후원에 집중한다.
- 단순히 소비자로 남는 고객도 소홀히 해서는 안 된다.
- 설명을 더 잘할 수 있도록 꾸준히 노력한다.

▶ 연습
- 설명하는 것을 훈련하고 반복해서 연습하라.
- 1m 법칙을 지킨다. 즉, 당신 곁에 1m 안에 들어오는 사람이면 누구에게든 사업 기회에 대해 이야기할 수 있어야 한다.
- 후원과 제품 설명을 지속적으로 하라.

▶ 혜택에 대해 이야기하라
- 회원으로 가입하여 당신과 함께 일함으로써 얻을 수 있는 혜택을 말한다.
- 회사에서 주는 혜택에 대해 이야기한다. 그렇다고 세부적으로 말할 필요는 없다.
- 제품이 주는 혜택에 대해서 말한다.

▶ 때로는…
- 당신처럼 성공할 수 있는 사람을 찾는 일이 쉽게 이뤄진다.
- 아무리 많은 사람들에게 사업을 함께 하자고 권유했어도 성공할 수 있는 사람을 찾는 일이 쉽지 않다.

"이 사업은 혼자 하기에 너무 어렵다.
하지만 훌륭한 파트너을 갖게 되면 좋은 결과를 얻게 된다.
후원을 하게 되면 당신의 다운라인은 당신을 복제하게 될 것이며,
후원은 폭발적으로 늘어날 것이다."

새로운 회원의 활동을 독려하는 법

새로운 회원에게 명확한 기대치를 이해 시켜 그들이 제품판매와 후원활동에 적극적으로 나서도록 하려면 어떻게 해야 할까? 우선 당신의 관심과 리더십, 파트너십, 도움, 지지를 얻으려면 그들이 당신이 기대하는 것을 수행해야 함을 분명히 알린다.

나는 보통 이렇게 말한다.

"이것은 당신을 하룻밤 사이에 벼락부자로 만들어주는 사업이 아니라, 시간과 노력을 투자해야 한다는 것은 이미 알고 있을 것입니다. 그렇다면 이 제품이나 사업기회를 소개할 처음 세 사람은 누구입니까?"

그리고 상대방의 대답을 듣고 난 후, 나는 이렇게 말한다.

"나는 당신이 다음 사항들을 실천할 것을 기대합니다."

- 제품과 사업설명회에 대해 배우기 위해 필요한 모든 훈련이나 모임에 참가 한다.
- 당신은 회사를 대표하고 또한 '나'를 대표한다는 것을 기억한다.
- 매년 내셔널 컨벤션에 참석한다.
- 양서를 많이 읽는다.
- 늘 학습하는 자세를 갖는다. 나는 당신에게 책과 테이프를 추천

할 것이고 참석해야 할 세미나도 알려줄 것이다.
- 처음 여섯 주 동안에 최소 여섯 번 설명할 기회를 갖는다.
- 내가 하는 제품 설명회나 사업 설명회에 한 번 이상 참석한다.
- 회사에 대한 비판을 하지 않는다.
- 회사의 출판 자료와 내가 추천하는 발행 물들을 읽는다.
- 후원을 한다. 그리고 당신이 처음 하는 설명부터 자신감을 갖도록 한다.
- 나의 전화에 바로 회신을 준다.
- 사업을 하는 방법에서 나를 대표한다.
- 매월 갖는 모임에 참석한다.

이러한 설명이 끝난 후에는 이렇게 말한다.
"나는 당신에게 이렇듯 높은 기대치를 갖고 있습니다. 꼭 성공할 수 있도록 열심히 노력 합시다."

나는 그룹에 있는 많은 리더들과 10년 이상을 함께 해온 결과를 나의 성공으로 말해준다. 그들은 위의 사항들을 복제했고 그들 그룹에서 많은 사람들이 성공하고 있다. 당신이 원하는 스타일의 기대치 목록을 만들어라. 만약 사람들에게 당신의 기대치를 말하지 않는다면 그들의 결과에 실망할 권리가 없다.

▶ 후원을 위한 기본 원리
- 그룹의 수입을 위해서는 넓게, 안정을 위해서는 깊게 네트워크를 형성한다.
- 후원만을 위한 후원은 그만둔다. 고통만 따를 뿐이다.
- 직접 후원을 하고 다른 사람들이 후원을 하도록 가르친다.

- 후원의 가치를 이해하는 사람들을 찾는다.
- 모든 사람이 후원을 원하는 것은 아니다. 하지만 너무 상심할 필요는 없다. 후원을 원하는 사람이 더 많다는 것을 깨달아라.
- 당신이 후원을 하여 성공을 거두면, 후원한 사람들에게 후원을 하도록 훈련시켜라. 그리고 어떤 일이 일어나는지 지켜보라!

"아마 성공을 향안 사다리가 만들어지는 것을 보게 될것이다."

후원을 완전하게 할 수 있도록 꾸준히 연습하라. 당신도 전문가가 될 수 있다.

- 재정적인 성공이 당신에게 얼마나 중요한 의미를 갖게 되는지 이해하게 될 때, 후원을 하려는 의욕도 더 커지고 추진력도 탄력을 받게 된다.
- 이미 수 천 명의 사람들이 후원을 하고 있다. 서둘러 성공적인 후원자가 되어라. 당신이 후원 하지 않으면 무엇을 하겠는가?
- 네트워크마케팅은 후원과 판매 사업이다.
- 네트워크마케팅은 제품을 판매하고 서비스를 제공하는 사람들을 바탕으로 전개된다.
- 더 많은 제품을 움직이고 서비스를 제공할 때, 더 많은 사람들이 혜택을 받게 된다.
- 다른 사람들을 위해 제공할 수 있는 것들을 생각하라. 그러면 당신의 성공은 폭발적으로 이루어질 것이다.
- 당신이 제품에 대한 자신감, 사업 기회에 대한 확신, 당신이 후원한 사람들의 미래를 위해 일하겠다는 확신을 가질 때까지는 후원이 느리게 진행될 것이다.

속도를 내고 싶은가?

그렇다면 자세와 태도를 바꿔 더 많은 지식을 쌓고 확신을 가져라.

폭발적인 후원을 시작하는 법

- 제품에 대한 가치와 제품이 주는 혜택을 아는 사람을 찾아 첫 번째 후원을 한다. 의욕을 갖도록 격려하고 그 의욕을 지속적으로 유지하도록 지원하라!
- 사람들로 하여금 당신을 복제하도록 하라.
- 당신 그룹에서 후원을 하고 또한 후원하도록 돕는 사람들에게 적절한 보상을 하라.
- 그룹의 크기에 상관없이 안내장을 만들어 '한 사람 찾기' 행사를 한다. 즉, 월말까지 한 사람을 성공적으로 후원하는 것이다. 이때는 두 세 개의 상품을 준비한다. 주로 책이나 테이프가 좋을 것이다.
- '스타 찾기' 행사를 하라. 그룹 내에 있는 모든 사람들에게 매년 10명의 슈퍼스타를 찾는 행사가 있음을 알려라. 나는 그것을 '톱 10' 클럽이라 부른다. 그들에 대한 기대치를 높이 설정하고 성과에 맞는 보상을 충분히 해주어라.
- 당신이 노력하는 만큼 그룹은 성장한다는 것을 명심하라. 그룹을 폭발적으로 키우려면 자신이 먼저 폭발적인 노력을 해야한다.

"사람들의 관심분야를 잘 이해하면, 더 많은 후원을 하게 된다."

사업 설명회란 무엇인가?

사업설명회는 사람들에게 질문을 함으로써 제품이나 사업에 대한 관심도를 알아내는 것이다. 결국 이것은 일에 대한 당신의 열정과 관심도를 말해준다. 그렇다고 사람들을 설득하거나 처음 만나 가입을 강요하는 것은 아니다. 그들의 인생에서 무엇이 결여되어 있는지, 필요한 사항은 무엇인지, 가장 가치를 부여하는 것은 무엇인지 알아내는 것이다.

그 다음 그들에게 충족시켜 줄 것이 무엇인지 찾아내야 한다.

▶ 예상고객은 얼마나 자주 찾아야 하는가?

가능한 한 많은 사람들에게 기회를 제공해야 한다. 지속적으로 그리고 기회가 있을 때마다 사업 기회를 알려줌으로써 네트워크마케팅을 성공적으로 수행하는 기초를 다져야 하는 것이다.

네트워크마케팅에서 단순히 제품을 이용하고자 하는 사람보다는 다른 사람에게 소개하고자 하는 사람들이 10배나 더 많다.

사람들에게 늘 사업이 주는 혜택을 말하라. 그리고 그들 스스로 이 사업에 참여 여부를 결정하도록 하라.

▶ 예상고객에게 무엇을 주어야 하는가?

관심을 보여주고 시간을 투자하는 것 이외에 다른 어떤 것도 필요하지 않다.

▶ 예상고객에게 해야 할 질문사항

네트워크마케팅에서 무엇보다 중요한 것이 인간관계이므로 좋은 관계를 만드는 질문들로 시작하라.

- 어디에 사는가?
- 하는 일이 무엇인가?
- 가족사항은?
- 그들의 특별한 관심은?

▶ 예상고객으로부터 경청해야 할 사항

그들이 자신의 삶 속에서 무엇을 찾고자 하는지, 무엇을 중요하게 생각하는지, 가치를 부여하는 것은 무엇인지를 듣는다. 가족들과 가까운 친구들을 통해 이러한 사항들을 이미 알고 있을지라도 본인으로부터 직접 경청하여 신뢰와 친분을 쌓고 고객으로 가는 길을 안내 해야 한다.

사후 관리를 하라!

프로스펙팅을 하는 과정에서 가장 중요한 것은 '사후 관리'이다. 사후 관리를 하지 않으면 네트워크마케팅에서는 시간을 낭비하는 꼴이 되고 만다. 사업설명회를 하여 100명이 관심을 보였는데, 만약 전화하는 시기를 놓쳤다면 그들의 관심은 금방 식어버린다.
 이 개념에 대해 명확히 이해하라!
 사람들이 자료를 받은 지 48시간 내에 다시 접촉을 하라. 그들이 자료를 읽었는지 확인하고 읽은 자료에 대한 관심도를 측정하라. 그리고 이러한 기회가 그들이 바라는 것을 충족시켜 줄 수 있는지 물어보라.
 탐정처럼 주의를 기울여 듣고 행동하라.
 이러한 사후 관리의 목적은 그들과 다음 사업설명회 약속을 하는 데 있다.

▶ 사업설명회를 통해 얻을 수 있는 결과
- 관심 있는 사람들을 후원하여 그들을 회원으로 만든다.
- 그들은 소매 혹은 도매 고객이 된다.

• 아무 것도 이루어지지 않을 수도 있다. 그래도 실망하지 마라.

"사업 초기의 열정적인 순간을 가장 좋은 결과를 가져오는 일에 투자하라. 즉, 사업설명회와 후원의 전문가가 되는데 모든 에너지를 사용하는 것이다. 그 다음에는 리더십을 기르는데 전념하라."

프로스펙팅의 몇 가지 요령
(잠재고객 발굴)

정보를 모으고 예상고객에게 질문하라.
"이 회사에 대해 들어본 적이 있습니까?"
"집에서도 할 수 있는 사업에 대해 들어본 적이 있습니까?"

그리고 당신이 모은 정보와 회사에 대한 좋은 점들을 정리한 내용을 설명하여 그들이 사업에 대한 관심과 참여하겠다는 의지를 갖게 만들어라.

▶ **항상 이렇게 한다.**
- 오랫동안 이 사업을 성공적으로 유지하려면 솔직 담백해라.
- 예기치 못했던 상황에 대비하여 명함, 카탈로그 그리고 회사 자료를 가지고 다녀라. 하지만 명함을 서류 가방에 넣어 두진 말라.
- 호기심을 갖도록 하라.

▶ **다음을 질문 하라**
- 명함과 간단한 자료를 주어라. 그리고 당신의 사업에 관심을 갖고 있는지 물어보라.
- 모든 사람에게 다른 사람을 소개하도록 부탁하라.

- 예상고객이 질문을 할 때, 탐정과 같은 자세로 그들의 의도를 파악하라.
- 나와 함께 사업을 하겠느냐고 물어 보라.
- 그들이 원하는 것을 질문하고 충족시켜 주어라.
- 그들이 리더십 자질을 갖고 있는지 알아보기 위해 질문 하라.
- "이 사업의 기회를 조사해 보고 당신에게 맞는지 알아보시겠습니까?"라고 질문 하라. 이 사업에 대한 열정이 어느 정도인지 이해하는 것은 매우 중요하다.
  어떤 방법이든 강요해서는 안 되며 설득하려 해서도 안 된다. 단지 필요를 채워줄 수 있는 것이 있는지 알아보라. 그런 것이 발견 된다면, 그들의 성공을 지원하도록 하라.
- 많은 질문을 통해 그들의 성공에 필요한 것이 무엇인지 알아내라.

▶ 이렇게 되어라

- 사람들이 당신 주위에 있고 싶은 마음이 들도록 처신하라.
- 많은 사람들 중에서 자질을 갖춘 사람들을 선별할 수 있는 사람이 되어라. 이것은 사람들에게 정보와 제품을 주고 그들이 사업을 파트타임으로 혹은 본직으로 할 것인지, 단순고객으로 남을 것인지, 후원활동을 할 것인지 결정 하도록 해주는 과정이다.

▶ 전화하라

- 소개 받은 모든 사람에게 전화하라.
- 만났던 사람 또는 전화번호와 이름을 가지고 있는 사람에게 전화를 하고 사후 관리를 가능한 한 빨리 하라.
  ......

▶ 하지 말아야 할 것
- 너무 많은 정보를 주지 말라.
- 제품 판매의 기회보다는 사업의 기회를 말하라.
- 선입관을 갖지 말라.

▶ 주어라
- 관심이 있는지 알아내고 결정을 내릴 수 있을 정도의 필요한 정만을 제공하라.
- 이 사업 기회를 잘 이해할 수 있도록 해 주어라.

프로스펙트를 위한 강력한 아이디어
(잠재 고객)
- 그들의 인생과 관심, 결의, 희망 그리고 꿈에 관심을 집중하라. 자유에 대한 필요성을 느끼게 되면 이 기회를 잘 연구하여 자신이 원하는 것을 찾을 수 있는지 알아보려 할 것이다.
- 허위와 거짓을 피하고 항상 진실만을 말하라.
- 훌륭한 프로스펙트들은 제품에만 집중하지 않는다. 사업 기회에 대해 충분히 전달하라. 그렇지 않으면 당신은 제품을 구입하는 사람들만 얻게 될 뿐이다.

▶ 만약에…
- 프로스펙트가 사업에 관심을 보이지 않으면, 그들은 제품에 관심을 갖거나 사용해 보고 싶어 한다. 그리고 일단 제품을 사용해 보면 제품이 주는 장점 때문에 제품을 좋아하게 될 것이다.
- 프로스펙트들이 '아니요'라고 말하면, 그들의 결정권을 인정해

주어라. 당신은 그들에게 해가 될 어떤 말도 하지 않았다.
당신의 설명 중에 그들에게 맞지 않는 것이 무엇인지 물어보라. 그리고 그 답변을 다음 설명을 하는데 활용하라.
- 사람들이 강요한다는 느낌을 갖게 되면, 관심도가 낮아지고 당신과 사업 하고 싶은 마음이 없어질 지도 모른다.
- 메시지를 남겼는데 응답전화가 없을지라도 그것이 무관심이라는 분명한 의사표시는 아니다. 사람들이 편한 마음으로 당신에게 '아니요' 라고 말할 수 있는 인간관계가 좋은 것이다.
- 비록 사람들이 무관심할지라도 계속해서 시도하고 사람들에게 명함을 건네라.
- 사람들에게 지금 하고 있는 사업을 자랑스럽게 생각하고 있으며, 제품에 대한 믿음을 갖고 있다는 것을 상기 시켜라.
- 친구, 친척, 사회 동료, 이웃 사람, 모임 회원들의 명단을 만들어 전화 해라. 그리고 그들이 관심이 없다면 다른 사람을 소개해 달라고 부탁해라.
- 프로스펙팅을 재미있게 하라.
- 사람들이 당신에게 전화를 다시 해줄 것을 기대하지 말라.
- 그들이 가입을 하게 되면 많은 지지와 도움을 주겠다고 말해라.
- 절대로 사람들을 기만하려 해서는 안 된다.
- 설명 요령을 연습하고 훈련할 수 있는 가장 좋은 방법은 프로스펙팅이다.
- 당신이 도움을 주더라도 처음에는 고객으로 시작하는 사람들도 있다. 그런 후에 그들은 당신과 함께 사업을 시작한다. 왜냐하면 그들은 제품을 사랑하고 사업에 대한 긍정적인 생각을 가지게 되었기 때문이다.

   ……

프로스펙트를 위해 더욱더 강력한 아이디어

- 친구들의 명단을 검토하고 그들에게 당신이 하고 있는 일을 알린다.
- "네가 네트워크마케팅에 관심이 없다는 것은 알고 있지만, 혹시 이 사업에 대해 들어 볼만한 사람을 소개해줄 수는 없겠니?" 라고 말하라.
- 익숙하게 설명할 수 있도록 지속적으로 연습하라.
- 제품에 대해 설명하라. 최소한의 고객은 얻을 수 있다.
- 사업에 대해 설명하고 파트너로서 능력 있는 리더를 찾는다고 말하라.
- 더 많은 예상고객을 갖게 될 때, 더 많은 후원을 하게 된다. 모든 방법을 동원하여 전문가에게 질문이나 인터뷰할 기회를 만들고 사업설명회나 후원의 방법에 대해 질문 하라.
- 예상 고객들은 이 사업을 통해서 자신의 꿈을 이룰 수 있다는 점을 인정하지 못하면 가입하지 않을 것이다.
- 제품과 사업에 대해 더 많이 소개할수록 후원할 기회가 더 많아질 것이다.
- 당신이 말하는 모든 것이 당신의 결과로 돌아올 것이다.
- 입에서 입으로 전해지는 것은 아주 좋은 사업방식이다.
- 결정을 하기 전까지 모든 대화는 단순히 가능성을 타진하기 위한 것이다. '모든 사람들이 경제적 여유와 자유를 가지고 생활하는 모습이 내가 바라는 것' 이라고 말해라.

▶ 당신은…
- 원치 않는 사람을 접촉해야 하는 것은 아니다.

- 아무 것도 숨기지 말라. 이 사업에서는 사람들을 존경하겠다는 자세를 지녀야 한다. 숨기는 것은 절대로 존경하는 자세가 아니다.
- 수많은 사람들 중에서 선별해야 하지만, 가장 효과적인 방법은 소개에 의한 것이다.
- 몸과 마음이 아프고 긴장이 될 때는 쉬어라. 잠시 자신의 길에서 벗어나 휴식을 취하면서 에너지를 재 충전하라.

▶ **전시관에서 예상고객을 만나는 방법**
- 전시관에 오는 모든 사람들에게 이 사업에 참여하고 싶은지 물어보라.
- 전시관에 투자한 돈의 본전을 빼려는 생각은 버려라.
- 방명록에 있는 이름과 번호를 당신의 데이터베이스에 입력하라.
- 놀라울 정도로 멋진 최고의 전시를 하라.
- 방문객에게 줄 선물을 준비하라.
- 후원 설명을 연습하라.
- 제품의 우수성을 전달하라.
- 미소를 지어라.
- 전시회는 단지 사업 기회를 보여주는 것이다.
- 전시관을 통해 사람을 찾을 때, 당신과 함께 사업하는 회원들에게 이러한 사업 방법을 보여주고 복제 하도록 하라. 대부분의 사람들은 자신이 후원 받은 방법으로 다른 사람들을 후원하려 한다.

▶ **광고를 통해 예상고객을 찾는 법**
그럴 만한 자금이 있다면 광고를 하는 것도 좋은 수단이 된다.

- 생활지나 신문에 간단하게 광고를 내어 자신의 이름을 널리 알린다.
- 자격조건을 명백히 하여 필요 없는 전화가 걸려오지 않도록 한다.
- 전화에 반드시 응답한다.
- 사람들이 전화를 했을 때, 우선 그들의 전화번호를 기록하여 도중에 전화가 끊겼을 경우를 대비하라. 발신자 표시를 이용하면 더욱 효과적이다. 또한 나중을 위해 기록해 두어라.
- 효율적인 광고 요령을 알아보라.

▶ 우편물을 이용하는 방법

어느 크리스마스 휴일, 나는 집들이를 하기 위해 사람들에게 데이터베이스를 통해 전단을 돌렸다. 사람들을 맞이하기 위해 나는 제품을 전시해 두었고 특별한 케이크를 준비한 후, 말끔히 청소를 하였다.

하지만 한 사람도 오지 않았다. 단 한 사람도! 어떻게 해야 할까?

나는 그 날 밤 10명의 우수 고객에게 전화를 걸어 상황을 설명하고 다음날 아침부터 정오까지 제품을 전시해 놓을 테니 와서 보도록 말했다. 다음 날 여덟 명이 왔고 그들에게 1,000달러 이상의 주문을 받았다. 하지만 그 중에서 내가 데이터베이스로 보낸 전단을 읽은 사람은 단 한 사람도 없었다.

내가 초대에 실패한 이유는 어디에 있을까? 사후 관리가 안 되었던 것이다.

- 우편물을 이용하는 방법은 네트워크마케팅을 하는 사람들이 많이 이용하는 방법이다.
- 우편물을 발송 했더라도 전화로 사후 관리를 하라. 이것은 매우 중요한 내용이다.

- 우편물을 이용하는 방법이 성공하려면 충분한 양의 자료를 전달하고 사후 관리를 잘 해야 한다.
- 좋은 자료를 활용해야 한다.
- 톰 홉킨스는 이렇게 말했다. "고객이 제품을 사든지 아니면 죽을 때까지 사후 관리를 한다."
- 나는 사후 관리를 해야만 이 방법이 성공한다는 것을 알았다. 사후 관리를 하지 않으면 원하는 결과를 얻지 못한다.

거부감을 해결하는 방법

우리가 흔히 생각하는 '거부'란 무엇인가? '거부'는 예상 고객들이 결정을 내리기 전에 물어 보는 질문이다. 후원의 전문가들은 이것을 잘 알고 있다. 질문은 결코 거부가 아니다. 그들은 좀 더 많은 정보를 찾고 있을 뿐이다. 그런 후에 가입 여부를 결정하게 된다. 그러므로 예상 고객들의 질문을 거부로 받아들이지 말고 자세하게 설명해주어야 한다.

거부 : 내가 알고 있는 많은 사람들이 이 사업을 하고 있습니다.

그 진의는? : 이미 많은 사람들이 이 일에 참여하고 있기 때문에 포화상태 입니다. 나에게 제품을 살 사람은 아무도 없습니다.

답변 : 매일 많은 사람들이 우리 회사에 가입하고 있습니다. 하지만 그 회원들이 모든 지역 모든 사람에게 제품을 다 팔 수는 없습니다. 설령 모든 고객들이 제품을 다 구입했다 해도 쓰고 나면 재구매를 하기 때문에 아직도 기회는 많이 있으며 많은 사람들이 기회를 찾고 있습니다.

거부 : 나는 시간이 없습니다.

그 진의는? : 이 사업을 하려면 시간이 얼마나 필요합니까? 나는 직업을 갖고 있기 때문에 시간적인 여유가 없습니다. 본업을 포기하면서까지 이 일을 하고 싶지는 않습니다.

답변 : 많은 사람들이 제한된 시간을 가지고 사업을 하고 있습니다. 나의 고객들은 바쁘게 일하는 사람들로서 자신에게 관심을 보여 주는 사람으로부터 편리하게 제품을 구입하는 것을 좋아합니다. 일주일에 한 번 정도 사업설명회를 할 수 있다면, 사업을 성장시킬 수 있습니다. 물론 더 많은 시간을 투자하면, 더 많은 결과를 얻을 수 있습니다. 만약 오늘 밤 사업을 시작 한다면, 제품에 대한 얘기를 전해줄 사람을 생각해 보십시요!

거부 : 다른 사람을 후원하는 것을 싫어하기 때문에 이러한 사업에 관여하고 싶지 않습니다.

그 진의는? : 나는 후원을 정말 싫어한다. 네트워크마케팅은 그런 일을 하는 것이 아닌가. 나는 정말로 이러한 사업을 할 사람이 아니다. 그렇지만 당신이 도와준다면 해볼 용의가 있다.

답변 : 많은 사람들이 후원을 통해 성공을 거두고 있습니다. 제품을 좋아하고 믿을 수 있다면, 당신이 갖고 있는 자신감과 열정이 사업에 도움이 될 것입니다. 그리고 가족과 친구, 고객으로부터 긍정적인 반응을 얻을 것입니다. 또한 짧은 시간에 많은 발전을 가져올 것입니다. 그저 제품을 다른 사람에게 전달하면 됩니다. 자신이 사용해 보고 만족을 느끼면 열정은 자연스럽게 생깁니다.

거부 : 모 회사와 같은거 아닙니까?

답변 : (이 질문에 대답하기 전에 좀 더 알아보아야 한다. 그들이

모 회사를 좋아하는지 혹은 부모가 모 회사 사업을 하는지도 모른다. 이 질문에 대답하는 데는 주의를 요한다.) 나는 항상 이렇게 대답한다. "나는 모 회사가 훌륭한 회사라고 믿고 있습니다. 왜 그런 질문을 하시는지 말씀해 주시겠습니까? 무척 궁금하군요." 이것은 나에게 쉬운 일이다.

당신의 사업에 대해 명확한 정보를 갖도록 하라. 그리고 사람들에게 설명을 한 후에는 "어떻게 생각하십니까?"라고 질문 하라. 그리고 상대방이 마음속으로 거부하는 것이 무엇인지 빨리 알아내도록 하라. 그것은 곧 사업의 성공으로 이어진다.

새로운 사람이 사업을 시작하도록 돕는 방법

- 사업 설명이 끝난 후에 곧바로 예상고객에게 "가입하실 준비가 되셨습니까? 라고 질문 한다.
- 사업 설명의 마무리에 전문가가 되어라.
- 제품에 대한 혜택이나 서비스로 끝맺음을 하라.
- 판매를 끝맺는 요령을 터득하면 좋은 결과를 얻을 수 있다.
- 당신의 사업 분야에서 최고의 리더들이 가르치는 끝맺음의 기술을 배워라.
- 자신만의 고유한 끝맺음 방법을 만들어 사용하라.

이 사업을 해오면서 나는 후원이 폭발적으로 일어나기 위해서는 자기 자신이 촉진제 역할을 해야 한다는 것을 알게 되었다. 그것은 그룹 내의 현재 위치와 상관없는 일이다. 사람들이 당신을 복제하길 원한다면 스스로 모범을 보여야 하는 것이다.

- 어떻게, 왜 당신이 이 사업을 하게 되었는지 설명한다.
- 그들이 가입을 하면 당신이 가장 좋은 업 라인이 될 것이며 그들은 가장 훌륭한 파트너가 될 것이라고 말한다.
- 이 사업에서 성공하는 미래의 당신 모습을 이야기한다.
- 새로운 회원에게 사업에서 얻는 혜택과 인센티브에 대해 이야기해 주고 당신이 어떻게 그런 혜택을 받았는지 이야기해 준다.
- 개인 발전 세미나에 참석하는 요령을 설명해준다.
- 네트워크 사업을 얼마나 열심히 전개해왔는지 설명한다.
- 후원의 전문가가 되기로 결심했다는 것을 말해 주고 그들에게 자신이 터득한 요령을 가르쳐주겠다고 말한다.

▶ **젠 루가 들려주는 요령**

"나는 네트워크마케팅을 하고 있으며 함께 일할 사업 파트너를 찾고 있습니다. 당신이 이 사업에 대해 얼마나 관심을 갖고 있는지 모르겠지만, 어찌 되었든 상관없습니다. '누가 이 사업을 가장 잘 할 수 있을까'를 생각했을 때, 당신이 떠오르더군요. 나는 당신을 존경합니다. 내가 진정으로 함께 일하고 싶은 파트너는 바로 당신입니다. 이 사업은 나에게 꼭 맞는 사업이더군요. 당신과 함께 일하고 싶습니다. 어떻게 생각하십니까?"

네트워크를 전국적으로 만드는 법

네트워크를 전국적으로 확장 시키는 것이 장기적인 성공을 가져다 준다.
- 24시간 안에 회신 전화를 해주어라.
- 정기적으로 예상고객에게 e 메일을 보내라.
- 가능하다면 새로운 회원이 있는 지역에서 훈련시켜라.
- 사람들이 계속해서 제품을 사용하는 것도 가입도 원하지 않는다고 말한다면, 당신이 너무 많은 정보를 주고 있는 것이다. 아니면, 그들이 듣고 있지 않은 것이다.
- 당신은 부담감을 완화시켜주는 말을 사용해야 한다. 그리하여 그들이 당신을 두려워하지 않도록 해야 하고 즐거운 마음으로 사업을 시작할 수 있도록 해야 한다.
- 각 지역의 다운라인을 대상으로 일정한 기간을 정해 집중적인 후원을 한다.
- 자신의 사업 설명회을 비디오로 만들어 보낸다.
- 다른 지역에 있는 사람들에게 전화를 하거나, 그곳에서 후원을 할 수 있도록 무료로 샘플을 보내준다.
- 프로들을 연구하고 배운다.

▶ 멀리 있는 그룹을 안정되게 만드는 법

만약 당신이 한 지역에서만 후원을 했는데, 그 지역에 천재지변이 일어난다면 모든 노력은 허사가 되고 만다. 그렇지만 전국에 걸쳐 네트워크를 가지고 있다면 당신의 수입은 계속해서 들어올 것이다. 나는 전국적인 네트워크를 키우기 위해 최선의 노력을 기울였다.

▶ 강력한 후원 목표를 세우는 법

다음의 리스트를 채우고 오늘 예상 고객들에게 연락을 하라.
......

나의 후원자들은 다음과 같다.

1. 이름 :　　　　　　가입한 날짜 :
2. 이름 :　　　　　　가입한 날짜 :
3. 이름 :　　　　　　가입한 날짜 :
4. 이름 :　　　　　　가입한 날짜 :
5. 이름 :　　　　　　가입한 날짜 :
6. 이름 :　　　　　　가입한 날짜 :
7. 이름 :　　　　　　가입한 날짜 :
8. 이름 :　　　　　　가입한 날짜 :
9. 이름 :　　　　　　가입한 날짜 :
10. 이름 :　　　　　　가입한 날짜 :

거부감을 없애는 질문

사람들의 거부감을 없애려면 다음과 같이 질문 한다. 자, 다음과 같은 내용들의 사용법을 배우고 그 결과를 주시하라.

- 나에게 물어볼 말이 있습니까? 무슨 질문이든 대답해 드리겠습니다.
- 이 훌륭한 제품들 중에 어떤 것을 선택하시겠습니까?
- 이 제품을 소개할 수 있겠습니까?
- 네트워크마케팅을 위해 일 주일에 8~10시간을 투자할 수 있습니까?
- 네트워크마케팅 사업에 대해 들어보신 적이 있습니까?

- 안녕하세요? 제 명함을 드리겠습니다.
- 네트워크마케팅에 대해 어떻게 생각하십니까?
- 이 회사의 사업을 하는데 다른 사람의 동의를 필요로 하십니까?
- 이 사업이 이해가 간다면 필요한 서류를 작성해 주시겠습니까? 가입하기 위해 돈이 필요한 것은 아닙니다. e 메일 주소를 알려주시겠습니까? 우리 그룹과 회사에서 메일을 보내드릴 것입니다.
- 나는 17년 동안 이 훌륭한 회사의 사업을 해왔습니다. 만약 당신도 나처럼 여행도 하고 친구도 만들며 돈을 벌 수 있는 일을 원하신다면 저에게 말씀하십시오. 이 사업 기회를 어떻게 생각하십니까?
- 당신에게 매달 200달러, 500달러, 1,000달러의 돈을 더 버는 방법을 알려드린다면, 우리 회사의 제품에 대해 들어보시겠습니까? 5분에서 10분이면 충분합니다.
- 내가 앞으로 10분 동안 말하는 것이 이해가 된다면, 당신은 이 사업을 즐거운 마음으로 할 수 있을 거라 생각됩니다.
- 당신에게 보상 플랜과 제품을 보여주고 이 사업을 나와 함께 함으로써 얻게 되는 혜택에 대해 이야기를 해도 괜찮겠습니까?
- 이번에 당신이 사는 지역에서 사업을 하게 되었습니다. 이 사업의 기회에 대하여 이야기해도 좋겠습니까?
- 나와 사업을 하는 것과 하지 않는 것에는 어떤 차이가 있을까요? 하지 않는다면 지금 상태에서 별다른 변화가 없겠지요. 그러나 사업을 하게 되면 이 사업에서 주는 혜택을 누릴 수 있고 좋은 제품을 사용할 수 있습니다.

......

......

긍정적인 답변을 얻는 방법

당신의 설명을 듣는 사람으로 하여금 '네'라고 답하도록 하려면 어떻게 해야 할까? 내가 주로 사용하는 대화 내용은 다음과 같다.

- 당신은 우리 팀에 많은 힘이 될 것입니다.
- 당신은 우리 제품이 주는 혜택에 대해 만족할 것입니다.
- 나는 나의 일을 사랑합니다. 나는 집에서 아이들을 돌보며 이 일을 하고 있고 가족의 스케줄에 맞춰 일을 진행하고 있습니다.
- 나는 당신의 모든 질문에 대답하고 싶습니다. 그러면 당신이 좀 더 생각해야 할 일이 없을 테니까요.
- 나는 당신을 도와줄 것입니다. 우리 지역에서는 당신이 계속해서 참가할 수 있는 모임이 한 달에 몇 번 있습니다. 관심을 가져 보십시오. 무척 재미있습니다.
- 축하합니다. 당신은 목표를 세우고 열심히 일하는 사람들이 모인 성공적인 그룹에 참여하셨습니다. 당신이 성공하는 모습을 보고 싶습니다.
- 나의 설명을 이해할 수 있다면 오늘 나와 함께 사업할 준비가 되어 있다고 보아도 되겠습니까?
- 즐거운 마음으로 참여하십시오. 그리하여 제품이 주는 혜택을 즐기십시오.
- 준비된 회사 제품과 훈련 매뉴얼이 당신의 질문에 대답해줄 것입니다.
- 자유롭게 선택하십시오. 어떠한 통제나 강요도 없습니다. 편하게 일을 시작하십시오.

......

후원을 위한 실용적인 아이디어

- 우리의 제품은 매우 우수하기 때문에 일단 써보시면 믿을 수 있고 제품에 대한 신뢰도가 높아, 판매와 후원이 용이하게 이루어진다.
- 이렇게 말하는 것도 좋다. "만나게 되어 반갑습니다. 나는 당신이 우리와 함께 일하게 되기를 기대합니다. 나는 파트타임으로 사업을 할 수 있는 사람도 찾고 있습니다. 참여하기를 원하는 사람이 있으면 소개시켜 주십시오."
- 네트워크마케팅의 보상 플랜은 매우 놀랍다. 이 사업을 자신이 원하는 속도로 키울 수 있다는 것을 알고 있는가? 물론 사업을 키우려면 많은 노력과 시간이 필요하다. 그 과정에서 다운라인에 속한 사람들은 제품을 판매하여 수입을 올릴 수도 있다.
- 우리는 제품과 보상 플랜에 대해 지속적으로 훈련 받을 수 있는 모임을 매주, 매달 열고 있다. 그 모임에 참석하여 새로운 친구들도 만나고 알고 있는 좋은 정보도 서로 나누길 바란다.
- 우리 그룹과 사업에 참여한 것을 환영합니다.
- 우리 사업을 하는 당신은 독립적인 계약자이지 종업원이 아니다.
- 나는 당신의 상관이 아니다. 다만 코치일 뿐이다.
- 회사는 당신을 종업원으로 취급하지 않으며 파트너로서 대한다.
- 당신은 우리의 사업에 잘 적응할 것이다.

▶ **네트워크마케팅에서 가장 커다란 실수는 후원하지 않는 것!**
실수를 하게 되는 몇 가지 이유는 다음과 같다.

- 이제 해냈다는 생각.
- 이제 해야 할 일은 그룹을 관리하는 것이라는 생각.

- 현재 있는 사람들에게만 동기를 부여함으로써 그룹을 성장시킨다는 생각.

▶ **후원을 그만둘 때 생기는 일**
- 당신이 후원을 그만두면 그룹 사람들은 후원의 중요성을 잊어버린다.
- 그룹 사람들이 훈련에만 집중하는 당신을 본다.

  그 후… : 그룹이 당신을 복제하여 후원을 중지하고 현재 있는 사람들만 훈련한다. 물론 활동적이고 성장하는 그룹을 원한다면, 열심히 후원하고 활동적이고 생동감 있는 모범을 보이면 되는 것이다.

▶ **후원의 선택**

"나는 열정을 지니고 있는 사람들을 찾고 있습니다.
알고 있는 사람 중에서 가장 열정이 강한 사람은 누구입니까?
긍정적인 자세와 생각을 갖고 있는 사람은 누구입니까?
그리고 돈을 더 많이 벌기 원하는 사람은 누구입니까?"

▶ **후원을 위한 입증된 방법**

이 사업을 함으로써 얻게 되는 혜택에 대해 말하라. 어떠한 설명을 하든 늘 회사가 주는 혜택을 말하라. 성공적인 후원을 위해서는 회사와 제품이 주는 혜택에 대해 잘 알고 있어야 한다.

……
……
……

당신의 회사를 선택하도록 하는 방법

오늘날 네트워크마케팅 회사는 매우 많이 존재한다. 다른 회사보다, 더 좋은 당신 회사의 혜택에 대해 말하라. 그러나 다른 네트워크마케팅 회사에 대해 좋지 않은 말은 결코 하지 않는다.

왜냐하면 다른 회사 역시 당신 회사와 같은 분야이므로 결국은 득이 될 것이 없기 때문이다. 그리고 다른 회사를 비방하는 당신을 상대방은 신뢰하지 않는다. 단지, 당신 회사에서 주는 혜택만을 이야기하라.

왜 당신 회사의 사업을 해야 하는지 회사에서 주는 혜택을 명확히 하라. 당신이 선택한 회사에 스스로 유익함이 있다는 사실을 믿어야 다른 사람에게 권할 수 있는 것이다.

▶ 회사에서 주는 혜택에 대해 이야기하면 후원은 증가한다.
다음의 질문에 대답하여 신뢰를 얻는다.
- "당신의 회사는 얼마나 오랫동안 사업을 해 왔는가?"
- "당신의 회사는 실적과 진실로써 명성을 얻고 있는가?"
- "당신의 회사는 양질의 제품을 제공하는가?"
- "당신의 회사는 더 나은 서비스를 위하여 완전히 전산화되어 있는가?"
- "당신의 회사는 불경기에도 견딜 수 있도록 탄탄한가?"
- "당신의 회사는 자유무역 시스템을 갖고 있는가?"

▶ 좋은 네트워크마케팅 회사는…
- 제품을 판매함으로써 생활에 유익을 주어야 한다는 자세를 견

지한다.
- 즉시 사업을 시작할 수 있도록 해주며 노력에 대해 평생 혜택을 준다.
- 모든 분야의 사람들에게 매력을 준다.
- 회사의 설립자가 강한 사명감을 지니고 있어 믿음이 간다.
- 높은 수준의 제품을 만들기 위해 지속적으로 연구하고 최적의 품질 검사를 한다.
- 회원의 목표와 성공을 위하여 최선을 다한다.
- 자유롭게 사업을 전개할 수 있도록 배려한다.
- 고객 만족과 환불 제도를 완벽히 갖추고 있다.
- 성공을 위한 재능과 기술을 발전시키도록 도움을 준다.
- 커다란 성공을 얻도록 동기를 부여한다.
- 회사의 이익보다 회원의 이익을 먼저 생각하는 회사.
- 좋은 명성을 얻고 있는 회사.
- 당신이 받아야 할 보상을 정확히 주는 회사.
- 당신이 하는 사업을 평생의 사업으로 보는 회사.
- 현장에서 진취적이고 발전적인 아이디어를 수용하고 환영하는 회사.

▶ 좋은 네트워크마케팅 회사는 당신을 이렇게 격려한다.
- 재정적으로 자립하라!
- 회사의 어떤 사람에게서도 필요한 정보를 얻을 수 있다!
- 스스로 돕는 사람들을 도와준다!
- 적은 경비로 사업을 할 수 있게 도와준다!
  ......

▶ 훌륭한 네트워크마케팅 회사는…
- 뛰어난 신용등급을 갖고 있다.
- 반복구매가 이루어진다.
- 새로운 개념의 제품들을 지속적으로 만들어내는 명성을 갖고 있다.

▶ 훌륭한 회사가 제공해 주는 것
- 월간 뉴스레터 또는 홍보자료 제공.
- 사업의 경계가 없다.
- 매년 성취 보너스 여행을 갈 수 있는 기회 제공.
- 가가호호 방문할 필요 없이 큰 성공을 거두는 사업 제공.
- 개성을 존중해 준다.
- 많은 세금 공제 혜택 제공.
- 공정하게 경쟁할 수 있는 기회 제공.
- 전국적인 판매망을 세울 수 있는 기회 제공.
- 24시간 돈을 벌 수 있는 기회 제공.
- 사업과 함께 성장하면서 존경 받는 타이틀을 준다.
- 이용하는 사람들의 생활을 풍요롭게 해준다.
- 자신이 사용할 제품을 도매가격에 살 수 있는 기회 제공.
- 사업 분야에 관해 많은 교육을 받을 수 있는 기회 제공.
- 휴가를 낼 수 있으면서도 수입이 증가하는 사업 제공.
- 품질이 우수하고 다양한 최고의 제품 제공.
- 신체 부자유 자에 대한 평등한 사업 기회 제공.

▶ 다음 기회를 준다.
- 백만장자가 되는 기회.

- 몇 년 안에 유명한 사람이 될 수 있는 기회.
- 자신의 사업 왕국을 건설할 수 있는 기회.
- 자신의 수입을 결정할 수 있는 기회.
- 새로운 친구를 많이 만나는 기회.
- 세계 여러 나라를 가볼 수 있는 여행의 기회.
- 판매 리더를 위한 워크숍과 세미나에서의 훈련기회.
- 파트타임이나 전업으로 혹은 어떤 형태로든 사업을 할 수 있는 기회.
- 수많은 사람들의 생활에 활력 있고 긍정적인 변화를 가져올 수 있는 기회.

환영의 편지

새로운 회원이 사업을 시작한 후, 이 편지를 받았을 때 어떠한 생각을 하게 될까?

사랑하는 OOO 파트너님 (새 회원의 이름)
우리 사업에 참여하신 것을 진심으로 축하합니다.
함께 사업을 하는 파트너로서 당신이 원하는 성공의 위치에 오르도록 최선을 다해 돕고 싶습니다. 당신이 우리 그룹과 함께 할 수 있어서 매우 기쁩니다.
내가 첫 번째로 당신을 위해 할 수 있는 것은 지속적으로 제품을 구입할 수 있는 훌륭한 고객을 소개해 주는 것입니다. 그는 바로 당신입니다! 우리 제품의 가치를 당신 자신에게 팔기 시작하십시오. 자기 자신에게 판매하는 일에 성공한다면, 다른 사람에게 판매하는 것은 매우 쉽습니다. 당신에게 집에서 사용할 수 있는 모든 물건을 파십시오. 집에 있는 제품을 가능한 빨리 우리의 제품으로 바꿈으로써 사업에 대한 굳은 결의를 하시기 바랍니다.

개인 구매는 사업의 출발이 되며 할인된 가격에 우수한 제품을 구입할 수 있고, 제품에 대한 자신감을 갖게 됨으로써 판매수익을 보다 많이 올릴 수 있는 시발점이 될 것입니다.

지금 즉시 해야 할 또 하나의 일은 목표를 세우는 것입니다. 왜 우리 회사의 판매 대리인이 되었습니까? 어느 위치까지 도달하려고 하십니까?

그리고 사업에 대한 열정을 가짐으로써 얻게 되는 것을 생각해 봅시다.

① 무한한 재정적 성공 기회가 주어집니다.
② 의욕적이고 정열을 지닌 사람들을 만나게 됩니다.
③ 매우 훌륭한 제품을 취급하게 될 것입니다.
④ 빠른 성장이 가능합니다. 그리고 자신의 속도에 맞춰 일하게 될 것입니다.
⑤ 지역 제한이 없습니다. 자신의 주변에서 전국적으로 더 나아가 국제적으로 사업을 확장할 수 있습니다.
⑥ 이렇듯 훌륭한 사업의 만남을 다른 사람과 나눌 수 있습니다.
⑦ 자신의 독자적인 사업을 갖고 다른 사람에게 독립적인 사업 기회를 제공합니다.
⑧ 노력에 대한 보상이 따릅니다. 그리고 뛰어난 실적을 올리면 많은 사람으로부터 인정을 받게 됩니다. 독자적인 계약자로서 당신은 성장할 수 있는 기회와 이전의 성공을 능가할 수 있는 기회를 제공받는 것입니다.
⑨ 우리에게는 수많은 장려금과 인센티브, 모든 경비를 부담하는

여행, 연례 컨벤션, 높은 수준의 리더십 미팅 기회가 주어지게 됩니다. 그 외의 더 많은 기회들이 제공됩니다.

⑩ 성공적인 네트워크마케팅에는 종업원이 없고 정해진 업무 시간이 없으며 출납 관리를 해야 하는 것도 아니고 많은 투자가 요구되지도 않으며 경험이나 특별한 교육이 필요한 것도 아닙니다.

정말로 간단합니다. 그리고 모든 준비가 갖추어져 있습니다. 사업의 속도와 정기적으로 매주 사업에 투자할 시간을 정하십시오. 모든 사람에게 같은 조건이 주어집니다.

이 훌륭한 것들은 일을 통해 얻을 수 있는 것입니다. 다행스럽게도 이 일은 무척 흥미롭습니다. 사실, 나는 이 사업을 '일'이라고 생각하지 않습니다. 즐기면서 돈을 버는 것을 생각해 본 적이 있습니까?

당신은 이제 회사 전체에서 가장 힘 있는 그룹과 함께 일하게 된 것입니다. 우리는 성공을 위한 자세와 입증된 계획을 가르쳐줄 것입니다. 이제 당신이 지닌 열정을 알고 있는 모든 사람들에게 전하십시오. 갖고 있는 흥미로운 자료에 대해 말해 주고 그들이 따르고 싶어 하도록 개인적인 모범을 보여주기 바랍니다. 그러면 그에 따른 커다란 보상을 얻게 될 것입니다.

"열정적인 마음으로 시작하십시오."

PART 09

네트워크 마케팅에서 최고의 트레이닝 전문가가 되는 법

네트워크마케팅에서의 성패는 당신을 후원한 사람이 아니라,
당신이 받는 트레이닝에 의해 결정된다.

트레이닝을 원하지만 상황이 여의치 않을 때

당신이 사는 지역에 복제 가능한 시스템이 없다면
어떻게 해야 할까?

- 복제할 수 있는 업 라인이 없을 때, 자신의 복제 시스템을 시작한다.
- 자신의 가족과 사업 환경에 맞춰 훈련을 한다. 당신은 어디까지나 독립적인 사업주이므로 자신의 상황에 맞춰 얼마든지 조절할 수 있다.
- 기존 회원이 새로운 회원을 후원했을 때, 그는 새로운 회원과 함께 트레이닝에 참석하게 된다. 이 때 기존 회원에게 트레이닝의 일부를 맡길 수도 있는데, 이것은 트레이닝을 하면서 가르치는 것으로 더 많은 후원을 하고 그룹 사람들을 훈련시키는 데 도움이 되기 때문이다.
- 잘 되는 방법들을 메모하고 실행하여 자신을 복제하라. 그룹 사람들에게 같은 방법으로 사업을 하도록 말해 주고 실제로 보여 주는 것이다.
- 모임의 시작과 끝에는 의욕을 고취시키는 음악을 이용한다.
- 정보를 얻기 위해 열의를 보이는 사람들은 참석을 종용하지 않아도 좋다. 그들은 가치를 알고 스스로 참여한다.
- 네트워크마케팅에서 성공하려면 적절한 훈련을 받아야 한다.

▶ 장소

- 모임은 항상 지정된 장소나 일정한 장소에서 갖는다.
- 사무실 또는 집, 기타.

▶ 지참물
- 칠판.
- 트레이닝 자료.
- 필기구.
- 음료, 다과.

▶ 지참하지 말아야 할 것
- 비뚤어진 자세.
- 질병.
- 아기들은 가능한 한 맡기고 올 것.

▶ 사람들이 트레이닝에 참석할 수 없을 경우

계획 1
- 일하는 사람들의 스케줄에 맞추어 트레이닝을 조정할 수 있다면, 그렇게 한다.

계획 2
- 점심시간을 이용하여 짧은 훈련을 할 수도 있다.
- 하지만 사업에 요구되는 충분한 지식을 얻기 위해서는 더 많은 시간이 필요하다는 것을 그들에게 알린다.

계획 3
- 회사의 매뉴얼을 이용하여 훈련 받을 수 있다고 말한다.
- 그들이 전화로 당신에게 연락할 수 있도록 한다.

트레이닝을 위한 모임 순서

▶ 환영
- 자신의 이름을 말하고 언제, 어떻게 회원이 되었는지 말하도록 한다.
- 이름표를 착용한다.
- 필기구를 전달한다.
- 트레이닝의 목적을 말해 준다.
- 그들이 당신의 그룹에 있으므로 반드시 성공할 수 있도록 많은 지원을 할 것이라고 말한다.

▶ 공지 사항
- 다음 트레이닝의 날짜와 시간
- 다음 모임의 날짜와 시간
- 회사의 공지 사항, 지역 모임, 트레이닝, 여행, 새로운 제품과 회사의 정책등

▶ 제품 지식
- 제품을 움직여서 얻는 모든 혜택을 충분히 말해 주어, 그들이 열의를 가지고 사업을 시작할 수 있도록 한다.

▶ 서류 작성
- 모임을 준비하는 법
- 주문을 받는 법
- 제품을 고객에게 전달하는 법
- 신용카드를 받는 법

▶ 고객 서비스
- 규칙 1 : 고객은 항상 옳다.
- 규칙 2 : 고객이 옳지 않다는 생각이 들 때는 즉시 '규칙 1'로 가라.

▶ 품질 보증
- 고객을 위해 100% 서비스를 보증한다는 것을 말해라. 왜냐하면 회사가 당신을 뒷받침하기 때문이다.

▶ 후원
- 후원으로 얻을 수 있는 많은 보상을 이해함으로써 회원들이 열정을 갖도록 트레이닝하고 후원에 대한 자신감을 갖도록 한다. 그리고 제품과 자신에 대한 믿음으로 당장 후원을 하고 싶은 마음이 들도록 만든다.
- 대화에 필요한 말을 가르친다.
- 역할을 분담하여 연습을 한다.
- 반대에 부딪치는 경우를 상정하여 연습한다.
- 거부당하는 경우를 상정하여 연습한다.
- 네트워크마케팅은 숫자게임이라는 것을 알려준다.
- 그들의 꿈을 발표하도록 한다.

▶ 목표를 세움
- 월간 목표를 세워 제품을 판매한다.
- 연간 목표를 세워 달성한다.
- 매달 3~5명을 후원한다.
  ……

▶ 기대치
- 새로운 사람을 후원했을 때, 그들은 바로 다음 모임에 참석을 하고 후원한 사람은 트레이닝을 시작한다.
- 모든 회원은 주간, 월간 모임에 참석한다.

▶ 기회
- 칠판을 준비한다.
- 동그라미를 그려가며 수입의 증가방법을 설명하라. 물론 이것을 구식이라 생각하는 사람도 있을 테지만, 그림으로 보여주는 것은 매우 좋은 방법이다. 새로운 회원에게 후원을 하는 것과 수입의 관계를 보여주어라.

▶ 실제 방법
- 새로운 회원들에게 돈을 버는 상세한 방법을 제시하라.
- 그들의 (%)를 높이기 위해 새로운 회원이 제품을 움직여야 한다는 것을 설명하라.
- 이러한 내용을 알려주는 것을 주저하지 말라.

네트워크마케팅에서 두 가지 수입원

▶ 제품 판매

당신이 판매하는 것에 따라 정해진 비율로 수입을 얻게 된다. 예를 들어 당신이 10,000달러어치를 판매했다면 그 중 25%인 2,500달러가 당신의 수입이 되는 식이다.

.....

▶ 후원

네트워크마케팅의 매력은 바로 후원을 통한 수입에 있다. 그러므로 새로이 가입한 회원에게는 후원을 하여 올릴 수 있는 수입을 말해주고, 그들이 처음으로 사업설명을 하는 날부터 후원을 하는데 자신감을 갖도록 해야 한다.

거부감을 극복하고 어려운 상황에 대처하기 위해서는 끊임없는 격려가 필요하다.

예를 들어 당신이 제품을 10,000달러어치 판매하고 후원을 하면 제품 판매에 따른 수입 2,500달러에다 후원에 들인 노력에 대하여 일정액을 장려금으로 받게 된다. 그리고 새로운 회원이 후원을 하면 그 사람이 판매한 것의 일정 퍼센트를 얻게 된다. 네트워크마케팅은 이런 식으로 진행되는 것이다.

"당신 혼자 제품 10,000달러어치를 파는데 얼마나 걸릴까?"

1년에 제품을 500명에게 전달하는 방법에는 몇 가지가 있다.

첫째, 50명이 200달러어치씩 판다.

둘째, 100명이 100달러어치씩 판다.

셋째, 500명이 20달러어하다 판다.

어떤 것이 가장 쉽겠는가! 하나를 선택하라.

1년에 30,000달러를 버는 사람에게 100,000달러 버는 방법을 배울 수 있겠는가?

정상에 선 사람에게 배워라

시대를 불문하고 지켜야 할 규칙은 스스로 해보지 않은 사람에게 트레이닝을 받지 말라는 것이다. 실제로 현장에서 경험하지 않고 제품을 움직여 보지 않은 사람이 그 일에 대해 가르치는 것은 의미가 없다. 경험하지 않은 일을 어떻게 가르친단 말인가!

네트워크마케팅에서 정상에 있는 사람에게 배울 때, 당신은 많은 돈을 벌 수 있게 된다. 그러한 사람이 가르치는 것을 모두 기록하여 실천하라.

당신을 훈련하는 사람들이 어떻게 사업을 전개하고 있는가? 그들의 행동과 가르치는 것은 일치하는가? 당신을 가르치는 사람들이 어떤 성과를 얻고 있는가를 주시하는 것도 좋은 경험이다. 많은 사람들이 가르치기를 원하지만, 그들이 당신을 가르치도록 하기 전에 그들의 실적을 점검해 보라.

좋은 실적을 올리고 트레이닝 내용들을 실제로 경험한 사람에게서 트레이닝을 받아라. 당신은 아마도 평범해지는 방법을 배우고 싶지는 않을 것이다.

그리고 당신에게 자신감이 생겼을 때, 다운라인을 훈련시켜라. 왜냐하면 가르치면서 당신 자신도 배울 수 있기 때문이다. 당신이 직접 새로운 회원을 훈련시킨다면, 그들은 당신을 더욱더 존경하게 될 것이다.

▶ 트레이닝의 전문가가 되려면…

- 제품에 대해, 사업 기회에 대해, 네트워크마케팅의 제반 사항에 대해 철저히 학습한다.
- 트레이닝의 전문가가 되는 것은 흥미롭고 보상이 따르는 일이다.
- 제품을 사용하고 후원과 판매를 하며 트레이닝 임무를 맡아 협조한다.
- 스승이 되기 위해서는 학생보다 더 많은 것을 배워야 한다.
- 가르침을 원하거나 트레이닝을 요청 받기 위해서는 판매를 잘

하거나 후원을 잘해야 한다. 사람들이 당신의 말을 듣고자 원하기 전까지는 배우는 사람으로 남아 열심히 노력하라.
- 다른 사람을 돕는다는 일념으로 트레이닝을 전개하라.

▶ 트레이닝 전문가는…
- 모범을 보인다.
- 현재의 상태에 만족하지 않고 보다 발전하도록 노력한다.
- 목표에 대한 비전을 명확히 한다.
- 훈련의 목적에 대해 의견을 나눈다.
- 사업 초기에는 사람들이 당신을 복제하도록 하고, 그 후에는 당신이 가르친 것을 더 발전시키도록 격려한다.
- 위험을 감수하는 것, 변화를 가져오는 것, 일하는 방법을 개선하는 것 등을 장려한다.
- 새로운 회원에 대해 관심을 갖고, 그 사람에 대하여 많은 것을 알도록 노력한다. 그리고 그사람의 가치관을 이해하게 되면 그것을 실현하는데 도움이 되도록 훈련한다.
- 네트워크마케팅 사업의 훈련 자료들을 공부한다.
- 스스로 트레이닝에 참석하고 귀 기울여 배운다.
- 다른 사람과의 관계와 가치관, 결단력의 중요성을 강조한다.
- 새로운 사람이 신청서에 사인을 할 때부터 당신의 일은 시작된다.

▶ 새로운 사람을 트레이닝 하는데 있어서의 조언
- 새로운 회원이 당신을 어느 정도 복제했을 때, 그로 하여금 다른 사람을 훈련 하도록 한다. 그들이 리더가 되도록 당신이 훈련시키고 있다는 것을 알려주어라.

- 그들이 e-메일 주소를 갖게 되면 그 주소로 항상 최신의 정보를 전해준다.
- 좀 더 많은 경험을 얻게 되면, 더 많은 훈련의 필요성을 느끼게 될 것이다. 그 방향 설정에 대하여 업 라인과 상의하라.
- 새로운 사람에 대하여 잘 이해하도록 하라. 그들에게 적용 가능한 것과 적용할 수 없는 것을 고려하라.
- 회원이 되면 적어도 한 번의 훈련은 필수적이다. 이것은 네트워크마케팅의 가장 중요한 부분으로 후원을 한 후에 그들을 트레이닝에 참석하도록 하는 것이 후원자가 할 일이다.
- 사업을 더 잘할 수 있는 방법과 아이디어를 자유롭게 제시할 수 있어야 한다.
- 당신 자신도 훈련받는 마음의 자세를 갖추어야 한다. 그리고 더 높은 단계의 훈련을 받도록 하라.
- 리더는 쉽게 되는 것이 아니다. 그것은 많은 지지와 파트너십으로 시작하여 리더로서의 도움을 주면서 얻는 것이다. 따라서 리더가 되고자 하는 사람이 먼저 훈련을 받으려는 자세가 되어 있어야 한다.
- 초기 훈련 단계에 너무 많은 자료를 주지 않는다.
- 새로운 회원이 모든 의문을 해소할 때까지 지속적인 훈련을 받도록 한다.
- 지속적인 훈련은 당신과 다운라인을 위하여 반드시 필요하다. (이렇게 말하라. "나는 당신에게 계속 전화를 할 것이며 6주 동안 당신 곁에 있을 것입니다. 언제나 내 전화를 받을 수 있도록 해 주세요.)
- 사업설명회를 함께 하고 훈련을 하는 동안 파트너가 되기로 약속한다.

- 매달 같은 장소, 같은 요일에 트레이닝을 한다. 그들이 매주 모임에 참석하도록 하고 다른 사람을 데려오도록 한다.
- 트레이닝 후에 참석한 사람들과 대화를 나눈다.
- 제품을 위한 특별 트레이닝 기회를 갖는다. 그리고 그 모임에서 제품 실연을 위한 아이디어를 나눈다.
- 새로 가입한 회원을 사업설명회와 예상고객 모임에 데리고 간다. 사업을 하면서 훈련을 받는 것이 매우 중요하기 때문이다.
- 당장 수입이 필요하다면 제품을 판매하라. 제품을 판매하는 즉시 수입이 발생하기 때문이다. 더 나아가 다른 사람과 자신의 인생에 커다란 변화를 가져오도록 노력해라. 당신은 그렇게 할 수 있다.
- 정열을 갖고 트레이닝에 임하라. 준비된 만큼 좋은 결과를 얻을 수 있다.

새로운 사람들을 훈련시키는 아이디어

- 새로운 회원이 멀리있어 참석하지 못할 때, 당신이 시간을 내어 그들에게 전화로 훈련시켜라. 나는 내 그룹에 새로 가입한 사람들을 다른 사람이 훈련하도록 한 적이 한 번도 없다. 자신이 후원한 사람은 전적으로 자신의 책임이다. 나는 내가 후원한 사람을 다른 사람이 가르치는 것을 신뢰하지 않았다. 나에게는 나름대로의 독특한 복제시스템이 있었던 것이다.
- 훈련을 재미있게 하라. 그리고 당신이 왜 제품과 사업 기회를 사랑하는지 말해주고 그들이 열정을 갖도록 해라.
- 아무도 이 사업을 혼자 힘만으로는 할 수 없다. 모든 것은 팀

워크와 파트너십으로 이루어진다는 것을 가르쳐라.
- 사업설명회는 여러가지 다른 이름 즉, 설명회, 실연, 홈파티, 워크숍, 개인 전시 등 원하는 대로 부를 수 있다. 부르기 편한 것이면 어느 것이든 상관 없다.
- 장소와 시간을 정해 제품을 공부하고 사업기회에 대하여 그들과 이야기를 나눈다. 이 때 예상고객을 데려올 것을 권한다.
- 5명 정도로 시작을 하고 그들이 다른 사람을 훈련할 수 있도록 가르친다.
- 다음 내셔널 컨벤션에 참석하는 것의 중요성을 강조한다.
- 초기의 훈련은 새로운 회원의 성공에 중대한 역할을 한다.
- 초기 회원이 당신의 다운라인에서 중요한 팀원이 되기 위한 유일한 방법은 그들이 후원을 하도록 훈련하는 것이다. 다른 방법은 없다. 장거리에 있는 사람들은 전화, e-메일, 비디오, 카세트로 훈련을 한다.
- 새로운 회원이 다른 사람의 모임에 가기 전에 훈련을 실시한다.
- 제품과 사업설명회를 잘하도록 훈련시킨다.
- 새로운 회원이 사업 초기부터 후원을 하도록 훈련시킨다.
- 당신의 그룹에 있는 사람들을 직접 훈련시켜라. 새로운 회원이 후원을 적극적으로 하지 않는 다른 사람에게 후원 방법을 배우길 원하는가? 새로운 회원은 가르치는 대로 따라 한다는 점을 명심하라.

"성공한 사람들은 자기계발을 통해 자신을 발전시킨 사람들이다."
 많은 시간을 들여 후원한 사람들이 사업도 하지 않고 전화응답도 하지 않으며 게다가 제품도 팔지 않는다면 그 동안 들인 노력과 시간은 그대로 낭비되고 만다.

오늘 시작해야 할 일을 알려줘라. 그리고 그들에게 기대치를 부여하라. 그 기대치 중 하나는 제품설명과 사업설명회에 참석하는 것이다.

새로운 회원을 위한 메시지

당신은 나름대로 더 좋은 방법, 더 빠르게 일하는 방법을 구상하고 있는지도 모른다. 그리하여 업 라인에게 받은 훈련 내용을 새롭게 만들어야겠다고 생각할지도 모른다. 하지만 당신에게 가장 큰 도움이 되는 것은 업 라인을 복제하는 것이다. 업 라인도 자신이 훈련 받은 것으로 당신을 가르친 것이며 좋은 결과를 얻고 있기 때문에 그 방법을 계속 해오고 있는 것이다.

이미 네트워크마케팅을 하고 있는 사람들에게 주는 메시지

당신은 같은 모임, 같은 설명을 해야 하는 것에 싫증을 느끼고 있을지도 모른다. 그리고 다른 타입의 훈련이 필요하다고 생각할 지도 모른다. 하지만 그러한 생각은 당신의 업 라인에게 부담이 된다는 것을 알아야 한다.

업 라인이 그룹을 만들면서 세웠던 기본적인 방법에서 멀어져 가면, 사업의 기조가 흔들리게 되고 결국에는 빠른 속도로 당신의 그룹은 성장이 멈출 것이다. 물론 당신이 더 현명한 생각을 하고 있을지도 모른다. 하지만 업 라인의 결과를 보라. 만약 당신이 업 라인보다 더 잘하고 있다면 당신의 업 라인은 당신의 방법에 관심을 기울일 것이다.

……

▶ 당신을 위한 몇 가지 아이디어
- 업 라인이 거둔 성공을 직시하라.
- 성공적인 훈련 과정을 만든 후에는 그것을 바꾸지 말라.
- 훈련 과정을 간단하게 만들어라.
- 기본적인 내용들을 충실히 다뤄라.
- 사람들과 함께 일하고 그들을 훈련시켜라. 정해진 과정을 변경하고 기본적인 단계를 무시하면 길을 잃게 된다.

▶ 제품 교육의 키포인트
어느 부분에 집중적인 노력을 기울여야 하는가?
- 제품이 주는 혜택을 가르쳐라. 다운 라인들이 제품에 매료되면, 다른 일도 성실히 하게 될 것이다.
- 다운라인이 모든 제품에 대해 전문가가 되도록 교육하라.

PART 10

모임이 끝나기 전에 다운라인이 사업하겠다는 열의를 갖고 뛰어나가게 할 수 있는가?

네트워크마케팅에서 미팅은 혈관과 같다

▶ 스스로 미팅을 시작했을 때는 이렇게 하라
- 자신의 작은 미팅에 최선을 다한다.
- 항상 더 큰 모임에 꾸준히 참석한다.
- 세 번째 사람을 후원했을 때 자신의 미팅을 시작한다.

▶ 미팅을 갖기 위한 아이디어

팀의 회원들이 많은 사람들을 후원하기 시작할 때, 당신의 사업은 갑자기 폭발하기 시작한다. 미팅에 최선을 다하라. 하지만 인정받는 리더의 위치에 올라서야만 미팅을 개최할 수 있는 것은 아니다. 나 역시 미팅을 통해 리더가 되었다.

- 자신의 미팅에서 마지막으로 떠나는 사람이 되어라.
- 주간, 월간 미팅을 주관하는 사람이 되어라.
- 모임에 자주 참석하여 성공적인 네트워크마케팅 사업가가 되기 위한 교훈을 얻어라.
- 미팅은 회원들의 인간관계를 증진시킨다.
- 먼저 다운라인에게 확인 전화를 하고 모든 사람이 미팅의 일정에 대하여 알 수 있도록 연락을 취한다. 전화할 때에는 열정을 지닌 목소리로 말한다.
- 자신의 미팅을 갖는다. 네트워크마케팅의 미팅은 식탁에서, 응접실에서 밤낮으로 매일 전 세계에서 이루어진다. 이러한 방법으로 커다란 네트워크가 시작되는 것이다.
- 영상을 보여준다. 이는 수천 마디의 말을 대신한다.
- 어떤 것이 효과가 있는지, 미팅을 더 좋게 발전시키는 방법은 무엇인지 생각하라.

- 자신의 어려운 점에 대하여 이야기하지 말라. 미팅에 초점을 맞추어라.
- 리더들의 미팅에 참석하라. 비판하지 말고 조용히 필기 하라.
- 성공적인 네트워크마케팅 사업가의 모임에 참석하라.
- 제품을 전시해 놓아라.
- 당신이 살고 있는 지역에 미팅이 없다면 당신이 시작하라.
- 네트워크마케팅의 어느 한 부분에서라도 즉, 미팅에서 말하는 것, 사회를 보는 것, 훈련하는 것, 후원하는 것, 최고가 되는 것 등에서 두려움을 느낀다면 용기를 통해 극복해야 한다.
- 마음이 통하는 사람들과 함께 하는 팀 미팅은 흥미를 갖게 하고 참여도를 높인다.
- 미팅은 쉽게 갈 수 있어야 하고 같은 요일, 시간, 장소에서 해야 효과적이다.

▶ 좋은 결과를 가져오는 미팅을 위해서는…

- 저녁 미팅 시간은 7~9시가 좋다.
- 당신의 리더십을 높이 평가 받고 정당한 인정과 존경을 받기까지는 수개월이 걸릴 수도 있음을 인정하라.
- 더 이상 사업을 하지 않는 사람들과 열정을 지닌 새로운 사람들이 함께 있도록 방치하지 말라. 새로운 사람들이 사업을 그만둔 사람들로부터 부정적인 영향을 받을지도 모른다.
- 새로운 프로그램을 발표한다.
- 미팅 장소의 준비 상태, 다과와 음료, 안내자, 음악, 개회를 위한 말, 조명, 열기 등 모든 사항들을 세부적으로 준비한다.
- 제품에 대해 많은 것을 알고 있을 때, 더 안정된 마음으로 다른 사람에게 설명할 수 있다.

- 성공적인 미팅이 될 수 있도록 시작할 때 분위기를 잘 조성하라.
- 정시에 시작하고 정해놓은 시간에 끝낸다.
- 주간 미팅, 분기별 미팅, 리더십 미팅, 사전 준비 모임, 애프터 미팅, 지역 미팅, 내셔널 미팅 모두가 중요하다.
- 단합하는 곳에 열정이 있다.
- 최신의 정보를 나눈다.
- 리더를 통하여 정보가 전달되어야 한다.
- 매달 갖는 미팅에서 정보를 나눌 때, 전화에 소비하는 시간을 줄일 수 있다.

▶ 미팅을 열 때 필요한 것

- 열정과 격려의 말.
- 입구의 안내자.
- 유인물.
- 제품 실연을 하는 사람들.
- 충분한 물, 주스, 음료 등.
- 충분한 펜과 종이 그리고 설명을 위한 화이트보드.
- 사진을 찍을 사람 ~ 사진은 뉴스레터에 넣는다.
- 성공담을 이야기할 사람들.
- 들어올 때 열정을 갖게 하는 음악.

▶ 집에서 개최하는 월간모임

- 그룹이 작을 때에는 집에서 모임을 갖는다. 하지만 그 모임이 커지는 데는 그리 오랜 시간이 걸리지 않을 것이다. 그리고 홈미팅 비용은 그다지 많이 들지 않는다.

  ......

사람들이 오고 싶어 하는 월간 미팅을 갖는 법

▶1단계 : 준비와 목표

다과나 과일, 음료를 준비하고 모임의 크기와 상관없이 앞에 서서 모임을 이끌어나간다. 그리고 사람들이 마음을 편하게 갖도록 하고 이렇게 말한다.

"이번 모임의 목적은 아이디어와 정보를 나누고 공지사항을 전하고 우정과 친분을 가깝게 하는 데 있습니다. 만약 부정적인 것을 말하고 싶다면 그것은 혼자서만 간직하십시오. 우리의 모임은 좋은 미팅이 될 것입니다. 정해진 시간동안 성심 성의껏 우리가 지닌 것을 전해줄 것이며 떠날 때는 새로운 아이디어를 가지고 떠납시다. 자, 이제 시작하겠습니다."

▶2단계 : 모임 진행 일정

① 환영사

새로 온 사람과 그들의 손님을 환영하는 것을 잊지 않는다.

② 후원

이렇게 물어본다. "한 명 이상 후원한 사람이 있습니까? 앞으로 나오셔서 어떻게 후원했는지 말씀해 주시겠습니까? 자, 새로운 사람을 환영합시다."

그 사람이 앞으로 나왔다면 이렇게 말한다.

"이 분을(새로운 사람의 이름) 환영하는 뜻에서 우리 모두 환영의 박수를 칩시다."

③ 판매

"이 달에 제품을 판매한 사람은 누구십니까? 일어나서 얼마나 어떻게 팔았는지 말씀해 주십시오. 좋은 이야기를 들어봅시다."

④ 나눔

"다음은 돌아가면서 자신의 이름과 지난 달, 자신의 사업에 대하여 긍정적인 면을 말해 보겠습니다. 부정적인 것은 피해 주십시오. 어려움이 있다면 질문의 형태로 말씀해 주십시오. 이곳에 계신 분 중에서 그 질문에 답해줄 분이 있을 것입니다."

⑤ 보상 플랜

"오늘 저녁, ㅇㅇ씨가 우리의 목표를 설명해 주시겠습니다."(모임이 열릴 때마다 돌아가며 기본 보상 플랜을 설명하도록 한다)

⑥ 리더십

"리더십을 위해 노력하는 사람은 누구입니까? 나오셔서 어떻게 하고 계시는지 말해 주십시오. 우리가 응원을 하겠습니다."

⑦ 끝없이 지속되는 발전

"최근에 어떤 책을 읽었고 어떤 테이프를 들었으며 어느 세미나에 참석하셨는지요?" 그들이 경험하고 얻는 좋은 아이디어를 함께 나눈다.

⑧ 목표

"모두들 다음 달의 목표를 말씀해 주시기 바랍니다. 누가 처음으로 말씀해 주시겠습니까?"

⑨ 팀 일정

일정표를 돌리고 모든 사람이 다음 달 자신이 계획한 일을 적어 넣는다.

▶ **3단계 : 실천하도록 함**

"다음 모임 전까지 모든 사람들이 해야 할 일을 말씀 드리겠습니다."(당신은 지금 팀 목표를 정해 놓고 있다) 그리고 이렇게 말한다.

"여기에 계신 모든 분들은 다음 모임에 적어도 한 사람을 모시고 오셔야 합니다. 오늘 나눈 이야기가 좋았다고 생각하는 분은 몇 분입니까? 다시 한 번 더 돌아가며 자신의 이름을 말하고 다음 모임 전까지 하실 일을 말씀해 주십시오."

항상 율동적인 모습으로 모임을 마치고 열정을 심어주는 음악을 틀어준다.

미팅에 아무도 오지 않았다면

모임을 계획했는데 몇 달 동안 한 사람도 오지 않았다면 다음을 체크 한다.

- 당신은 제품을 사용하고 있으며 적당한 재고를 가지고 있는가?
- 누가 판매를 하고 후원을 하는가?

사람들이 오지 않는다고 하여 모임에 참석하도록 구걸할 필요는 없다. 다시 한 번 미팅의 가치를 생각하라.

▶ 아무도 오지 않을 때는 이렇게…
- 책임을 위임하라. 사람들에게 무엇인가를 가져오도록 한다. 음료, 제품, 필기도구, 안내자의 미소 등
- 모임을 위한 모임이 되어서는 안 된다. 생산적인 모임을 준비하라.
- 너무 감정에 치우치면 사람들이 모임에 오는 것을 원치 않는다. 밝은 모습을 지녀라.

- 미팅 장소에 담배 냄새가 배어 있다거나 다른 좋지 않은 냄새가 나는지 확인한다.
- 예상치 못했던 연사를 초청하여 판매, 후원 또는 복제에 대하여 듣는다.
- 자신의 성공을 보여준다. 당신이 한단계 성공할 때마다, 사람들은 어떻게 성공했는지 듣기를 원한다.
- 모든 사람에게 할 일을 주어라.
- 더 많이 인정해 주어라.
- 당신 다운라인을 위한 상품을 준비한다. 책, 테이프 등
- 흥미 있는 것들을 전해 준다.
- 뉴스레터에 다음 주에 특별한 안내 사항이 있다고 쓴다.
- 뉴스레터에 모임 일정을 넣고 전화를 걸어 모임을 상기시켜 준다.
- 매번 미팅 때마다 10개 이상의 의자나 방석을 준비한다. 그리고 참석자들에게 다음 미팅에는 이 모든 자리를 채우자고 말한다. 눈으로 보게 하고 기대하는 것이다.

사업을 더 높은 방향으로 전환하는 법

사람들을 내셔널 컨벤션에 데리고 가라. 좀 더 넓은 경험의 폭을 쌓을 수 있을 것이다.

리더십 세미나와 내셔널 컨벤션에 참석하는 이점

- 모든 노력을 기울여 네트워크마케팅에 대해 배우려는 열정이 있다면, 그 열정으로 단지 며칠간의 커다란 모임에서 모든 것을

보고 배울 수 있다.
- 이 모임은 당신이 하고 있는 사업의 가치가 어느 정도인지 확인시켜 줄 것이다.
- 이 모임은 리더십을 개발하고 사업에 대한 트레이닝을 받지만, 무엇보다 중요한 것은 지금 소속되어 있는 회사의 중요성을 경험하게 되는 것이다.
- 사업과 회사에 대한 관념을 더 좋은 면으로 바꾸어 줄 것이다.
- 내셔널 컨벤션에 참석하고 나면, 회사와 사업 기회에 대한 사람들의 대화 내용이 변한다. 강한 확신을 얻게 되어 사람들에게 매일 제품에 대해 말하는 것이다.
- 리더들은 개인의 발전을 위해 전력을 다하는 사람들이다. 이러한 성향은 백만 달러짜리 사업의 리더가 되기를 원하는 사람들에게 필요한 자세이다.
- 내셔널 컨벤션은 새로운 제품과 보조 자료들에 대한 정보를 제공해준다.
- 사업의 성공과 훈련, 리더십 발전에 중대한 계기가 된다.
- 수많은 사람들이 자신과 같은 사업을 하고 있는 것을 보고 흥분하게 된다.
- 대규모의 미팅에 참석하는 것은 사업 전체의 개념을 빠르게 이해시킨다.
- 이 사업이 추구하는 커다란 사업방향을 볼 수 있다.

▶ **컨벤션에 참석한 당신은…**
- 3년 배운 것보다 1~2일 동안 더 많은 것을 배울 것이다.
- 당신의 리더와 업 라인을 만날 기회를 갖는다. 그리고 그들이 당신을 만날 기회를 갖게 된다.

- 회사의 다른 리더들과 네트워크를 형성하고 만날 기회를 갖게 된다.

사람들이 미팅에 참석하는 것을 부정적으로 볼 때

특히 내셔널 컨벤션과 리더십 세미나에 참석하는 것을 부정적으로 보는 사람들을 위해서는 그 특징을 이해하고 적절히 대응해야 한다.

- 내셔널 컨벤션에 참석하지 않는 사람들은 그 모임에 참석하기 위해 시간과 노력을 투자한 사람보다 상대적으로 관심을 덜 받게 된다.
- 내셔널 컨벤션이나 리더십 모임에 참석했더라도 배운 것을 행동으로 나타내지 못하는 사람들은 관심을 끌지 못한다. 그러므로 배운 것을 행동으로 옮겨라. 그렇게 함으로써 이 사업에서 자신이 정진하고 있다는 것을 보여주게 된다. 그리고 당신의 모든 행동은 바로 당신 자신을 위한 것이다.
- 일단 모임에 참석하는 것만으로도 당신은 업 라인에게 열심히 하겠다는 자세를 보여주기 시작하는 것이다.
- 중요한 것은 컨벤션에 참석하는 것이 꼭 필요하다는 것을 이해하는 것이다. 컨벤션에 참석하지 않는 사람이 다른 모임에 참석하겠는가? 당신이 컨벤션에 참석하지 않는다면 업 라인은 당신에게 성공에 대한 열의가 부족하다고 생각한다.
- 리더가 되겠다는 마음의 준비를 마쳤을 때, 그 무엇도 당신이 이 커다란 모임에 참석하겠다는 결심을 막을 수 없다.

커다란 행사를 준비하는 법

나는 100~400명이 참석하는 모임을 오랫동안 해왔기 때문에 그러한 규모의 모임에 참석하게 되면, 그 모임의 준비상태를 한 눈에 알아볼 수 있다.

▶ 1단계

다음과 같은 결정을 한다.
- 커다란 모임을 갖겠다는 결정을 한다.
- 모임을 통해 얻을 수 있는 결과에 대하여 의논하고 결정한다.
- 행사에 대한 시간, 날짜를 결정한다.
- 좁은 장소를 사용하지 않는다.
- 여러 장소를 둘러보고 좋은 조건을 찾아낸다.
- 장소가 호텔이라면, 숙박비를 확인한다.
- 모임 장소의 임대료를 확인하고 참가비를 결정한다.
- 그룹 모임의 형태를 이용하여 당신의 다운라인에게 도움이 될 수 있는 자료를 모은다.
- 뉴스레터에 행사에 대한 자세한 내용을 적어 다운라인이 자신의 뉴스레터에 사용할 수 있도록 한다. 모든 내용이 정확한지 확인한다.
- 기대한 것보다 더 많은 것을 주어라.
- 성공적으로 일을 잘해 나가는 사람들로부터 의견을 들어라.

▶ 2단계

전담자들을 설정하여 가능한 한 많은 것을 위임한다. 그리고 그들이 한 팀이 되어 일하도록 한다. 사람들은 행사를 준비하는데 참여하는 것을 좋아한다는 점을 명심하라. 전담자들을 위해 위임할 수 있는 분야는 다음과 같다.

- 등록, 참가비를 받고 비용을 지불하는 사람들.
- 정시에 시작하게 하고 끝나게 하는 사람들.
- 제품을 가져오고 전시하는 사람들.
- 안내 담당자들.
- 음악과 행사장을 장식하는 사람들.
- 식사를 하게 될 경우, 메뉴 선택과 식사 안내를 할 사람들.
- 행사장의 뒷부분을 활용하여 책과 테이프등을 판매할 사람.

PART 11

실망감과 갈등을 해소하여 성공하는 방법

"당신이 성공을 하면, 어리석고 겁 많은 사람들이
당신이 어떻게 성공할 수 있었느냐고 의문을 제기할 것이다.
그들의 말을 들으며 실망하지 말라.
그들로부터 멀리 떨어져라.
그들과 어떤 일도 함께 하지 말라.
그들은 당신의 인생에 도움을 주지 못한다.
그들은 당신의 시간을 낭비하게 할뿐이다."

"우리는 행복해야 한다. 신은 우리가 기쁨을 갖도록 창조하셨다.
새들을 보라.
그들은 폭풍우 후에 노래를 한다. 우리도 그렇게 할 수 있다!"
- 로즈 케네디 -

장애 속에서 기회를 찾아라.

네트워크마케팅을 전개하다 보면 극복해야 할 장애물이 계속해서 나타날 것이다. 그러한 장애물에 구애 받지 말라. 당신 앞에 성공을 가져다 줄 장애물만 인정하라.

▶ 갈등을 해결하는 법

네트워크마케팅에서 당신은 수많은 사람들과 만나 일을 하게 될 것이다. 그 중에는 같은 가치관을 가진 사람들과 그렇지 않은 사람들도 있다. 그리고 같은 목표를 가진 사람들과 그렇지 않은 사람들도 있다.

그렇다면 각기 다른 모든 사람들과 어떻게 갈등 없이 일을 해나갈 수 있을까?

어느 분야에서 일을 하던 당신은 마음이 맞지 않는 사람들을 만나게 될 것이다. 그들이 갖고 있는 가치관은 당신의 10가지 또는 20가지의 가치관과 일치하지 않을 수도 있다. 그리고 그러한 사람들은 당신의 다운라인에도 있고 같은 사업을 하는 다른 다운라인에 있을 수도 있으며 회사 직원, 판매원 그리고 고객일 수도 있다.

그들은 각자 자신의 행로를 걷고 있다. 그리고 어디까지나 사람과의 관계를 통해 일이 전개되기 때문에 그룹을 형성하면서 갈등이 일어나기도 한다.

그러면 어떻게 해야 할까?

업 라인에게 상담해라. 하지만 업 라인과 대화가 불가능하거나 도움을 받지 못하면 스스로 해결해야 한다.

……

▶ 이렇게 하라
- 1단계

  즉각적인 반응을 보이지 말라.

- 2단계

  갈등을 업 라인 이외의 다른 사람들과는 상의하지 않는다. 주의할 것은 다운라인에게 말하지 않아야 한다는 점이다. 이야기가 돌고 돌아 갈등을 초래한 사람의 귀에 들어갈 수도 있다.

- 3단계

  갈등의 원인을 찾는다. 해결에 도움이 되는 모든 사항을 파악한다. 반응을 보이기 전의 양쪽 입장을 충분히 이해한다.

▶ 개인적인 갈등을 해결하는 법
- 스스로를 비판하지 않는다.
- 아무도 당신을 실망시키거나 모욕감을 주지 못하게 한다.
- 당신에 대해 헛소문을 퍼뜨리는 사람에 대한 연민의 정을 가져라.
- 비판에 대응할 때는 유머를 사용하라.
- 갈등으로부터 힘을 얻도록 하라.
- 당신이 수용해야 할 부분과 하지 않을 부분을 결정하라.
- 사람들은 곧잘 말을 만들어낸다. 사실이 아닌 것도 만들어지곤 한다. 어리석은 일이지만 이것이 인간적인 면이다.
- 갈등이 목표를 향해 나아가는 길을 방해하지 못하게 하라.

▶ 다음의 질문들을 자기 자신에게 해보라
- 결정적인 선택을 할 수 있는가?
- 남은 생애를 활동적으로 살아가겠는가?

- 누가 나의 발전을 막고 있는가?
- 왜 그들의 말을 들어야 하는가?
- 나는 인생에서 무엇을 원하는가?

젠 루가 갈등을 해결한 비법

다음은 나의 일기장에 써놓은 생각들이다. 나는 사람들과의 갈등을 느낄 때마다 이것을 읽었다.

- 이 세상의 모든 슬픔, 두려움, 긴장, 질투, 근심들은 받아들이지 않는 한, 당신에게 해를 끼칠 수 없다. 그것들이 가까이 오지 못하게 하고 당신의 마음을 긍정적이고 건설적인 생각, 성공, 희망적인 아이디어로 가득 채워 부정적인 것들이 스며들 틈을 주지 말라.
- 세상의 모든 바닷물도 배 안에 스며들기 전에는 배를 침몰 시키지 못한다.
- 삶에 가치를 부여하고 감사하라.
- 칠면조와 함께 지내면서 하늘을 향해 날 수 있는가!
- 독수리처럼 하늘을 향해 치솟을 수 있는 자신의 능력을 믿는가?
- 스스로에게 물어보라. "이 사람은 어려움을 해결하는데 도움을 주는가 아니면 새로운 문제를 만들어 주는가?"
- 갈등을 피하라.
- 거짓된 말을 하지 말라.
- 당신을 존경하지 않는 사람들과 소중한 인생을 나누지 말라.
- 슬럼프를 던져 버려라.

- 대부분의 세상 사람들은 당신이 무엇을 하는지 모르고 있으며 상관 하지도 않는다.
- 당신을 가로막고 있는 것이 무엇인지 검토하라.
- 당신의 마음속에 있는 사랑과 평화를 위협하는 어떤 일도, 사람도 용납하지 말라.
- 죄의식을 버려라.
- 변화의 고통을 기뻐하라.
- 사업에 대해 가족과 너무 많이 이야기하는 것은 좋은 생각이 아니다. 다른 관심거리를 함께 이야기하라. 당신의 가족에게 사업에 대한 불평을 늘어놓으면 어떠한 지지도 받을 수 없다. 아마도 당신의 배우자는 사업을 그만두라고 할지도 모른다.
- 늘 문제만 제기하는 사람들로부터 멀리 하라.
- 실패로부터 배워라.
- 비판적인 사람들을 멀리하고, 가치를 부여하지 말라.
- 부정적인 사람들로부터 배우며 그들이 무엇을 읽고 있는지 무엇을 하고 다니는 지 관찰하라. 그러면 가까이 해서는 안 된다는 교훈을 얻을 것이다.

▶ **갈등을 해결하는 강력한 아이디어**
- 감정을 발산하는 대신 상황을 개선하는 방법을 찾아라.
- 자신의 발전을 돕는 새로운 사람을 찾아라.
- 아무도 운이 좋거나 나쁘다고 말할 수 없다.
- 아무도 당신에게 상처를 줄 수 없다. 당신만이 상처를 줄 수 있을 뿐이다.
- 열심히 일해도 원하는 결과를 얻을 수 없다고 계속해서 불평하는 것보다, 고객에게, 업 라인에게, 다운라인에게, 동료들에게

불쾌감을 주는 것은 없다. 그런 일은 그만두어라.
- 낙천적인 사람들은 어려움에 놀라지 않는다.
- 시기심을 가진 사람들만이 많은 수입을 올리는 사람들에 대해 불평을 하게 된다.
- 갈등을 일으키는 사람에게 질문 하여 그 대답을 듣는 것은 매우 흥미로운 일이다.
- 성공하지 못한 사람들은 당신이 성공한 것에 의문을 제기한다.
- 문제를 해결할 수 있는 사람에게 당신의 의견을 여쭈어라.
- 3년 정도 지나면 지금 발생한 문제에 대해 아무도 상관하지 않는다.
- 모든 사람이 당신의 의견에 동의하는 것은 아니다.
- 모든 사람들이 당신과 뜻을 같이 한다면, 이 세상은 지루해질 것이다.
- 모든 사람들이 당신을 좋아하고 존경하는 것은 아니다. 그리고 그것이 당신의 가치에 영향을 주는 것도 아니다.
- "두렵다" 라는 말을 하지 않는다.
- 괴로움을 준 사람을 용서하고 잊어 버려라. 그러면 당신의 생은 더욱더 평화로울 것이다.
- '문제' 라는 말 대신, '도전'과 '흥미로운 상황' 이라는 말을 사용하라.
- 부정적인 생각만 고집하는 사람에게는 필요한 말만 하고 나머지는 상관하지 말라.
- 위기관리 능력을 지니며 위기에 끌려 다니지 말라.
- 중요한 것을 중요한 위치에 놓을 줄 아는 것이 중요하다.
- 성공할수록 비판을 많이 받게 된다. 더욱더 성공하라.
- 어떤 일이든 양면성을 지니고 있다.

- 오해의 소지를 찾아 확대하려는 사람들이 있다. 그들을 무시하라.
- 35%의 사람들은 당신의 어려움을 듣고자 하지 않는다. 65%의 사람들은 당신에게도 어려움이 있다는 것을 알고 용기를 얻는다.
- 혼란을 번영으로 만들라.
- 당신에게 불만이 있는 사람들을 멀리하라. 긍정적으로 생각하라.
- 뒷공론을 하지 말라.
- 인생에는 쓴맛과 단맛이 있다. 당신이 선택하라.

갈등을 해결하는 더 강력한 아이디어

- 당신이 성공할 때, 성공하지 못한 사람들은 당신을 비판하게 된다. 그들이 당신의 인생에 부정적인 영향을 주지 못하게 하라.
- 네트워크마케팅은 갈등이나 방해로 인해 낭비되기에는 너무 중요하고 가능성이 높은 사업이다.

▶ 생각하라
- 인생의 현 위치에 만족하지 말라.
- 나쁜 관계를 청산하라.
- 지는 것을 슬퍼하고 괴로워하라. 승리하는 것보다 패하는 것이 더 쉽다. 쉬운 길을 택하겠는가?

▶ 만약에…
- 짧은 기간 동안 혹은 긴 기간 동안 성공하지 못하면 사람들은 포기한다.

- 당신이 하고 있는 방법에 결과가 없다면 바꿔라.
- 관계가 개선되지 않으면 벗어나라.
- 불평이 있다면 해결할 수 있는 위치에 있는 사람에게 가라.
- 당신의 사업을 가족에게 이야기하면 간혹 이해 받지 못해 실망하는 경우가 있다.
- 갈등에서 멀어지길 원한다면, 갈등을 초래하는 사람들로부터 멀어져라. 그리고 그들과 아무 것도 하지 말라.

▶ 절대로
- 당신의 일에 동의하지 않는 사람이 있다고 하여 포기하지 말라.
- 해결해 줄 수 없는 사람에게 어려움을 이야기하지 말라.
- 어떤 사람도 거짓말쟁이라고 부르지 말라.
- 전화를 해서 "문제가 있어요."라고 말하지 말라.
- 다른 사람을 비평하지 말라.

▶ 그만두어라
- 어려움을 겪는다고 그 책임을 주변의 환경, 지능 지수, 부모 또는 배우자에게 넘기려 하는 것을.
- 성공하지 못했다고 자신의 상황, 업 라인, 회사, 배우자 또는 자녀들을 비난 하는 것을. "나의 시간과 에너지는 누가 사용했는가?"라고 자기 자신에게 물어 보라.
- 모든 사람을 만족시키려 하는 것을. 그것은 실패가 보장되는 공식이다.
- 사업을 시작한 후에 중지하는 것을.
- 당신의 상한 마음을 겉으로 나타내는 것을.
- 공연히 바쁜 척 하는 것을.

장애를 극복하는 법

어떤 사람도 어떤 일도 당신을 낙담하게 만들지 말라. 포기하고 싶을 때가 바로 다시 시작해야 할 때이다.

- 자신에 대한 개인적인 책임을 인정한다.
- 인생의 어려움을 인정한다.
- 멋진 미래가 있다는 것을 믿어라.
- 베토벤은 귀가 먹었으면서도 위대한 음악을 작곡했다.
- 인생의 백미러를 없애고 앞을 보라.
- 어려움을 크게 만들지 말고 기회로 만들어라.
- 어려움에 대한 도전은 승리자를 만들어낸다.
- 과거로부터 멀어져라.
- 할 수 없다는 마음보다 할 수 있다는 의지를 키워라.
- 단순히 해보는 것과 필요한 것을 해 내겠다는 것에는 큰 차이가 있다.
- 가장 두려워하는 것에 도전하면 모든 것을 극복할 수 있다.
- 매일 성공 할 수 있다는 마음으로 하루를 시작하라.
- 실패는 성공의 밑거름이다. '나는 백만장자의 성공하는 습관을 갖게 되었다' 고 말하라.
- 두려움은 성공 자가 되는 길에 있어서 가장 커다란 장애물이다.
- 자신의 약한 부분을 발전시켜 강점으로 만들고 자신감을 갖도록 하라.
- 네트워크마케팅에서 성공을 계획할 때, 의지력도 포함시켜라.
- 훌륭한 아이디어와 의욕을 갖고 있으면서도 자신을 약점의 희생자로 만들어 포기하는 것은 바보들이나 하는 짓이다.

- 용기를 가져라.
- 당신을 멈추게 하는 것을 없애 버리는 용기를 가져라.
- 모든 실수를 경험하기에는 인생이 너무 짧다.
- "내가 전에 있던 곳으로는 결코 돌아가지 않겠다."라고 말하라.

▶ 장애를 극복하는 더욱 강력한 아이디어

- 당신의 동의 없이 그 누구도 당신에게 열등감을 갖게 할 수 없다.
- 가치 있는 것은 쉽게 찾아오지 않는다.
- 시도하지 않는 사람만이 실패하지 않는다. 그리고 아무 것도 얻지 못한다.
- 어느 것도 기대하지 않는 사람은 실망도 하지 않는다.
- 당신을 프로그램 하라.
- 거부를 감수하라.
- 지속적으로 일하는 것은 어렵다. 어려움을 이겨내고 지속적으로 일하기 위해서는 자신에게 항상 동기를 부여해라.
- 고통스러운 일은 한 번에 한 단계씩 벗어나라.
- 그만두고 싶다면 처음부터 다시 시작해 보라.
- 반대와 어려움을 뚫고 나아가라.
- 미래는 당신의 앞에 있지, 뒤에 있는 것이 아니다.
- 대부분의 사람들은 인생을 부정적으로 보고 쉽게 실망한다. 반면, 의욕적인 사람들은 그러한 일이 일어나지 않도록 한다.
- 당신의 사업에 의구심을 갖게 되면 게을러진다.
- 보상은 항상 일을 마무리한 사람에게 돌아간다.
- 당신의 길에 놓인 덫은 당신에 의해 만들어진 것일지도 모른다.
- 실패를 딛고 일어선 사람들은 승리자들이다.
- 기다리는 사람들은 미루지 않는 사람들에게 뒤쳐진다.

- 승낙을 얻으려면 승낙하라.
- 이기심을 버리고 최상의 이익을 위해 마음을 집중하라.
- 천박한 사람들을 멀리 하라.
- 장애를 기회로 만들어라.
- 포기하는 자는 실망을 향해 간다.

당신은 모든 역경을 딛고 정상에 오를 수 있다.
당신은 인생이 주는 최상의 것을 받을 자격이 있다.
당신은 미래를 조정할 수 있다.
당신은 선택의 자유를 갖고 있다.
당신은 성공을 위해 태어났다.

실망스러움을 이겨내는 법

▶ 모든…
- 모든 도전은 개인 성장의 기회이다.
- 모든 끝은 시작이다.
- 모든 여정은 첫 발로 시작된다.
- 모든 것을 성취한 사람은 목표에 미달된 것에 대한 변명을 찾을 수도 있다.

▶ 거의 없다
- 그들이 앞으로 나아가는 동안에 그만둔 사람은 거의 없다.
- 승리하는 동안에 실망한 사람은 거의 없다.
- 자신감이 부족한 사람과 사업을 하고 싶은 사람은 거의 없다.

▶ 이렇게 할 때
- 네트워크마케팅에서 돈을 번 사람이 있다면, 당신도 역시 돈을 벌 수 있다.
- 주도적으로 일 한다면 그것은 성공에 큰 역할을 하는 것이다.
- 자신감이 없다면, 서둘러서 그 장애물을 넘어라.
- 포기하지 않는다면, 네트워크마케팅에서 성공할 수 있다.
- 성공을 원하면, 성공을 생각하라.

▶ 이것은…
- 방해와 어려움과 불투명한 일임에도 불구하고 좋은 동기를 갖고 지속적으로 일하는 강한 사람들이 있다.
- 항상 그만 두기에는 너무 이르다.
- 아무 것도 하지 않는 많은 사람들보다 소수의 훌륭한 사람들을 갖는 편이 더 낫다.
- 당신에게 어떤 일이 일어나느냐 하는 것은 문제가 아니다. 그 일을 대하는 당신의 태도가 중요하다.
- 자신을 실패자라고 부르는 것을 용납하지 말라.
- 성패를 좌우하는 것은 현재 가진 것으로 어떻게 하느냐 이다.

▶ 대부분…
- 성공은 실패 위에 세워진다.
- 성공을 한 사람들은 실패를 경험했다.
- 사람들이 실패를 하는 이유는 방법을 모르거나 충분한 노력을 하지 않았거나, 쉽게 포기하기 때문이다.
- 실패자의 실패 이유는 자신을 복제해야 한다는 사실을 이해하지 못했기 때문이다.

- 부정적인 생각을 하는 사람들은 부정적인 것에 초점을 맞춘다.
- 바쁘다고 이야기하는 사람들은 대체로 바쁘지 않다.

▶ 절대로…
- 절대로 포기하지 말라.
- 무슨 일이 있더라도 포기하지 말라.
- 회사와 제품이 훌륭하다면, 네트워크마케팅을 절대 포기하지 말라.
- 어느 누구도 당신을 불행하게 만들지 못하게 하라.
- 어느 누구도 당신을 화나게 만들지 못하게 하라.

실망스러움을 이기는 최상의 아이디어

▶ 당신은…
- 생각보다 더 나은 사람이다.
- 성장하든지 아니면 낙오된다.
- 자신의 인생을 결정할 수 있다.

▶ 당신은 할 수 없다
- 항상 다른 사람이 방향을 제시해 주도록 의존해서는.
- 부정적인 사람들과 지내면 독수리처럼 하늘로 치솟는 것을.
- 5분전에 일어난 일을 바꿀 수는 없다. 오직 현재와 미래를 바꿀 수 있을 뿐이다.
- 야구의 첫 베이스를 밟지 않고 두 번째 베이스로 가는 것을.

  ……

  ……

▶ 이럴 필요는 없다
- 재정적으로 성공하고 발전하기 위하여 커다란 능력을 갖고 있어야 하는 것은 아니다.
- 정신적인 동요를 일으킬 필요가 없다.
- 긍정적인 자세로 일할 때는 불안해 할 필요가 없다.

▶ 당신은 아마도…
- 다른 사람과 별도로 일 해야 할지도 모른다.
- 활동하고 싶지 않을 때 해야 할지도 모른다.
- 당신이 원하는 사람을 찾기 위해 더 많은 사람들을 만나야 할지도 모른다. 이렇게 함으로써 당신에게 돈과 명예 그리고 행운을 가져올 백만장자의 습관을 지닐 수 있을 것이다.
- 빠른 발전을 가져오기 전에 한 발 뒤로 물러설 지도 모른다.

당신이 후원한 사람이 그만두었을 때

처음 후원을 하게 되면 커다란 기대감을 갖고 단순히 전화를 걸고 제품 키트를 파는 것으로 후원한 사람이 열심히 판매할 것으로 기대한다. 그리고 자신의 기대만큼 사업이 진행되지 않으면 실망하고 만다.

일단 후원을 했다면, 충분한 시간을 갖고 그들을 훈련시켜라. 당신을 어떻게 복제할 수 있는가를 보여주어라. 단순히 제품 키트를 팔고 두세 번 전화로 이야기를 해준다고 하여 그들이 판매를 하고 당신처럼 사업을 전개하는 것은 아니다. 그들이 판매와 후원을 하고 다른 사람들에게 사업하는 방법을 가르치도록 훈련시키지 않는다면 그들은 쉽게 포기하고 만다.

새롭게 시작한 사람들이 도중에 포기하는 가장 큰 이유는 그들이 이 사업에 대해 충분히 이해하고 있다고 생각하기 때문이다.

이 사업을 꾸준히 지속하다 보면 서서히 발전도 하고 중대한 마음의 변화도 겪게 된다. 따라서 한 동안은 열심히 사업을 하여 발전하기도 하지만, 어느 순간 발전하지 못하고 실망하여 포기하기도 한다. 그 때, 당신은 머리를 긁적이며 그 이유가 뭘까 하고 생각한다.

고민하지 말라. 그것은 당신의 문제가 아니다. 대부분의 사람들은 스스로 자신을 망치고 만다. 그들은 모든 답을 알고 있다고 생각한다. 그리하여 자존심을 내세우며 듣고 배우기를 원치 않는다. 자신의 능력을 믿고 관리하려 하며 판매와 후원을 하지 않으면서 발전이 없는 것에 놀란다. 오래되지 않아 실망을 하게 되며 자신이 너무 일찍 그만두었다는 것을 인정하지 않고 회사와 당신과 그 밖의 모든 것에 책임을 전가해 버린다.

▶ 이러한 문제를 극복하는 법
- 당신의 다운라인에게 포기한 이유를 물어 보고 의견을 듣는다.
- 항상 다시 돌아와 사업을 할 수 있다고 말해 준다.
- 처음부터 앞으로 해야 하는 일들에 대해 분명히 알려준다.
- 당신의 방법을 복제하도록 훈련시킨다.
- "당신과 가족들을 위해 최상의 결정을 내리리라 믿습니다."라고 말한다. 그리고 그들의 선택을 존중한다.

"포기하기에는 항상 너무 이르다."

PART 12

당신의 열정에 불을 붙일 이야기, 시, 책, 음악들

음 악

지금 이 순간에도 음악은 수백만의 사람들에게 중대한 영향을 미치고 있다. 그리고 나는 모든 세미나와 미팅에서 동기를 부여하는 즐겁고 긍정적인 음악을 사용하고 있다. 나는 음악을 사랑한다.

▶ 이유는?

다운라인의 현재 위치를 향상시키는 것은 훌륭한 리더의 절대적인 요건이다. 그리고 이것은 행동과 열정으로 이루어진다. 당신이 만약 뛰어난 전문가라면 단순히 사람들을 가르치는 것에 머물지 않고 그들의 감정적인 면에도 변화를 가져오도록 해야 한다. 소위 전문가라고 하는 사람이 늘 같은 말만 되풀이하여 사람들의 마음을 움직이지 못한다면, 수많은 기회를 놓쳐버리고 말 것이다.

사업설명을 하는 동안 3분 정도 음악을 듣도록 하라. 그리고 사람들에게 어떤 변화가 일어나는지 살펴보라.

아무리 편안한 장소라 할지라도 몇 시간씩 앉아서 연사의 말을 듣는다는 것은 여간 곤혹스러운 일이 아니다. 그러므로 중간 중간 휴식시간을 갖고 그 시간에 음악을 들려주도록 하라. 음악이 가득할 때 사람들은 움직이며 함께 춤추고 노래하려는 마음을 갖게 된다. 이것은 기억을 상기시키며 사람들의 마음에 변화를 가져오는 것이다.

모임 중의 휴식을 필요로 하는 사람에게 있어 음악은 반드시 필요하다. 그리고 음악이 모임 장소에서 긍정적인 메시지를 전할 수 있어야 한다.

"음악은 말보다 더 호소력이 있다."
- 글렌 야보로브 -

사람들은 세미나와 미팅 장소에서 들었던 음악을 다른 장소에서 들었을 때, 모임에 참석했던 기억을 떠올린다. 즉, 음악이 생생하게 떠오르면서 모임에서의 감동까지 함께 되살아나는 것이다.

독 서

당신은 하루에 3,000단어의 말을 한다는 사실을 알고 있는가? 그것은 책 한 권의 분량에 맞먹는 것이다. 양서를 읽어라. 배를 채우는 일에만 신경 쓰지 말고 정신을 채우는 일에도 신경을 써야 하는 것이다.

▶ **네트워크마케팅의 성공스토리**

성공담을 많이 읽고 가능한 한 많은 성공스토리를 수집하라. '읽는 것' 그 자체만으로도 지혜의 근원이 된다. 당신이 사업을 위한 준비를 마쳤을 때, 성취할 방법을 알기 위해 자료를 찾게 될 지도 모른다. 이 때 책의 한 문장 혹은 한 단원이 당신에게 열정을 갖게 하여 전화를 걸고 싶은 마음이 들게 하거나 이전보다 더 많이 전화를 걸게 하여 더 커다란 결과를 얻게 할 수도 있다.

지난 수년 동안 나는 300권의 책을 읽고 요점을 정리해 놓았다. 구입할 수 있는 여유가 생길 때까지 기다리지 말고 책을 구입하라. 그리하여 책의 요점을 정리하고 배운 것을 다른 사람에게 가르쳐라. 책의 내용은 많은 사람들에게 좋은 영향을 준다.

▶ 이러한 실수를 하는가?
- 책을 읽을 시간이 없다고 말하는가?
- 책을 읽은 후, 기억에 남는 것이 없다고 말하는가?

▶ 그렇다면 이렇게 하라
- 항상 읽을 책을 가지고 다녀라.
- 태도를 바꾸면 원하는 만큼 혹은 더 많은 시간을 만들 수 있다.
- 읽을 수 있는 시간은 얼마든지 만들 수 있다.
- 책을 화장실, 차안, 부엌, 침실, 핸드백 그리고 책상에 늘 놓아 두어라.
- 한 달에 한 권의 책을 읽겠다는 결심을 하라. 일주일에 한 권씩 읽는다면 얼마나 마음이 흡족하겠는가?

▶ 책을 읽으면…
　책을 많이 읽을수록 모임에서 더 실질적이고 구체적인 자료를 제시할 수 있으며 자신감을 얻게 된다. 그리하여 월수입이 증가하고 그것은 곧 생활의 향상을 의미한다. 또한 더 많은 지식을 쌓게 되며 좀 더 성공에 가깝게 다가갈 수 있다.
　모임에서 읽은 내용을 말해 주도록 하라. 책의 내용을 정리하여 들려주면 더 많은 지식을 오래 기억할 수 있다. 왜냐하면 자신이 읽은 내용을 다른 사람에게 가르칠수록 더욱더 자신의 지식으로 만들 수 있기 때문이다. 가르쳐라. 그러면 더 많이 읽고 싶어질 것이다. 많이 읽을수록 교육을 더 잘 하게 되고 더욱더 존경 받는 사람이 될 것이다. 또한 당신의 다운라인은 책을 더 가까이 하게될 것이며 그 결과 그들의 자신감은 높아지고 수입도 증가할 것이다. 그것은 곧 당신의 수입 증가로 이어진다.

▶ **양서에 투자하라**

당신의 현재 리더와 미래의 리더들에게 책을 사주어라. 동기부여의 한 방법으로 선물하는 것이다. 가능하면 다운라인들이 책을 읽도록 권하라. 마음의 양식을 얻어라. 책과 테이프에 투자하라.

▶ **경고의 말**

다운라인에게 책과 테이프를 주고자 할 때에는 우선 그것을 받아들일 준비가 되어 있는지 확인한 후에 주도록 하라. 슬픈 현실이지만 준비가 안 된 사람 즉, 의욕이 없는 사람에게는 아무런 도움이 되지 못한다.

좋은 결과를 기대할 수 있는 양서를 선물로 주어라. 그리고 개인의 성장과 발전에 중점을 두어라.

배움의 자세는 평범한 사람과 뛰어난 사람들을 구분하게 한다. 당신 역시 준비가 되었을 때, 성장과 수입이 빠르게 증가할 것이다.

▶ **독서에 대한 아이디어**
- 독서를 위한 프로그램을 만들어 중지하지 말고 실행하라.
- 책을 읽는 사람들은 당신이 책을 읽지 않는다는 것을 알 수 있다.
- 모든 것을 알고 있다고 생각할 때, 조심하라.
- 양서는 당신의 삶을 더 멋지게 가꾸어 줄 것이다.
- 지식을 쌓으면 쌓을수록 수입은 더 증가한다.
- 단어, 인용구, 이야기, 설명은 당신의 성공에 공헌하게 된다.
- 지적인 사람이 되어라.

▶ **독서를 즐기는 당신은…**
- 자신감을 얻게 된다.

- 다른 사람에게 들려줄 이야기 소재거리가 많아진다.
- 어휘력이 증가된다.
- 시간관리 요령을 배우게 된다.

▶ 어떤 책을 읽을 것인가?
- 승리자에 관한 것.
- 뛰어난 사람들에 대한 것.
- 사업을 위한 긍정적 자료들.
- 성공한 사람들이 쓴 책.
- 네트워크마케팅에 대해 쓰인 모든 책.
- 삶에 도움이 되는 좋은 것들.
- 실패를 딛고 일어선 사람들에 관한 책.
- 현재의 사회 행사들을 다룬 잡지들.
- 동기를 부여하는 책.
- 뉴스레터
- 영향력 있는 책.
- 같은 사업 분야에서 성공한 사람들에 대한 책.

감동을 주는 인용구, 시, 이야기들

　나는 10년 전부터 이 말들을 보관해 왔다. 우리는 옳은 것을 해야 하며 비판을 이겨내야 한다. 모든 것을 말하고 행한 후에 하루를 마무리할 때가 되면 자기 자신과 창조주의 시간이 된다. 서로에게 진실해야 하는 그 시간….

　……

앞으로 나아가자

이 세상에서 지속적인 노력을 대신할 수 있는 것은 없다.

재능도 아니다.

너무도 많은 사람들이 재능을 지니고 평범하게 살고 있다.

천재도 아니다.

성과 없는 천재 이야기는 모든 사람들이 알고 있다.

교육도 아니다.

세상은 교육 받은 낙오자들로 가득 차 있다.

굳은 결의와 지속성만이 절대적인 것이다.

- 케빈 쿨리지 -

당신이 할 수 있다고 생각하든

혹은 할 수 없다고 생각하든 당신은 옳다.

이 세상에서 당신이 발견할 수 있는 것은

성공은 당신의 의지에서 시작된다는 것이다.

모든 것은 마음에 달려 있다.

당신이 뛰어나다고 생각하면 당신은 그렇게 될 것이며,

높이 오르고자 한다면 생각을 크게 해야 하지 않겠는가!

당신이 성공을 하기 전에

반드시 당신의 마음속에 확신이 서 있어야 한다.

인생의 성취는

항상 강한 자와 빠른 자에게 가는 것이 아니다.

인생의 여정에서 성공은

할 수 있다고 생각하는 자의 것이다.

- 작자 미상 -

지금 하라

지금이 위험을 감수하고 가치 있는 일을 시작하여 변화를 가져올 수 있는 시간이라면, 지금 하라.

꼭 이유가 있지 않더라도 마음에 와 닿는 일이라면 가슴 저 깊은 곳의 꿈이라고 부를 수 있는 의미 있는 그 어떤 것을 위하여.

당신은 삶을 가치 있게 만들어야 하는 빚을 지고 있다.

흥미롭게 열정을 갖고 오늘 시작하자. 시간이 왔지 않은가! 지금 하라.

가치 있는 일은 좀처럼 쉽게 이루어지지 않는다.

좋은 날도 힘든 날도 있는 것이다. 그리고 그만두고 싶을 때도 있을 것이다.

그러면 당신은 좀 더 자신을 격려하고 끝까지 해내겠다고 말해야 한다.

처음부터 다시 시작하는 것이다. 지금 그렇게 하라.

커다란 일을 시작하는 것은 당신과 가족을 위하여 더 밝은 내일을 가져온다.

모든 것은 가능하다.

변화를 가져오는 사람이 되지 않겠는가?

자신의 발전을 위하여 시간을 만들지 않겠는가?

당신이 원하는 것을 위하여 일하는 사람이 되지 않겠는가?

지금, 바로 시작하려는 마음을 갖고 있는가?

시간이 온 것이다.

지금 하라.

- 젠 루 -

도움의 결과가 어떠할지는 아무도 모른다.

오래 전 어느 날 밤, 젊은 청년은 길가에서 간절히 도움을 원하는 한 여인을 도와주었다. 그녀는 차에 문제가 있어 당황하고 있었는데, 병원에 입원해 있는 그녀의 남편은 죽어 가고 있었고 그녀는 병원으로 가던 중이었다. 그녀가 병원에 가야 하는 긴급한 상황을 얘기하자, 그 젊은이는 그녀를 차에 태웠다. 병원으로 가는 도중, 그녀는 청년에게 인생의 목표가 무엇이냐고 물었다. 그러자 그는 피아니스트가 되고 싶은데, 지금은 피아노를 살 준비가 되어 있지 않다고 말했다.

병원에 도착하자 그녀는 감사의 편지를 보내고 싶다고 말하면서 펜과 메모지를 꺼내어 젊은이에게 이름과 전화번호 그리고 주소를 써 달라고 부탁했다.

그리고 그녀는 무사히 병실에 도착하여 남편의 손을 잡고 임종을 지켜볼 수 있었다.

며칠 뒤 그랜드 피아노가 그 젊은이의 집으로 배달되었으며 젊은이는 놀라움을 금치 못했다.

간단한 메모에는 이렇게 쓰여 있었다.

"도움을 주셔서 정말 감사합니다. 나는 그 때 정말로 절실하게 도움이 필요했습니다. 나의 남편은 세상을 떠났습니다. 그러나 나는 병원에서 임종 전에 그를 만날 수 있었습니다. 나의 작은 선물을 기쁘게 받아 주십시오."

아프리카의 바다에서

아프리카의 아침에,
작은 영양들이 눈을 뜬다.
그들은 가장 빠른 사자보다
빨리 달려야 한다는 것을 알고 있다.
그렇지 않으면 죽게 된다.
아프리카의 아침에,
큰 사자들이 눈을 뜬다.

그들은 가장 느린 영양보다
빨리 달려야 한다는 것을 알고 있다.
그렇지 않으면 굶게 된다.
당신이 사자이든, 영양이든
태양이 떠오르면
달려야 하는 것이다.
- 사라 화이트 -

도전

다른 사람들이 왜소한 인생을 살더라도
당신은 그렇게 살지 말라.
다른 사람들이 조그만 것을 위해 다투더라도
당신은 그렇게 하지 말라.
다른 사람들이 조그만 상처에 울더라도
당신은 그렇게 울지 말라.
다른 사람들이 미래를 타인에게 맡길지라도
당신은 그렇게 하지 말라.
- 짐 론 -

계속하라

인생의 결과는 결코 처음에 오지 않는다.
인생 여정의 마지막에 오는 것이다.
나의 목표에 도달하기 위해 얼마나 시간이 필요한지
알려주는 사람은 없다.

천 번째 걸음에서 실패를 만날 지도 모른다.
내가 모퉁이를 돌기 전까지는
성공이 얼마나 가까이 있는지 모른다.
성공할 때까지 나의 걸음을 계속 하리라.
- 오그 만디노 -

자세

삶이 계속될수록 자세가 생활에 미치는 중대한 영향을 실감한다.
내가 체험한 자세는 다른 사람이 생각하는 것보다
과거보다 교육보다 돈보다 환경보다 실패보다 성공보다 더 중요하다.
그것은 외모보다 재능보다 기술보다 더 중요하다.
그것은 회사, 종교, 가정을 파괴하거나 일으킬 수 있다.
놀라운 것은 매일의 생활을 영위할 자세를
선택할 수 있다는 것이다.
과거는 변하지 않는다.
우리가 할 수 있는 것은 우리가 갖고 있는
한 개의 선으로 연주를 하는 것이다.
그것이 우리의 자세이다.
인생은 나에게 다가온 10%의 여건과
내가 그것에 보인 90%의 반응으로 이루어진다는 사실을 깨닫게 되었다.
당신에게도 그러할 것이다.
우리는 자신의 자세를 바꿀 수 있다.
- 찰스 스윈들 -

PART 13

칭찬과 감사와 인정하는 데 뛰어난 사람이 될 수 있는가?

"당신과 함께 하는 사람들이
좋은 결과를 얻도록 하는 열쇠는
그들에게 고마움을 표시하는 것이다."

네트워크마케팅 사업가들의 성공의 근원

지금까지 우리는 성공의 근원이 바쁘게 일하는 것, 중요한 인물, 하고 있는 일에 있는 것이 아니라, 사람들의 노력을 진심으로 인정하고 또한 인정해주는 것이라는 점을 배웠다.

후원, 판매, 미팅, 복제하는 것, 다른 사람의 훈련에 초점을 맞추는 것, 전화 통화, 그룹과 시간 관리. 그리고 배우자, 부모, 자녀, 친구, 이웃이 되는 것 등의 근원은 그들의 노력을 알아주고 인정해 주는 것이다.

인정의 일인자가 되어라. 그러면 당신은 위대한 사람이 될 것이다.

▶ 노력을 인정할 때 알아야 할 사항
- 사소한 것이라 생각되는 일일지라도 인정해 주어라.
- 네트워크마케팅의 성공열쇠는 많이 인정해 주는데 있다.
- 인정을 해줌으로써 기쁨을 느껴라.
- 그룹 사람들을 인정해 주는 것에 소홀이 하면, 커다란 기회를 잃게 된다.
- 마이크를 잡고 이야기할 기회를 주어라.
- 팀의 핀과 셔츠를 만들어보라. 재미있는 일이다.
- 인정을 하는 전화를 하고, e 메일을 보내라.
- 진심으로 느낄 때만 인정해 주어라. 마음에서 우러나는 인정이 중요하다.
- 사람들은 돈보다도 인정받기 위해 더 열심히 일한다.
- 사람들이 기대하지 않던 순간에 색다른 방법으로 상을 주어라.
- 목표를 달성한 모든 사람들을 인정해 주어라.
- 팀에 공헌한 사람들을 인정해 주어라.

- 사람들과 함께 시간을 가짐으로써 그들을 인정해 주어라.
- 미소를 짓고 포옹을 해주고 엽서와 메일을 보내라.
- 점심이나 저녁을 함께 함으로써 그들에게 감사의 표시를 하라.
- 그룹의 사람들은 당신으로부터 인정받기를 원한다.
- 많이 베풀수록 많이 받는다.
- 인정은 성장할 수록 더 많이 필요하다.
- 인정은 돈으로 살 수 없다.
- 인정은 저장할 수 없다.

▶ 새로운 회원이 인정받는 방법
- 최소 판매량보다 더 많이 판다.
- 매달 두 명에서 세 명을 후원한다.
- 모든 미팅과 트레이닝에 참석한다.
- 흥미를 갖고 열심히 일한다.
- 열정을 갖는다.
- 일하는 방법에 대한 의견을 말하기 위해서가 아니라, 사업의 내용과 결과를 말해 주기 위해, 매주 업 라인에게 전화를 거는 사람이 되어라.

▶ 이것을 생각해 보라

당신의 업 라인은 매일 많은 전화를 받는다. 사람들이 후원을 더 많이 하기 위해, 제품을 더 많이 팔기 위한 아이디어를 얻기 위해 하루 종일 전화를 하는 것이다. 그리고 당신 역시 똑같은 질문을 하기 위해 업 라인에게 전화를 해서 그의 시간을 빼앗는다. 그렇게 몇 주일이 흐른 후, 당신의 전화를 받은 업 라인이 당신의 말에 그다지 관심을 기울이지 않는 것을 생각하고 당신은 실망한다.

이렇게 해 보라!

당신이 일정한 결과를 얻고 다음 미팅에 업 라인을 초대하여 10~15분 동안 당신이 얻은 성과에 대해 이야기하라. 많은 사람들이 당신의 말에 공감할 것이다. 이것이 네트워크마케팅을 전개하는 요령이다.

인정받지 못한다고 느끼는 사람들에 대한 조언

네트워크마케팅에서 인정받기 원하는가? 그렇다면 몇 가지 주의할 사항이 있다. 당신은 멋지게 제품을 전시하고 회사로고가 들어있는 장신구로 장식을 하고 컴퓨터 앞에서 많은 시간을 들여 안내장을 만들고 업 라인을 위해 오랫동안 모임을 계획하는 그런 사람인가?

그러면서 제품을 움직이지 않고 후원도 트레이닝도 하지 않는다면, 결과적으로 당신은 인정받지 못하고 칭찬도 듣지 못하며 사업을 그만두게 될 것이다.

그러면 어떻게 해야 할까? 그러한 에너지를 후원하고 판매 하는데 사용하라. 그리하여 일정한 성과를 거두게 되면 더 많이 인정받고 칭찬받을 것이다.

▶ 인정받는 것에 의미를 부여하지 못하고 있는가?

나는 인정받는 것이 뭐가 그리 대단하냐고 말하는 사람들의 말을 믿지 않는다. 모든 사람들은 감사하다는 말을 듣고자 한다. 인정을 받으면 누구나 기쁨을 느끼고 더 잘하고자 하는 의욕이 생기는 것이다. 그룹을 위해 노력한 사람들을 인정하라. 이것은 네트워크마케팅의 기본이다.

▶ 사람들을 인정해 주는 여러 가지 방법

전화, 팩스, 우편엽서, e-메일, 개인적인 인정의 편지, 뉴스레터, 대중 앞에서의 인정 등 사람들을 인정하는 방법에는 여러 가지가 있다.

친절한 말은 변화를 가져온다.

1997년 로스앤젤레스 세미나에 참석하기 위해 여행하는 도중, 나는 저녁 6시쯤 호텔에서 체크인을 하는 중이었다. 시간적인 여유가 있어 조용히 줄을 서서 기다리고 있었다.

밖에는 비가 내리고 호텔은 매우 분주하였다. 드디어 내 순서가 되었고, 나는 눈이 충혈 되어 있는 아름다운 젊은 여성에게 이렇게 말했다.

"안녕하세요? 저는 예약이 되어 있는 젠 루입니다."

그녀가 컴퓨터 조회를 해 주었고 나는 이렇게 말했다.

"수고해주서서 감사합니다."

그런데 어떤 일이 일어났는지 아는가?

낸시라는 이름표를 달고 있던 그녀의 눈에서 커다란 눈물이 흐르고 있는게 아닌가!

"오, 미안합니다. 제가 실수를 했군요."

"아니에요, 루. 오늘 저에게 친절히 말을 건넨 사람은 당신이 처음입니다. 오늘 대부분의 사람들이 호의 없이 짜증을 내며 힘들게 하였습니다. 이 세상에는 친절한 사람이 하나도 없는 것 같다는 생각이 들정도 였죠. 하지만 당신이 나에게 다정히 말을 건내주셔서 정말 기분이 좋아졌습니다. 감사합니다."

낸시는 내가 머무는 동안 매일 그 날의 친절에 감사하는 음성 메일을 남겨 주었다. 다른 사람에게 친절 하라! 당신의 친절한 말 한 마디가 다른 사람에게 커다란 힘이 될 수도 있다.

▶ 칭찬의 말
- 나는 당신이 자랑스럽습니다.
- 감사합니다.
- 계속해서 일을 잘해 주십시오.

▶ 인정을 잘 하는 사람이 되는 법
- 일지를 써라.
- 다운 라인들이 성취한 일에 대해 이야기할 때, 메모 하라.
- 다운 라인들이 선물을 보내왔을 때, 일지에 써라.
- 당신이 받은 모든 편지와 엽서, 팩스 또는 e 메일을 일지에 적어라.
- 모든 자료와 사람들을 뉴스레터에 넣어라.
- 작은 일에도 모두 감사의 메세지나 엽서를 보내라.

▶ 다운라인에서 가장 많이 인정해 주어야 하는 사람

다운라인에서 가장 많이 인정해 주어야 하는 사람은 바로 최고의 리더들이다. 그들을 결코 잊지 말라. 그 누구보다 그들을 지속적으로 인정해 주어라. 그러면 다른 사람들도 그 위치에 오르기 위해 노력하게 된다.

▶ 인정 클럽을 갖는 방법
- 400달러 클럽 : 하루에 한 번 이상 제품 설명을 하고, 하루에 400

달러 이상의 제품을 판 사람들을 위한 클럽.
- 1,000달러 클럽 : 한 달에 1,000달러 이상을 판 사람을 위한 클럽.
- 톱 10 클럽 : 그룹이 충분히 커졌을 때, 판매실적을 기준으로 정한다. 나의 그룹에서는 자신의 그룹 판매가 1년에 100,000달러가 넘어야 톱 10 클럽에 들어갈 수 있다. 지금까지 두 명이 이 특별한 클럽에 들어 왔다.

▶ **작은 모임에서 인정하는 방법**

절대 서두르지 말고 그 사람이 정해진 결과를 얻은 것에 대해 이야기한다.

"오늘 이 자리에는 다음의 성과를 올린 회원이 있습니다. 얼마 이상을 팔았고, 후원을 몇 명 했으며, 두 번 이상의 미팅에 참석했습니다."

그리고 이렇게 말한다.

"이 분이 이룬 성과에 대해 자랑스럽게 생각합니다. 그 분을 앞으로 모시려고 합니다. 박수로 환영해 주시기 바랍니다. 이 달의 뛰어난 회원입니다."

그 사람이 앞으로 나오면 "어떻게 그러한 실적을 올리게 되었는지 말씀해 주십시오."라고 말한 다음, 당신은 그 자리에서 내려와 옆으로 앉는다. 이것이 바로 그를 인정해주는 방법이다. 그 사람은 자신의 이야기를 하는 동안 사람들의 관심을 받게 된다.

▶ **커다란 모임에서 인정하는 방법**

커다란 모임은 보통 연례행사로 벌어지는데, 이 특별한 모임에서 인정받기 위해 사람들은 1년 동안 열심히 일한다.

수년 전에 나는 '파워 팀 랠리'라는 모임을 시작하였다. 그리고 매년 열리는 컨벤션에서 그 모임을 했는데, 그 때마다 수천 명 중 10명을 뽑아 인정식을 가졌다.

미팅을 하는 동안 나는 톱 리더들을 소개하고 인정하는 데 시간을 할애했다. 그리고 그 특별한 순간이 지나고 나면 그룹의 발전을 위해 지난해에 잘된 부분과 부족했던 부분에 대하여 이야기를 나누었다. 이 미팅을 통해 나는 여러 가지 이야기를 듣고 자료를 정리하여 다음 해를 위한 계획을 세웠다.

그만큼 이것은 나에게 있어 1년 중 가장 중요한 미팅이었다. 나는 '톱 10'이 된 사람들이 기여한 것을 가치 있게 여기고 있으며 또한 그들은 인정받고 있다는것을 뿌듯하게 생각한다.

랠리와 내셔널 컨벤션에서 인정하는 요령

▶ 행사의 의장을 지명한다.

그룹의 최고 위치에 있는 사람. 그룹의 모든 사람들이 존경할 수 있는 사람.

부의장을 요청한다.

팀의 '톱 10'에 있는 사람들만 참여한다. 장소를 따로 준비하고 비용은 자발적으로 5달러 이상씩 모은다. 장식을 하고 모임 내용을 정한 다음 리더가 되는 연습기회를 준다.

▶ 판매 담당자는 강한 열정과 에너지를 요한다.

모임에는 매년 300명 이상이 참석한다. 모임에서는 사업에 필요한 지식을 배우기도 하지만, 대부분 인정식을 갖는데 사용한다. 모든 사람이 의자에서 일어나 모임이 시작될 때까지 커다란 음악에 맞추어 춤을 추며 즐기는데, 9시 30분에 시작하여 종종 자정까지 모임을 갖는다.

▶ 늦은 밤에 모임을 갖는 이유
사람들이 전국 각지에서 모여들며 종종 연착을 하기도 하지만 9시 30분쯤이면 거의 모든 사람들이 컨벤션에 도착한다. 그 모임을 내셔널 컨벤션 시작 전날 밤에 갖는다.

▶ 모든 사람들을 인정한다.
모든 사람들을 환영한다.

▶ 후원
후원한 숫자를 세는 시작을 알린다. 지난 6개월 또는 1년 동안 후원한 사람들은 일어선다. 모두들 박수를 친다. 그리고 두 명, 세 명, 네 명, 다섯 명 이상을 후원한 사람들은 계속해서 서 있도록 한다.
몇 명이 남지 않을 때까지 계속한다. 남은 후원자들을 앞으로 나오도록 하여 어떻게 하였는지 이야기해 주도록 부탁한다.

▶ 판매
판매한 액수를 세는 시작을 알린다. 지난해에 또는 지난 6개월 동안 제품을 판매한 사람들은 일어선다. 모두들 박수를 친다. 50달러, 1,000달러, 3,000달러, 5,000달러 등 판매를 한 사람들은 계속해서 일어선다. 그리고 두 세 명이 남을 때까지 계속해서 서 있도록 한다. 앞으로 나오게 해서 어떻게 판매를 하였는지 이야기해 주도록 부탁한다.

▶ 여행

회사의 인센티브 여행을 갔다 온 사람이 있다면 그 여행담을 들어본다.

▶ 상품

회사의 인센티브 상품상을 받은 사람의 이야기를 들어본다.

▶ 업 라인이 최고의 인정을 해주도록 부탁한다.

전체 그룹의 업 라인이 최고에 오른 사람을 인정해 주도록 한다. 나는 나의 팀에서 전국 판매 왕만 인정한다.

뉴스레터를 이용하여 인정하는 법

네트워크마케팅에서 월간 뉴스레터는 필수적이다!

언제 뉴스레터를 쓰는가?

당신이 처음 세 명 또는 네 명을 후원하였을 때 쓴다.

왜 뉴스레터를 쓰는가?

사람들은 왜 [피플]지와 같은 여러 소식지들을 읽는가? 사람들은 열심히 일하고 있는 자신의 이름이 인쇄된 것을 보고 싶어 한다. 결국 사람들이 하는 일을 알리는 것만으로도 사업이 되는 것이다. 매달 뉴스레터 쓰는 것의 중요성을 인식하라.

▶ 뉴스레터를 쓸 때의 확인 사항

- 매달 같은 날짜에 쉬지 않고 발행한다.
- 밝은 색의 종이를 써서 다운라인이 복사할 수 있도록 한다.
- 홈피에서도 프린트 할 수 있도록 한다.
- 명료한 글씨로 누구나 읽을 수 있게 한다.
- 주의 깊게 세 번 정도 교정한다.
- 시작 인사를 넣는다.
- 너무 작은 글씨를 사용하지 않는다.
- 당신의 이름, 전화번호, 팩스, e-메일, 주소 등이 명확히 인쇄되어야 한다.

▶ 뉴스레터에 포함해야 할 사항
- 자신의 것을 포함해서 통계 페이지를 만든다.
- 앞으로의 행사를 달력에 포함한다.
- 세미나에 간 사람들, 사업 방법의 개선을 가져온 책을 읽은 사람, 리더인 당신이 읽고 있는 책을 포함한다.
- 모든 페이지의 내용이 열정을 갖도록 해야 한다.
- 사진을 싣는다. 사진은 수 천 마디의 말을 대신한다.
- 제품에 관한 지식.
- 성공담(회원의 인터뷰, 많이 판매한 비결등).

▶ 뉴스레터에 넣지 말아야 할 것
- 조잡하게 보이는 복사물로 만들지 않는다.
- 뉴스레터를 서둘러서 썼다는 인상을 주지 않는다.
- 잘못된 통계
- 너무 검어서 얼굴을 알아볼 수 없는 사진.
- 읽기 어려울 정도로 글씨가 작거나 빡빡하게 채워진 내용.

다운라인에게 뉴스레터를 쓰는 것이 어렵다는 말을 하지 말라. 다운라인에게 그런 말을 한다고 하여 그들이 뉴스레터를 대신 써주는 것도 아니지 않는가!

좋은 뉴스레터는 네트워크마케팅에서 필수적이다. 뉴스레터를 발전시켜 나가라. 업 라인과 다운라인을 인터뷰하여 생생한 기사를 만들어라.

PART 14

평범한 사람이 네트워크마케팅에서 성공 자가 되는 법

"평범한 것이 무엇인가?
밑바닥으로부터 높은 곳,
나쁜 것에서 최고,
위에서부터 밑바닥,
최상에서 가장 나쁜 것."

자기계발을 위한 결심

네트워크마케팅에서 성공과 실패의 90%는 자세에 달려 있다. 특히 나에게는 자기개발 세미나와 훈련, 상급훈련과 세미나에 참석하는 일이 성공에 커다란 영향을 주었다. 그리고 이러한 세미나는 네트워크마케팅으로 성공한 모든 사람들에게 영향을 주었다.

▶ 자신의 성장을 선택하는 것이 왜 좋은지를 말해주는 몇 가지 질문을 시작해 보자.
- "매년 100,000달러에서 200,000달러 정도의 수입이 있다면, 당신은 어떻게 살 것인가?"
- "재정적으로 자유롭다면 무엇을 할 것인가?"
- "꿈같은 이야기라고 생각되는가?"
- "자신의 발전을 위해 필요한 자질을 갖고 있다고 생각하는가?"
- "자신의 발전을 위해 기꺼이 일할 것인가?"
- "변명하지 않고 기꺼이 일하며 성공하려고 하는가?"

▶ 자기계발을 위한 프로그램을 시작하는 법

평범함에서 벗어나 자신을 성공자로 변화시킨다는 믿음으로 시작한다. 당신은 자신의 발전을 위해 당장 시작해야 한다.

행동을 취하라!

평범에 너무 깊이 안주해 있을 때, 당신은 무엇을 하겠는가?

오직 당신만이 이 질문에 대답할 수 있다.

▶ 평범을 벗어 던지겠다고 결심하라
- 인생에서 진정으로 위험한 것은 아무 것도 하지 않는 것이다.

- 성공자가 되기 위해 전문가의 길로 들어서는 것은 흥미와 유익함을 준다.
- 성공자들이 정상의 위치에 서기까지. 올림픽 금메달리스트들이 시상대에 오르기까지 훈련은 필수적이다.
- 무엇이 장애가 되고 무엇이 당신을 평균 속에 머물도록 하는지 노트에 적어라. 여러 가지가 있다면 가장 큰 비중을 차지하는 것에 표시 하라. 그리고 그것을 극복하도록 노력하라. 당신은 할 수 있다. 당신은 성공자가 될 수 있다!

'평범' 이라고 하는 것

▶ 평범은…
- 바닥에 가깝기도 하고, 정상에 가깝기도 한 것이다.
- 보통인 것, 대수롭지 않은 것, 낙오자, 변변치 않은 것 등이다.
- 누군가가 좋은 계획을 가지고 올 것이라고 믿는 것이다.
- 누군가가 많은 사람들을 자신에게 소개해 줄 것이며, 어느 날 갑자기 마술 지팡이를 흔들듯 수천만 달러를 버는 사람이 될 것이라고 믿는 것이다.
- 본격적으로 네트워크마케팅을 하기도 전에 실망하는 것이다.

네트워크마케팅이 본 궤도에 오를 때까지는 시간이 걸린다. 이 사업은 수백만 달러를 10시간에, 10일에, 10주에, 10개월에 벌 수 있는 일이 아니다. 하지만 생각해 보라. 당신은 초등6년, 중등3년, 고등3년, 대학을 나오기 위해 4년 혹은 그 이상을 투자한다. 같은 일을 수년 동안 하고 있는 것이다. 그리고 사회에 나와서 같은 경력을

40년 이상 끌고 가기도 한다. 그러면서 30일 후에 돈이 벌리지 않는다고 실망하여 포기하겠는가?

▶ **이것이 평범한 것이다**
- 그저 제품을 파는 것.- 전문가와 성공자들은 사업 기회를 전할 수 있는 아이디어를 판다.
- 빚을 없애고 최고의 장려금 수준에 오를 수 있는 마술적인 방법을 찾는데 많은 시간을 소비하는 것.
- 조용한 대중.
- 게으른 사람의 책임 회피.
- 인생의 옳은 길로 대담하게 들어서는 용기 부족.
- 태만 속에 사는 것.
- 최상의 최하 그리고 최하의 최상
- 시간이 지나면 잊혀지는 것.
- 자신과 인간에게 죄를 짓는 것.
- 삶을 위해 시간을 활용하기보다 시간을 보내기 위해 사는 것. 죽음에 이르기까지 일하기보다 시간을 낭비하며 사는 인생.
- 목적 없이 장소를 차지하는 것, 무임으로 여행을 가는 것, 자신에게 투자한 것에 대해 이자도 돌려주지 않는 것.

네트워크마케팅의 전문가가 되는 비결

- 전문가가 되기 전에 이미 전문가가 된 것처럼 행동하라.
- 지역의 미팅에 참석하라.
- 자기계발 세미나에 참석하라.

- 부족한 점을 개선하는데 도움이 되는 지식을 얻어라. 그리고 장점을 발전시켜라.
- 정상에 서고 그것을 유지하는 데는 결의와 지속적인 자기계발이 필요하다.
- 제품 설명과 랠리에 참석하여 자신을 강화하라.
- 정보를 수집하라.
- 스타덤에 오르는 것은 위험을 감수하고 기꺼이 자신을 발전시키는 것으로부터 시작된다.
- 팀의 회원이 발전하도록 격려하여 팀 전체가 강해지고 향상되도록 하라.
- 모든 네트워크마케팅의 전문가들과 뛰어난 사람들도 사업을 시작할 때는 당신처럼, 첫 번째 사람을 후원하면서 출발하였다.
- 마음에 양식을 주어라. 당신의 마음속에 새겨진 양식은 결코 없어지지 않을 것이다.
- 뛰어난 사람들은 좋은 아이디어를 이야기하지 뒷공론을 하지 않는다.
- 사업의 성장과 발전에 있어서 취약점을 찾아 보충하라.
- 전문가가 말하는 것을 실행하면 수입이 늘어날 것이다. 당신이 소극적이고 자신을 위해 대담하게 말할 수 없었고 원하는 것을 얻을 수 없었다면, 당신의 인생은 활동력 부족으로 발전이 저해되어 온 것이다.
- 대가를 지불하지 않고 얻은 지식과 정보는 대가를 지불하고 얻은 것보다 오래 머무르지 않는다.
- 네트워크마케팅에서 노하우는 매우 중요하다.
- 지식은 주어지는 것이 아니라 성취하는 것이다.
- 동기를 부여하는 테이프를 들어라.

- 훌륭한 음악을 들어라.
- 긍정적인 삶의 방식을 인생의 유일한 방법으로 선택하라.
- 숭고한 사상들을 암기하여 자신에게 자주 들려주어라.
- 성공의 시를 암기하라.

▶ 네트워크마케팅의 전문가가 되기 위한 더 좋은 비결
- 네트워크마케팅에 관한 책과 테이프에 대한 자료를 준비한다. 이것이 당신의 성공을 도울 것이다.
- 일을 올바르게 할 수 있는 한 가지 좋은 방법은 실수를 개선하는 것이다.
- 단순한 아이디어가 새로운 행동과 사고의 세계를 열어 주는 경우가 많다.
- 하나의 사상과 아이디어를 현실화할 때, 커다란 성공을 가져올 수 있다.
- 행동하지 않고 말만 앞세우는 사람들의 말을 결코 듣지 말라.
- 당신이 배운 좋은 내용들을 다운라인에게 모두 전달하라.
- 새로운 사고와 새로운 아이디어를 찾아라.
- 자료와 정보를 다시 검토하라.
- 전문가들을 연구하라.
- 백만장자들을 연구하라.
- 당신이 원하는 것을 성취한 사람들을 연구하라.
- 현명한 사람들의 조언을 구하라.
- 성공 자들의 성공요령을 들어라.
- 그룹을 이끌어가려면 남들보다 한 발 앞서 나아가야 한다.
- 모든 사람들의 마음이 같을 수는 없다. 포용력을 길러라.
- 카리스마를 가진 사람을 연구하라. 그들로부터 배워라.

- 후원의 목표를 세워 사업의 성장을 계획하라.
- 그룹에서 정상의 위치는 살 수 있는 것이 아니다.
- 당신이 하고자 하는 것을 말하고 실천하라.
- 세상에서 가장 커다란 여유 공간은 자기계발의 공간이다.
- 더 많은 지식을 갖게 될수록 미루는 일은 줄어들 것이다.
- 당신의 차를 교실로 만들어라.
- 필기를 하는데 명수가 되어라.
- 연사의 말을 경청하고 기록해라.
- 제품의 혜택에 초점을 맞추어 가르쳐라.
- 고객은 항상 옳다는 생각을 가져라.
- 정상에 오르는 유일한 길은 높은 매출과 그룹의 발전에 있다.

▶ 네트워크마케팅의 전문가가 되기 위한 또 다른 비결들
- 전문가의 생활은 신체적, 정신적, 사회적, 그리고 재정적으로 균형을 이루며 또한 가정과 가족간에도 균형을 이룬다. 즉, 조화를 이루는 것이다.
- 행복한 미래를 생각하라. 그러면 행복하게 될 것이다.
- 평범의 반대를 생각하라. 그러면 당신은 최고가 되는 것이다.
- 시간은 소중하다. 시간을 낭비하지 말라. 또한 다른 사람이 당신의 시간을 낭비하지 못하게 하라.
- 이 기회를 지나쳐 버린다면 무엇을 하겠는가?
- 네트워크마케팅의 전문가로서 혜택은 무한하다. 전문가가 되어라. 당신은 무한한 수입을 올릴 것이며 회사에서 보내주는 여행을 가고 세금공제 혜택을 누리며 정년 후의 충분한 돈과 개인적인 발전 그리고 재정적 자유를 누리게 된다.
- 약속은 반드시 지켜라.

- 전문가가 되려는 결심을 했을 때는, 연습과 훈련, 예행연습이 뒤따라야 한다.
- 회사의 개인 평균 판매 금액은 얼마인가!
- 당신의 그룹에서 성과가 적거나 없는 사람들이 무엇을 하고 무엇을 하지 않는가를 살펴보라.
- 가난한 사람들의 대화내용은 어떤 것이며 말하지 않는 부분은 무엇인가 알아보라. 그들은 자기계발 과정을 생각하지 않으며 긍정적인 자세를 갖도록 해주는 책이나 비디오를 보지 않는다. 또한 전문가가 하는 행동을 따르지 않거나 테이프를 듣지 않는다는 것을 알게 될 것이다.
- 정상에 오른 사람은 무엇을 하는가? 그리고 어떻게 그곳에 도달했는가를 알아보라. 그들에게 정상에 오르는 동안 어떤 실수를 했는가를 질문하고 교훈을 들어라.
- 네트워크마케팅에서 전문가가 되려면 시간, 인내, 훈련, 의욕, 야망이 필요하다.
- 한 번에 두 가지 이상 일하는 방법을 배워라.
- 파트너들에게 그들의 목표를 달성할 때까지 그들과 함께 계속 일하겠다고 말해라.

▶ **네트워크마케팅의 전문가가 되는 많은 비결들**
- 당신은 당신의 미래를 책임지는 유일한 사람이다.
- 그 누구보다 당신 스스로 성공자가 되겠다고 강하게 원해야 한다.
- 행동은 말보다 더 큰 메시지를 전달한다는 점을 명심하라.
- 사업설명은 선물이다. 자신감을 주어라.
- 명성은 자신의 행동을 어떻게 하느냐에 달려 있다.

- 자기계발에 관한 책을 30권 이상 읽어라.
- 단 하루 혹은 1분이라도 평범한 사람으로 남지 않겠다고 결심하라.

보상 플랜에서 정상에 오르는 방법

진정으로 네트워크마케팅의 전문가가 되기를 원한다면, '성공자'를 기억하라. 아무도 제품을 움직이기 전까지는 보상 플랜에서 상위 단계로 올라갈 수 없다.

당신에게 기대하는 이상으로 기여를 한다면, 당신의 기회는 무한하다. 즉, 다른 사람을 상위 단계로 오르게 함으로써 당신도 상위 단계로 오르는 것이다. 성공자가 되는 가장 빠른 길은 성공자의 자세를 갖고 일을 하는 데 있다.

▶ 개인적인 성장과 발전

자기계발을 위해 투자하라. 즉, 인생을 바꾸는 세미나에 참석하는 비용, 마음의 양식을 제공해주는 훌륭한 책이나 테이프를 사는데 돈을 투자하는 것이다. 오늘 이후로 명절이나 생일선물을 보낼 때에는 책, 테이프 또는 세미나 티켓을 선택하도록 하라.

.....

.....

.....

네트워크 전문가들은 모두 성공 자들이다

성공 자는 나누는 사람이다.
성공 자는 융통성이 있는 사람이다.
성공 자는 기회를 잡는 사람들이다.
성공 자는 포기하지 않는 사람들이다.
성공 자는 경청하여 배우는 사람들이다.
성공 자는 승리를 얻고자 애써 노력한다.
성공 자는 스스로 동기를 부여하는 사람이다.
성공 자는 결의를 하고 실행하는 사람이다
성공 자는 긍정적으로 생각하는 사람들이다.
성공 자는 모든 것에서 좋은 면을 보는 사람이다.
성공 자는 요구되기 전에 행동을 하는 사람이다.
성공 자는 자신이 완벽하지 않음을 아는 사람이다.
성공 자는 넘어져도 다시 일어나는 사람이다.
성공 자는 두려움의 영향을 받지 않는 사람이다.
성공 자는 인생이 거칠고 고통스럽더라도 상황이 좋아질 때까지 노력하는 사람이다.
성공 자는 매일 스스로 일을 시작하는 사람이다.
성공 자는 한 가지 이상의 방법이 있다는 것을 알고 기꺼이 여러 다른 방법들을 시도해 보는 사람이다.
성공 자는 행동이 항상 외부로 나타나는 것은 아니다.
성공 자는 평범한 사람을 비범하게 만들어내는 사람이다.
성공 자는 참여하기를 원하는 사람들을 참여하도록 한다.
성공 자는 어려울 때라도 그가 선택한 길을 믿는다. 다른 사람들은 그가 가는 길을 보지 못해도 그는 볼 수 있다.

성공 자는 올바른 방향이 제시될 때까지 기다리지 않는다.

성공 자는 넘어져도 다시 일어나기를 고집하는 사람이다.

성공 자는 다른 사람의 나쁜 말과 행동이 자신의 자세에 영향을 주지 못하게 한다.

성공 자는 항상 승리하는 것은 아니지만, 승리자로서의 자세를 유지한다.

성공 자는 당신과 같은 사람들이다. 그들은 이 세상을 살기에 더욱더 좋은 곳으로 만들고 있다.

당신은 …인가?

- 근면한 사람
- 스스로 시작하는 사람
- 긍정적인 사람
- 베푸는 사람
- 경청하는 사람
- 융통성이 있는 사람
- 위험을 감수하는 사람
- 결의를 한 사람
- 기꺼이 일하는 사람
- 열정을 갖고 있는 사람
- 배울 준비가 된 사람
- 마음에 양식을 주는 사람
- 스스로 동기를 부여하는 사람
- 매달 50만 원 이상의 제품을 파는 사람
- 매달 5명 이상 후원하는 사람
- 자신이 후원한 사람을 훈련하는 사람

PART 15

네트워크마케팅에서 판매 전문가가 되는 법

판매는 재미있다.
판매는 쉽다.
판매는 중요하다!

네트워크마케팅은 판매이다!
네트워크마케팅은 알고 있는 것만으로는 부족하며
실제 행동으로 보여주는 사업이다.

인생은 당신이 무엇을 하든
자신을 당신의 아이디어를 제품을 서비스와 재능을 파는 것이다.

판매의 진정한 의미는?

판매는 나누는 것이지만, 그 이상의 것이기도 하다.

당신이 제품에 대한 확신을 가지고 있다면, 고객에게 당신이 제공하는 제품의 좋은 점을 자신 있게 알려줄 수 있다. 결코 사람들에게 유익한 것을 사도록 강요에 가까운 설득을 할 필요가 없는 것이다. 하지만 고객을 위하는 마음이 강하다면 어느 정도 설득력을 가진 비즈니스맨이 되어야 한다.

판매는 단순히 돕는 것이다. 즉, 다른 사람이 필요한 것이 무엇인지 알아내 그것을 제공해 주는 것이다. 판매는 이렇듯 쉬운 것이다.

이러한 원리를 이해하든 하지 못하든 우리는 모두 판매자로 태어났다. 우리는 본능적으로 판매와 협상의 기술을 지니고 있는 것이다. 그렇기 때문에 우리는 무엇인가를 팔거나 필요한 것을 얻기 위해 하루 종일 배우자나 자녀들 혹은 부모나 이웃들과 협상을 한다.

▶ 스스로 믿어야 팔 수 있다

네트워크마케팅에서 판매를 하려면 우선 제품을 믿어야 한다. 그렇지 않으면 당신으로부터 그 누구도 제품을 구입하고자 하지 않을 것이며 가입도 하지 않을 것이다.

의사가 당신에게 자신의 전문성을 보여주지 못하면, 당신은 그의 조언을 따르려 하지 않을 것이다. 또한 당신은 그를 믿거나 신뢰하지도 않을 것이다. 그는 당신에게 그의 전문성을 팔고 입증해야 한다. 그렇지 않으면 당신은 새로운 의사를 찾을 것이며 그는 자신의 직업을 잃게 될 것이다.

이처럼 네트워크마케팅 사업가나 의사, 목사, 또는 선생 그 누구이든 우리는 우리 자신, 아이디어, 제품, 서비스 그리고 재능을 파는 것을 배워야 한다. 즉, 그 누군가가 당신이 하고 있는 것, 아이디어, 제품, 혹은 존재하지 않는 것이라도 살수 있도록 하는 것이다.

▶ 당신의 아이디어를 팔 수 있어야 한다.

어떤 제품이나 사업 기회에 매료되었을 때, 당신은 회사에 대한 열정과 믿음을 가질 수 있고 그것을 고객에 대한 지원과 판매 그리고 고객 확보로 이어지게 할 수 있다.

판매는 사업이다. 판매는 모든 일에 우선하며 굉장히 재미있는 것이다. 그리고 바로 이것이 모든 비즈니스를 성공으로 이끌게 된다. 네트워크마케팅은 처음에는 작게 시작하지만, 믿음을 갖고 꾸준히 노력한다면 크게 성장 할 수 있다. 그리고 이 사업에서 성공을 하려면 판매를 알아야 한다.

과거의 판매는 여성들이 비교적 좋아하지 않는 설득력과 저돌적인 특성을 필요로 했기 때문에 상대적으로 남성들에게 유리했다. 게다가 판매를 떳떳치 못하다거나 품위 없는 일처럼 생각하는 경향이 강했기 때문에 '숙녀'들의 참여를 꺼리게 만들었다.

아직까지도 일부 사람들이 완전히 깨닫지 못하는 것은 '판매'는 '비즈니스' 라는 점이다. 판매를 알지 못하면 성공할 수 없다. 어떤 것에서든 앞서 나가려면 판매가 필수적이다. 네트워크마케팅에서 성공하려면 자신과 자신의 아이디어를 팔아야 한다는 것을 아직도 이해하지 못하고 있는 사람들이 있다.

또한 많은 예상 고객들과 새로운 회원들이 '판매를 할 수 없다' 고 믿고 있다. 그러나 나는 그들이 할 수 있다고 믿으며 지난 10여 년

간 많은 사람들에게 판매원이 될 수 있다는 믿음을 갖게 하였다.

▶ 강요한다는 느낌을 극복하는 법

이제 '판매는 사람들을 도와주는 아주 좋은 방법이며 매우 중요하고 흥미로운 것'이라고 생각할 때가 되었다. 일단, 판매를 흥미롭고 좋은 것이라고 받아들이게 되면 당신의 자세가 변화되어 많은 사업기회가 있다는 것을 알게 될 것이다. 그리고 정말로 판매가 생산적이고 흥미롭다는 것을 알게 될 것이다.

행복, 열정 그리고 성공에 대해 높은 기대를 갖는 법

당신이 원하는 모든 것에 대하여 긍정적으로 생각하라. 행복의 무지개를 기대하라. 당신이 하는 일에 대해 열정을 쏟아라. 그러한 열정을 다른 사람에게 전하고 성공적으로 잘할 수 있다는 것을 기대하라.

예를 들면 워크숍에 참가할 때, 좋은 시간이 될것이며 파트너들을 도와주고 그들에게 좋은 것을 전해준다는 기대를 갖고 가라. 긍정적인 자세로 만면에 미소를 띠면 좋은 시간을 갖게 될 것이다. 당신은 행복할 권리가 있다.

또한 설명을 열정적으로 잘할 수 있다는 기대를 갖고 가라. 제품에 대한 당신의 열정을 고객에게 전하고 가장 훌륭한 제품을 설명할 것이며 성공할 것이라는 기대를 가지고 가는 것이다. 당신은 성공을 기대할 권리가 있다. 당신이 당신의 권리로서 행복과 열정과 성공을 기대할 때, 더 자주 그러한 느낌을 받을 것이다.

▶ 판매는 고객과 당신 사이의 경쟁이 아니다

판매는 고객 대 판매 담당자의 경쟁적인 관계에서 이루어지는 것이 아니다. 진정한 의미의 판매는 판매 담당자 대 고객 간의 필요와 충족의 관계에서 이뤄진다. 고객과 하나가 된 당신은 질문을 하여 대답을 듣고 고객이 원하는 것을 살 수 있도록 도움을 주어야 하는 것이다.

▶ 제품이 주는 혜택을 판다

고객은 제품이 어떻게 그들의 필요를 충족시켜 줄 수 있는지를 알고자 한다. 그리고 그들은 제품이 어떤 혜택을 주는지를 이해하게 되면 구입을 하는 것이다. 사람들은 의무감에서 사 주어야 하는 것과, 권유 받는 것은 싫어하지만 물건 사는 일 그 자체는 좋아한다. 대부분의 경우, 사람들은 필요한 것을 사는 것이 아니라 원하는 것을 사게 된다.

그러므로 고객에게 제품이 주는 혜택을 설명하고 그들이 구매의욕을 갖도록 돕고자 할 때, 모든 것이 잘 풀려나갈 것이다. 그들은 잠재적인 대상에서 고객으로 바뀌어 제품을 사게 된다.

▶ 고객 서비스는 중요하다

제품이 우수하다면 사람들은 기쁜 마음으로 제품을 구입한다. 가격에 대해 너무 신경 쓰지 말라. 그 대신 제품이 주는 혜택과 그 가치에 대하여 말하라. 그것은 그들에게 특별한 서비스를 제공하고 있는 것이다.

고객에게 가격이 비싼지 어떤지는 말하지 말고 그들이 결정하게 하라. 그것은 그들의 권리이다. 당신은 그들이 어떤 결정을 하도록 강요해서는 안 된다. 고객의 가능성을 제한하지 말라.

제품의 특성을 완전히 터득하라. 제품에 대해 많이 알수록 고객에게 혜택을 줄 제품을 그들 입장에 맞게 소개할 수 있고 도움을 줄 수 있다.

즐거운 판매

다음은 내가 매년 12월 26일에 나의 고객에게 보내는 편지의 내용이다. 나는 내가 보낸 편지에 대해 확인하는 작업을 1월 4일부터 시작한다. 그리하여 수년 동안 1월 12일까지 1년의 일정을 결정해 왔다. 그 일을 통해 나는 혼자서 감당할 수 있는 것보다 더 많은 사업을 할 수 있었다. 이 편지는 보낸 후에 사후관리를 잘 해야만 성과를 거둘 수 있다. 거대한 네트워크마케팅을 전개하는 사람들은 고객들에게 이 편지를 사용하도록 하라.

사랑하는 ○ ○ 님

즐거운 연휴입니다. 한 해 동안 관심과 성원에 깊은 감사를 드립니다. 저는 (회사이름)의 (핀 레벨, 이름)입니다. 고객님 분들에 의해 저희 그룹의 올해 매출은 (금액 : 몇달러)가 넘게 되었습니다.

저희 그룹은 고객에 대한 서비스를 무척 중요하게 생각합니다. 고객의 필요와 원하는 사항을 만족시켜 드리는 것이 저희의 최대 신념입니다. 고객께서 ○○ (제품이름)이 생각날 때마다 가게로 달려가는 대신 저를 생각해 주십시오. 저는 늘 고객님 곁에 있습니다. 전화만 주십시오. 제 번호는 ○○○ 입니다.

고객님은 언제나 저에게 소중합니다. 그리고 고객님께 봉사하는 것이 저의 비즈니스입니다. 저는 저의 일을 사랑합니다. (회사 이름) 회사의 판매 담당자로서 올해는 저와 저희 가족에게 커다란 성과를 가져 다 준 한해였습니다. 이 일은 제 평생의 일이 될 것입니다.

새해가 시작된 후, 저와 제품 워크숍을 계획할 수 있는지 고객님께

전화를 드리겠습니다. 우리에게는 (모든 혜택을 적는다) 좋은 점이 있습니다.

우리는 워크숍에서 좋은 파트너가 될 것입니다. 고객님께서 참석하실때 관심이 있는 다른분들과 함께 오시면 더욱 고맙겠습니다. 나머지 모든 일은 제가 책임지고 모시겠습니다.

가능하다면 동봉된 양식을 저에게 보내주셔도 좋습니다. 고객님으로부터 바로 연락을 받지 못하면 워크숍 일정을 위해 두 주일 안에 간단히 전화를 드리겠습니다.

다음은 올해 가능한 워크숍의 일정입니다. 하루를 선택하여 동그라미를 해 주십시오. 그리고 (중복될 경우를 생각하여) 두 번째 날을 선택해 주십시오.

1월 : 8 9 10 11 16 17 18 22 23 24 25 29 30 31
2월 : 5 6 7 8 10 11 12 3 14 15 6 17 18 19 20
3월 : 2 5 8 9 11 15 17 20 21 24 25 28
~
12월 : 1 2 3 5 6 7 9 10 11 12 3 14 15 6 17 18 19 20

고객님께 좀 더 혜택을 드릴 수 있도록 열심히 노력 하겠습니다.

새해도 희망찬 한해가 되시길 기원 합니다. 저와 함께 하여 주심에 감사드리며 고객님의 (회사 이름 또는 제품 이름) 판매 담당자가 되기를 기대합니다.

2주일 안에 다시 연락이 닿을 수 있는 기회를 주시면 감사하겠습니다. 곧 전화 드리겠습니다.

행복한 휴일에,
(당신의 이름)

PART 16

이제는
행동을 취할 시간이다

이 책을 통해 당신은 적어도 하나의 훌륭한 아이디어를 얻었으리라 생각한다.
아직 네트워크마케팅을 해보지 않아 잘 모르겠다고 말하지 않기를 바란다.
당신이 돈을 벌 수 있는 보상 플랜에 의해 뒷받침되는 제품을 대표하여
목표성취를 위해 매일 노력한다면 성공은 당신의 것이다.
나는 그것을 믿을 수 있다.

이 분야에서 다음 성공스토리의 주인공이 당신이 되는 것은 당신에게 달려 있다. 길은 넓게 열려 있고 정상에는 더 많은 자리가 있으며 그리 복잡하지도 않다.

나에게 무한한 개인적 힘이 있다면 나는 당신이 받을 권리가 있는 수입을 받도록 하고 라이프스타일을 누리도록 하며 당연하게 받을 수 있는 인정, 그리고 네트워크마케팅의 정상에 도달하도록 완전한 도움을 주고 싶다.

내가 열망하는 것은 당신이 기대를 초월하여 성공하는 것이다.

나는 당신이 성공할 수 있다는 것을 알고 있다. 그러나 그것은 오직 당신의 행동에 달려 있다.

네트워크마케팅을 하지 않으면 21세기에 어떻게 살아갈 것인가?

언젠가는 당신을 만나고 싶다.

당신이 나에게 이 책이 당신의 마음을 움직여 사업의 성공에 도움이 되었다고 말해 주기를 바란다.

내가 당신의 길에 빛이 되었기를 희망한다. 당신이 오는 길에 빵이 떨어져 있거든 그 길이 올바른 길임을 알 수 있을 것이다. 그것은 아마도 나의 것이리라. 나는 당신의 바로 앞에 있을지도 모르니까….

"동기와 노력만으로는 충분하지 않다.
집중력과 결의에 따른 실천이 필수적이다.
집중력은 최고의 예술이다.
왜냐하면 모든 예술이 그것 없이는 될 수 없었기 때문이다.

그것과 함께 할 때 모든 것이 성취 가능하다.
모든 성공 자들은 자신이 성취하고자 하는 것을 제외하고 모든 것을 멀리할 수 있는 즉, 자신을 극복하고 수양하는 능력을 가지고 있다."
- 데일 브라운 -

평범한 것은 버려라. 챔피언이 되라.
위대함을 위해 정진하라.
일하며 즐거움을 찾아라.
그리고 당신 자신을 믿어라.
소중한 순간들을 기쁜 마음으로 지켜라.
최고를 향해 가라.
사랑으로 사랑하는 사람들을 감싸주어라.
상처를 준 사람을 용서하라.
자유로이 자신을 찾아라.

나는 당신을 믿는다.
열정에 불을 붙이고
무슨 일이 있더라도
행동으로 옮길 시간이다.

건강과 부와 행복으로 축복 받기를….
나를 가르침이 아닌 빛으로 기억해 주기 바란다.
당신을 사랑하며, 우리는 아름다운 당신을 필요로 한다.
사랑으로….
- 젠 루 -